高等职业教育
现代学徒制探索与实践

主　编　刘建林

副主编　崔　岩

西安电子科技大学出版社

内 容 简 介

  《国家职业教育改革实施方案》明确要求，要"借鉴'双元制'等模式，总结现代学徒制和企业新型学徒制试点经验，校企共同研究制定人才培养方案，及时将新技术、新工艺、新规范纳入教学标准和教学内容，强化学生实习实训。"2019 年 6 月，教育部办公厅公布《关于全面推进现代学徒制工作的通知》，至此，现代学徒制在全国职业院校全面推广。

  陕西高职院校先后有 16 所院校被教育部列为全国现代学徒制试点单位，已经有 12 所院校现代学徒制试点工作通过教育部验收，第三批 4 所院校也通过了教育部中期检查，探索形成了系列典型案例和可借鉴、可推广的现代学徒制人才培养的新模式。书中全面介绍了陕西三批参与国家现代学徒制试点的 15 所高职院校现代学徒制试点工作验收总结报告、年检报告、具体做法和典型案例，为相关职业院校全面开展现代学徒制人才培养提供借鉴和参考。

图书在版编目（CIP）数据

高等职业教育现代学徒制探索与实践 / 刘建林主编. —西安：西安电子科技大学出版社，2020.8
ISBN 978-7-5606-5815-5

Ⅰ. ① 高… Ⅱ. ① 刘… Ⅲ. ① 高等职业教育—学徒—教育制度—研究—中国 Ⅳ. ① G718.5

中国版本图书馆 CIP 数据核字(2020)第 135133 号

策划编辑　毛红兵
责任编辑　高　樱　王芳子
出版发行　西安电子科技大学出版社(西安市太白南路 2 号)
电　　话　(029)88242885　88201467　　　邮　编　710071
网　　址　www.xduph.com　　　　　电子邮箱　xdupfxb001@163.com
经　　销　新华书店
印刷单位　陕西精工印务有限公司
版　　次　2020 年 8 月第 1 版　　2020 年 8 月第 1 次印刷
开　　本　787 毫米×1092 毫米　1/16　印　张　22.5
字　　数　453 千字
印　　数　1～1500 册
定　　价　58.00 元
ISBN 978-7-5606-5815-5 / G
XDUP　6117001-1
如有印装问题可调换

编 写 委 员 会

前　言

　　为推进职业教育创新发展，2014 年国务院印发了《关于加快发展现代职业教育的决定》（国发〔2014〕19 号），要求"开展校企联合招生、联合培养的现代学徒制试点，完善支持政策，推进校企一体化育人"，将现代学徒制试点列为推进职业教育人才培养模式创新的重要举措，现代学徒制被列为国家试点项目。2014 年、2015 年、2018 年，教育部先后发布《关于开展现代学徒制试点工作的意见》（教职成〔2014〕9 号）、《关于开展现代学徒制试点工作的通知》（教职成司函〔2015〕2 号）和《教育部办公厅关于公布第三批现代学徒制试点单位的通知》（教职成厅函〔2018〕41 号），确定了三批现代学徒制试点单位，其中第一、二批已经验收，第三批进行了年检。《国家职业教育改革实施方案》明确要求："借鉴'双元制'等模式，总结现代学徒制和企业新型学徒制试点经验，校企共同研究制定人才培养方案，及时将新技术、新工艺、新规范纳入教学标准和教学内容，强化学生实习实训。"2019 年 6 月，教育部办公厅发布《关于全面推进现代学徒制工作的通知》，至此，现代学徒制在全国高职院校全面推广。

　　陕西高职院校先后有 16 所院校被教育部列为全国现代学徒制试点单位（第一批 2 所、第二批 10 所、第三批 4 所）。到目前为止，已经有 12 所院校现代学徒制试点工作通过教育部验收，第三批 4 所院校也通过了教育部中期检查，探索形成了系列典型案例和可借鉴、可推广的现代学徒制人才培养的新模式。

　　为了全面贯彻和落实《国家职业教育改革实施方案》和《教育部办公厅关于全面推进现代学徒制工作的通知》，进一步总结和推广陕西高职院校现代学徒制试点的成功经验，陕西省职业技术教育学会、西部现代职业教育研究院组织编撰了《高等职业教育现代学徒制探索与实践》。

　　本书全面介绍了陕西省参与国家三批试点的 15 所高职院校现代学徒制试点工作的总结报告、年度报告、具体做法和典型案例，为相关职业院校全面开展现代学徒制人才培养提供借鉴和参考。

　　本书在编写过程中得到了陕西工业职业技术学院、陕西交通职业技术学院、杨凌职业技术学院等 15 所国家高职试点院校的大力支持和帮助，借此机会对他们表示衷心的感谢！

　　由于编者水平有限，书中难免有不妥之处，敬请广大读者提出宝贵意见。

编　者

2020 年 3 月

第一部分　现代学徒制试点验收总结报告

第二部分　现代学徒制试点院校典型案例

第一部分

现代学徒制试点验收总结报告

一、第一批现代学徒制试点
院校验收总结报告

陕西工业职业技术学院
现代学徒制试点验收总结报告

依据教育部《关于公布首批现代学徒制试点单位的通知》(教职成厅函〔2015〕29 号)文件，陕西工院被立项首批现代学徒制试点单位。在教育部《关于开展现代学徒制试点工作的意见》(教职成〔2014〕9 号)、《关于开展现代学徒制试点工作的通知》(教职成司函〔2015〕2 号)等文件指导下，学院确定了电气自动化技术、机电一体化技术、纺织服装贸易类专业实施现代学徒制人才培养试点。

对照我院《现代学徒制试点实施方案及任务书》，2016 年至 2018 年期间积极联合欧姆龙(中国)有限公司上海分公司、亿滋中国(亿滋食品北京有限公司、亿滋食品苏州有限公司、吉百利糖果广州有限公司)、西安尚域商贸有限公司(西北以纯集团)、西安莫顿商贸有限公司(热风时尚 hotwind)、西安纺织集团等企业深入开展现代学徒制试点及推广工作。现就目标和任务完成情况、主要建设成效、资金到位及使用情况、存在的主要问题与改进措施以及下一步工作计划等报告如下。

一、目标和任务完成情况

自立项建设以来，项目组对照学院《现代学徒制试点实施方案及任务书》中试点任务，从招生招工一体化、校企协同培养、师资队伍建设、现代学徒制制度建设等方面进行统筹规划，积极推进全面实施，目标和任务完成情况具体如下：

（一）招生招工一体化

我院学徒制试点工作原计划招生招工 130 人/年，2016 年、2017 年实际招生招工达

408 人，达到原计划的 156.92%，圆满完成了招工招生指标。同时，我院在招生招工工作中不断总结不断改进，完成了"引企入校"→"先招生再招工"→"招工招生一体化"的逐步蜕变，真正地实现了招生招工一体化的建设任务。

招生招工人数情况见表 1。

表 1　招生招工人数情况表

建设专业	合作企业	每年拟招生人数	实际招生人数		
			2016 年	2017 年	合计
电气自动化技术专业	欧姆龙(中国)有限公司上海分公司	50	60	65	125
机电一体化技术专业	亿滋中国	50	42	84	126
纺织服装贸易类专业群	西安尚域商贸有限公司、西安莫顿商贸有限公司、西安纺织集团	30	122	35	157
总计		130	224	184	408

1. 积极走访，引企入校，开展招工招生工作

2015 年 9 月，我院从前期与试点专业具有就业合作关系的企业中遴选出一批资质较好、实力较强、适合开展现代学徒制合作的企业，逐一进行走访，宣传介绍现代学徒制政策，征询合作意向，了解企业对学徒制员工的期望和定制需求，并与企业共同探讨现代学徒制校企合作方式的可行性、校企投入资金比及预期可实现的人才培养规格等问题，以学院与企业多年的就业合作积淀为基础，以良好的人才培养质量为核心，赢得了多家企业的积极响应。

欧姆龙(中国)有限公司上海分公司、亿滋中国(亿滋食品北京有限公司、亿滋食品苏州有限公司、吉百利糖果广州有限公司)、西安尚域商贸有限公司(西北以纯集团)、西安莫顿商贸有限公司(热风时尚 hotwind)、西安纺织集团于 2016 年 7~9 月先后入校，与电气自动化专业、机电一体化专业、纺织服装贸易类专业群达成合作意向，签订现代学徒制校企联合培养、联合招生协议，开展招工招生工作。

现代学徒制联合培养签约仪式见图 1。

图 1　现代学徒制联合培养签约仪式

2. 从"先招生，再招工"起步，完成第一届学徒制招工工作

合作协议签订后，面对实施第一批学徒制生源的招收培养问题，学院进行了研究，决定对招生招工一体化工作实现两步走：一是对已在校就读的学生实施"先招生、后招工"，进行第一届学徒制招工工作；二是在下一学年招生时全面推进"招生招工一体化"工作。

根据企业岗位用人需求和学生自愿就业原则，在试点专业中校企双方组织招生招工宣讲会，学校提供场地、组织学生，企业安排人力资源经理到校，进行现场宣讲，互动答疑，介绍企业和典型工作岗位。最终，经学生报名和企业组织面试后，遴选合适的学生组建现代学徒制试点班。首届现代学徒制试点班共招工 224 名，其中电气自动化专业招工 60 名、机电一体化专业招工 42 名、纺织服贸类专业群招工 122 名。

第一届现代学徒制招工、组班见图 2。

图 2　第一届现代学徒制招工、组班

3. 全面推进"招生招工一体化"工作

针对 2017 年的招生招工工作，我院在陕西省高职院校单独招生政策的基础上，把握机会、提前规划、校企同步、充分准备，在 2016 年底就全面开展招生招工一体化工作。

　　招生招工前，校企双方首先就招生招工计划、培养形式、实施细节、招生招工标准进行了认真的研讨，签订了《联合招生/招工协议》，印制各试点专业"现代学徒制招生简章"，并根据企业岗位能力要求，针对学生/学徒在沟通能力、专业感知、职业意愿等方面确定相应的"一体化招生招工面试考评原则"。

　　学院及部分企业组成多个招生宣传小组前往西安地区、咸阳地区、渭南地区、宝鸡地区、陕北地区、商洛地区等省内各个地区的高中和职中，进行现代学徒制招生宣传(单独招生政策只面向陕西省内生源招生)，保证了招生宣传工作企业全程参与，不再是学校的"私事"，校企双方共同利用各自渠道进行政策宣传，招生资料中既有学校专业宣传，又有企业岗位宣传。实际实施过程中，考生更为全面地了解了专业内涵和就业导向，明显提升了专业社会影响，同时对企业也起到了良好的宣传效果，现代学徒制校企共赢的局面又一次显现。

　　现代学徒制招生宣传见图3。

图 3　现代学徒制招生宣传

招生招工的笔试、面试、阅卷人员均由校企双方共同组成。在学生自愿的原则下，成绩合格被录取的学生，进校时校、企、学生三方共同签订现代学徒培养协议，组建 2017 现代学徒班。

现代学徒制招生招工考试、面试、阅卷见图 4。

图 4　现代学徒制招生招工考试、面试、阅卷

2017 级现代学徒制试点班共招工 184 名，其中电气自动化专业招工 65 名、机电一体化专业招工 84 名，纺织服贸类专业群招工 35 名。

第二届现代学徒制招工、组班及各专业招工人数见图5、图6。

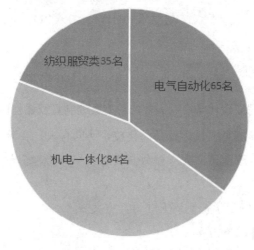

图5 第二届现代学徒制招工、组班

图6 第二届现代学徒制各专业招工人数

4. 签订学校、企业、学生三方协议

试点专业在完成招生招工后，及时签订学校、企业、学生三方协议，明确学徒的双重身份，保障学徒的知情权、保险、劳动报酬等各项权益，使学生和家长放心，签字仪式见图7。

图7　现代学徒制招生招工一体化三方协议签字仪式

三方协议样式见图8。

图8　三方协议样式——采用协议手册样式 P13～16 页

（二）校企协同培养

1. 结合典型岗位，完成现代学徒制人才培养方案的制订及课程体系和课程标准的制定

现代学徒制人才培养最主要目标就是深化校企协同育人。我院在与现代学徒试点企业的校企合作过程中，深入改变了原先学院只负责教学与科研、企业只希望获得短期廉价劳动力的格局。

(1) 进行岗位分析，确定学徒制班人才培养方案。

制定现代学徒制人才培养方案见图9。

图 9 制定现代学徒制人才培养方案

电气自动化专业、机电一体化专业、纺织服贸类专业因其合作企业人才需求的差异性，在岗位需求和岗位分析的基础上，各专业与企业深入研讨，基于学生基础能力平台和综合职业能力需求，明确人才培养思路，分别形成了各自全新的"分阶段模块化校企交替式"现代学徒制人才培养方案，确定学徒制教学对接企业典型工作岗位，保证人才培养质量，满足学徒就业岗位所需知识和技能要求。

纺织服贸类"四阶段五模块"培养模式图解见图 10。

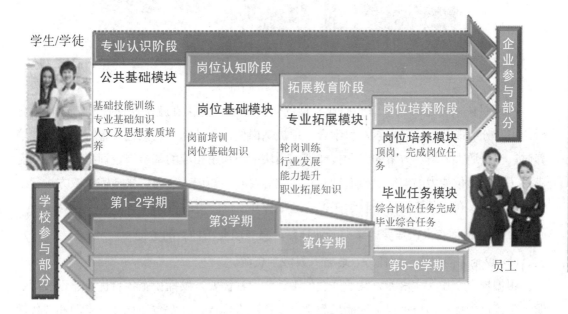

图 10 纺织服贸类"四阶段五模块"培养模式图解

(2) 对接岗位技能，重构课程体系，引入企业课程。

针对学徒典型就业岗位所需的岗位技能，在学徒制人才培养方案的框架下，校方骨干教师和企业技术能手在校企合作委员会的领导下，重构课程体系，引入企业课程，将企业文化、质量标准、企业管理等渗透到教学过程中。

机电一体化课程体系见图 11。

图 11　机电一体化课程体系

在课程体系构建时，考虑到职业发展的规律性，首先认真就基层岗位能力进行了分析，将其分解成若干技能元素，科学合理地提炼岗位核心技能，在课程设置特别是技能培养时，在普通人才培养方案的专业技能训练模块中增加了相应的基层岗位训练课程，从而满足了基层岗位能力的训练。接着针对各岗位等晋升的知识、能力、素质需求双方进行了详尽的沟通，在专业拓展模块教学中主要满足晋升岗位能力的培养。

2. 校企协同育人，培养"掌握专业技能，具有职业精神"的学徒

(1) 校企共同完成教学任务，联合开发教学资源。

根据校企合作人才培养方案及开发的学徒制课程需要，发挥校企各自优势建设教学资源。学校选聘优质师资承担学徒制班教学，发挥双方优势，开发数字化教学资源和现代学徒制教材及教学平台，见图 12、13，为学生夯实专业基础保驾护航。选聘企业骨干教师到学校兼职授课，满足岗位技能培养需求，见图 14。现共同编写学徒制教材 21 本，开发现代学徒制教学平台 1 个(纺织服贸类专业群与以纯公司合作)。

图 12　合作开发现代学徒制教材

图 13　合作开发现代学徒制教学平台

(a) 企业导师教学现场　　　　　　　　　　(b) 学校老师教学现场

图 14　校企导师共同完成教学任务

(2) 学习企业岗位技能，培养职业精神。

根据校企合作协议和人才培养方案，学徒制试点班学员进入企业进行培训学习，企业一比一配备实训指导师傅。在学生到厂后，举行了拜师仪式，开展岗位技能实训，见图15。企业参与教学过程设计，在教学内容的开发与编排上以职业领域分析为基础，紧扣学生就业岗位和职业成长规律，跳出学科体系，以完成典型岗位工作任务所需要的职业能力、知识、素质为依据，帮助学生获得最受企业关注的工作过程知识和基本工作经验。

图15　学徒在企业进行拜师仪式与企业技术骨干在厂里开展教学

(3) 进行双向管理机制。

校企实施双向机制管理，学生学徒期间遵循校企双制度，接受校企双考核，享受校企双福利，接触校企双文化，见图16。

图16　校企领导颁发企业奖学金

试点企业管理者常年住校，参与试点专业教学与管理。学校专设企业管理办公室，企业住校管理人员和专职校内班主任一起，管理试点班日常事务，协调教学资源，校企联手策划丰富多彩的特色活动见图17，落实全方位的学徒制人才培养内涵建设。

自选课题——解决方案

椅子由于重心与后支点间距过短而轻微受力便会向后倾倒！

解决方案：

延长椅子后支点，增加重心与后支点间距，增大倾倒角度，增大倾倒力。

自选课题——步骤分工

改善过程，主要分八个步骤，锯切是瓶颈时间，因此我们八个人对材料进行了全部锯切，然后通过流水作业的形式完成了改善。

工序号	工作名称	人数	单个用时	分工
1	划线	8	3min	陈玉龙 张博 罗功喜等人
	锯切			
2	去毛刺	1	20s	李云峰
3	安装保护塞	1	10s	段琼琼
4	装配	1	20s	岗城
5	冲点	1	30s	郭超
6	打孔	1	1min	吴同同 卫兵杰
7	铆接	1	1min	华铮勇
8	检验	1	10S	陈玉龙

自选课题——花费

椅子小批量试改善的制作材料及花费

名称	数量	单价/个	总价
铝合金管	8米	28元	224
塑料塞	180个	0.17元	30.6
合计			254.6

椅子全面改善的制作材料及总花费

名称	数量	单价/个	总价
方钢管	30米	12.3	370
初次改善	24个椅子		254
合计	共改善120个椅子		624.6

图 17　校企联合开展自选课题活动样例

3. 校企共建实训基地

为促进实践教学和技能培养，校企双方共建生产型实训基地。实训基地建设秉承"实验室→校建专业群公共实训室→校企共建专业方向实训室→企业车间"的建设指导思想，引入企业文化和设备，扩建实验室 1 个，新建实验室 4 个、学徒培训中心 1 个。

对接企业岗位需求，扩建了机电综合实训室，新建了工业机器人实训室(见图 18)、仿真服装门店、"陕西工院-欧姆龙工业自动化实训中心"(见图 19)，亿滋中国捐赠食品自动生产线——"轻工自动生产线实训室"。企业捐赠实验实训设备资产 100 余万元，校企双方共同开发实训项目，实现教学和员工培训资源共享。

图 18　工业机器人实训室　　　　图 19　陕西工院-欧姆龙工业自动化实训中心

4. 企业文化进校园——特色活动的开展

将企业文化活动纳入培养方案，制定班旗、编写班歌，按照方案开展企业文化讲堂、企业经理人讲座、忘年会、运动会、公益爱心等系列活动(见图 20)，如"亿滋中国快乐公益行""欧姆龙绿色环保活动",并组织试点班优秀学徒/学生赴日本京都参观以残障员工为主体的欧姆龙太阳工厂,使学生感受了企业的人文关怀,融入了企业文化,增强了学生的企业归属感。

图 20　企业文化讲座和特色活动

(三) 双导师教学团队建设

学徒制试点以来,学院以工学结合理念为指导,推行双导师制,形成双导师教学团队。打破原有教学模式,实施学校与企业管理人员双向挂职锻炼,提高专业教师的实践能力和教学水平,推动专业教师与企业共同开展技术研发,及时完善和更新相关理论知识。

1. 企业导师的选聘

学院与合作企业制订《企业导师管理办法》,明确双导师的职责与待遇,建立带徒津贴标准,从合作企业中选拔优秀的高技能人才担任师傅,明确企业师傅的聘任条件、工作职责、待遇、聘用与考核(见图 21),建立企业兼职教师资源库,同时建立实习师傅和考评员人才库,保障实习现代学徒制教学工作质量。

图 21　学院领导为企业人员颁发聘书

2. 校内导师企业挂职锻炼

学院各试点专业均选派多名骨干教师到企业提升技能，进行现场实训，并以"指导师傅"的身份现场教学并协助学徒管理，见图 22。

图 22　学院教师参加企业培训

3. 设立教师培训中心，推进教师培养

为了推进校内教师→师傅一体化进程，校企联合企业在校内设立了教师培训中心。由

企业资深技术人员按企业培训方式对校内教师进行培训，成果发布及考核合格后颁发企业培训师证书。先后培训 60 余人次，教师获得企业培训师证书，由公司授权可以在校内开展"5S 管理""TMP"等企业课程的授课，见图 23。

图 23　教师参加企业课程培训

(四) 制度建设

自 2015 年 9 月以来，我院先后印发《陕西工业职业技术学院现代学徒制试点工作实施方案》、《陕西工业职业技术学院现代学徒制试点项目管理办法》(陕工院院字〔2016〕108 号)、《陕西工业职业技术学院现代学徒制教学管理实施办法》(陕工院院字〔2017〕122 号)、《现代学徒制双导师队伍建设指导意见(试行)》(陕工院院字〔2017〕111 号)、《现代学徒制校企联合招工招生工作方案》(陕工院教字〔2017〕3 号)，并于 2017 年修订《陕西工业职业技术学院学籍管理制度》，都是为了更好地推动现代学徒制试点和辐射，全面实施弹性学制，不断完善顶层设计，推动了试点工作从粗放型实践向集约化创新研究转型。从简单岗位轮训向机制完善、内涵充实转型；从关注顶岗实习向注重培养过程的系统育人转型；从重视岗位适应向岗位胜任转型，促进了教学与实践的深度融合。

同时，各试点专业也在实践中不断细化完善适合本专业特点的现代学徒制制度，如：《现代学徒制实习管理办法》《现代学徒制班级考试管理条例》《现代学徒制校内导师教师工作职责》《现代学徒制企业导师教师工作职责》《现代学徒制校企定期例会制度》《现代学徒制班级教师岗位职责》《现代学徒制班教育教学督导工作条例》等 17 项制度。

二、主要建设成效

(一) 建立双主体协同育人机制

陕西工院与欧姆龙(中国)有限公司、亿滋中国、西北以纯集团等深入合作，依据《现代学徒制试点实施方案及任务书》，联合企业确定典型工作岗位，开展现代学徒制试点工作。试点过程中，明确校企双方职责、分工，推进校企紧密合作、协同育人。学校教师与企业有关人员共同设计试点专业人才培养方案，共同开发岗位职业标准 22 个，共同制订专业教学标准 6 个、课程标准 20 门、岗位标准 19 个、企业师傅标准 5 个、质量监控标准 5 个和相应实施方案。在校企双方的共同努力下，目前已开发"机电一体化"等多个基于工作内容的专业课程及相关职业技能鉴定的教材、鉴定标准、题库，使工作内容、职业资格标准融入专业教学内容和教材，将企业标准与教学要求紧密结合，从而促进了学生职业能力的提升，建立了全过程现代学徒制双主体协同育人长效机制。

（二）完善招生招工－体化模式

招生前，校企双方首先就招生方式、招生计划、培养形式、实施细节、招生招工标准进行了认真的研讨，签订了《联合招生/招工协议》《联合培养协议》，研究制定了《现代学徒制学生定向培养协议》《学生/学徒赴企业实习协议》，校企双方根据岗位能力要求，针对学生/学徒在沟通能力、专业感知、职业意愿等方面制订了《学生/学徒面试考评标准》等。9 月学生报到后，校企双方共同组织宣讲会，企业人力资源部进行招工宣讲，共同招收现代学徒制学员，初步实现了招生招工一体化，形成并完善了招生招工管理制度。形成了学院前期宣传，后期企业赴学院进行现代学徒制招生招工宣讲，校企共同组织面试、笔试，考核选拔组建了现代学徒制班的招生招工一体化运行模式，见图 24。

现代学徒制面试成绩表

序号	姓名	身份证号	诚实坦荡	亲和友善	热情自信	团队合作	学习进取	总分	面试结果说明

说明：(1) 考核项目每项40分，按很好40、较好30、一般20、较弱10四个档次酌情打分，总分200分；
　　　(2) 面试结果说明中，说明该生的录用情况。

面试考官签字：
年　月　日

图 24　学徒制招生模式

（三）完善校企共育管理架构

制定和完善现代学徒制人才培养的相关制度，在校企合作委员会的基础上，成立了人才培养指导委员会、学生管理委员会、质量评价委员会等四个委员会，协同开展现代学徒制实施中各项工作，保证学徒制平稳运行，确保人才培养质量。

　　校企共同选拔学徒制学员，根据企业纪律要求进行考核，学生在首次进入企业培训学习一个月后，学生自愿，家长同意，学校、企业、学生三方签订协议。学生进入现代学徒制班，不能随意退出。根据《现代学徒制学员"准入""退出"机制》进行管理，因个人身体原因、考核不合格等成绩原因确实不再适合现代学徒制班学习，校企共同协商达成准出意见后，方可退出，从而保证学徒制班级的稳定性，见图25。

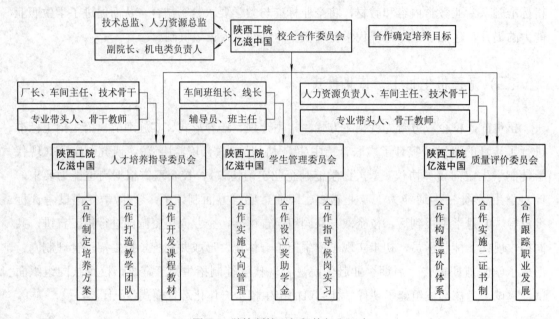

图 25　学徒制管理组织构架和职责

(四) 双师合作，校企育人师资优良

　　以工学结合理念为指导，推行教学双导师制。在现代学徒制探索中，校企共同建立人才资源库，针对不同岗位、不同专业需求，分别建立了一支高质量、高水平的"师傅团队"和"教师团队"，共同进行有效管理。另外，企业主动配合，满足学校有计划派出教师参与企业实践，提升师资队伍建设水平，保障试点有效推进。学院与欧姆龙(中国)有限公司、亿滋中国、西北以纯集团等制订企业导师管理办法，明确企业导师聘任条件、工作职责、待遇、聘用与考核，选聘在企业一线岗位工作的工程师、技术骨干和技术能手等担任企业导师；从专业教学队伍中，选取专业理论扎实、责任心强、具备双师素质的专业骨干教师，担任学徒校内导师，每人负责指导 5 名学生。由企业导师和校内导师共同建成现代学徒班专业教学团队，持续推进选聘技术能手到学校兼职和骨干教师到企业培训，不断提升教学团队教学能力和专业技能。

(五) 八个共同，校企育人深度融合

按照专业"自然班→学徒制实体班→员工储备班"深度融合递进的形式组织实施，校企不断完善和发展了"八个共同"育人合作，即：共同制订人才培养目标、共同开发课程、共同制订教学计划、共同编写教材、共同建设实训基地、共同培养师资、共同实施教学、共同进行学生评价。"八个共同"提出了校企双方在就业、教学、科研、技术服务等方面进行有效合作，实现深度融合，建立职业教育人才培养新模式，提升人才培养质量。截至目前，共同编写教材 17 本，共同扩建实验室 1 个、新建实验室 4 个、学徒培训中心 1 个，见图 26。企业捐赠实验实训设备资产 100 余万元。

(a) 工业机器人实训室

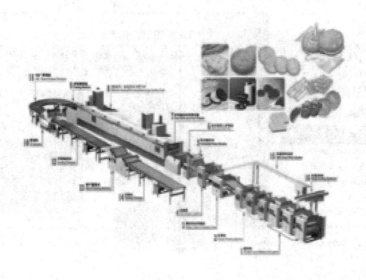

(b) 食品自动生产线

图 26 校企共建实训室

（六）特色鲜明，校企育人影响广泛

学院现代学徒制合作案例入选教育部案例库，同时中央电视台、光明报、中国教育报、中国青年报、陕西日报、西安电视台、日本京都报、中国高校之窗、十大品牌网、陕西传媒网、兵马俑在线等多家媒体对我院现代学徒制人才培养模式进行了报道，同时被《中国教育新闻网》《当代陕西网》等多个主流媒体转载，在社会和行业都引起了极大关注，为我院赢得了良好声誉，见图27、28、29。

图 27　高职高专网报道我院机电一体化专业学徒制试点

图 28　我院现代学徒制入围高等职业教育成果展

图 29　媒体报道

三、资金到位及使用情况

（一）省级财政投入情况

试点任务实施以来省级财政为我院现代学徒制投入资金 552 万，经费主要用于现代学徒制课程开发(6 万元)、标准制定(2 万元)、教师队伍建设(14 万元)和实训基地建设(530 万元)等方面，见图 30。

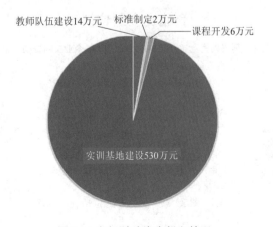

图 30　省级财政资金投入情况

（二）学院资金到位情况

学院原计划建设总投入经费 469.5 万元，支持电气自动化技术、机电一体化技术、纺织服装贸易类等专业的招生、校企协同培养、专兼职师资队伍、实训基地、教学运行与管理等方面的现代学徒制试点工作。截至目前实际资金投入 681.7 万，达预算总数的 145.37%，见图 31。

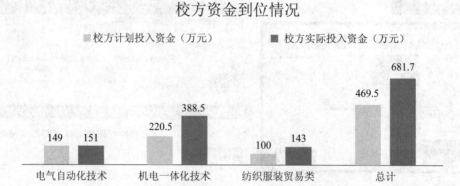

图 31　校方资金到位情况

（三）企业资金到位情况

企业方面原计划资助经费 424 万，用于支持现代学徒制试点班。欧姆龙(中国)有限公司、亿滋中国、西安尚域商贸有限公司(西北以纯集团)、西安莫顿贸易有限公司(热风)、西安纺织集团公司等合作企业通过捐助实训设备、承担现代学徒企业培训费用、学徒工资、商业保险及相关管理费用等方式，实际投入资金 623.7 万，达预算总数的 147.10%，见图 32。

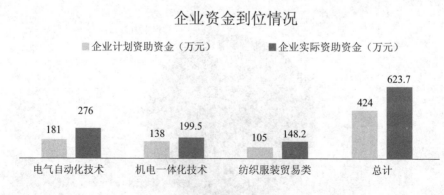

图 32　企业资金到位情况

(四) 各项建设任务资金使用情况

试点任务实施以来各项建设任务资金使用总数达 1856.2 万。其中，省级财政投入资金 552 万，校企双方在现代学徒制试点项目中共同投入 1305.4 万(预算为 893.5 万元，达双方预算总数的 146.10%)，经费在招生招工一体化、校企协同培养、专兼师资队伍建设、实训中心、教学运行等五方面的使用情况见图 33。

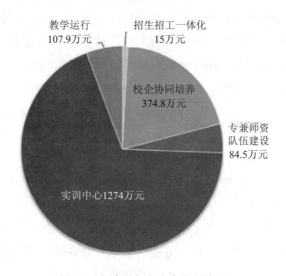

图 33　各建设任务资金使用情况

四、存在的主要问题及改进措施

(一) 现有招生招工一体化政策灵活度不够

一是陕西省高职院校招生制度中自主招生考生须为陕西省户籍，企业招收的学徒工人不能直接成为高职院校的学生。二是大型国有企业在学生的员工身份认定方面还存在一定困难。三是在招生招工一体化试点过程中，存在技能潜质符合企业选拔标准，却因考试成绩偏低无法正式录取的情况。

改进措施：在招生政策上，各个层面应当做好衔接，尤其是对企业特别满意的学生给予适当的政策倾斜，确保现代学徒制在招生源头就可以打下坚实的试点基础。利用已组建职教集团的体制机制优势，探索对口合作、集团化发展等形式的衔接。放开招生报名条件限制，特别是在面向"现代学徒制"招生中，对具有较强的实际操作经验的考生可以实行"注册入学、申请入学"等优惠政策。

(二) 学徒制员工存在一定的流失

因合作企业大多为大型公司，在中国地区很多分公司分布在全国一线、二线等多个城市，在加入学徒制培养后，部分学生由于家庭等原因不愿到离家较远的地区就业，选择退出，造成违约，对企业的积极性造成影响。

改进措施： 通过学院加强学生职业规划培训，提升学生为企业服务的思想意识，加强制度约束。并与企业协商根据地域差别适当提升学生今后的薪资待遇，有效减少流失率。同时，家长作为学生最亲近的人，对学生的影响是最大的。利用各种媒介和宣传阵地大力宣传现代学徒制中家长的作用，通过思想引导，让家长意识到培养人才不只是学校的事，形成全民参与共识。现代学徒制在学生一进校时家长就参与进来，学校、企业、家长三方共同签订协议，要求家长配合学校做好学生的思想工作，帮助他们消除顾虑，积极引导并支持孩子到企业进行学徒制培养，形成正确的就业观。

(三) 校企共享教学资源建设滞缓

一方面，由于商业机密，校企之间建立毫无保留的信任难度较大，企业核心技术资源引入学校教学环节依然存在难度。另一方面，由于专业教师教学习惯已经形成，适应企业的教学内容改革推进工作存在阻力，对校企共享资源库的渴望并不是特别强烈，目前校企资源收集只是个别老师的个人行为。

改进措施： 以合作共赢作为基点，以能够为企业创造利益为前提，不断加强校企之间的人员互动，促进校企深度信任的完善，深入开发企业资源优势，逐步实现企业资源有效共享。引导专业教师发现企业典型工作任务的教学利用价值，在不违反企业技术保密原则的前提下，逐步汇集双方教学与培训资源，形成一个优质资源库，实现教学内容的对接，实现校企持续深度地合作。

五、下一步工作计划

(一) 推动企业合作，扩大现代学徒制培养规模

在目前试点班实践的基础上，加强与更多装备制造、交通运输等大企业、大集团之间的深度合作交流，使更多专业与更多企业签订现代学徒制试点协议，发挥企业在现代学徒制试点中的主体地位，扩大现代学徒制学生的培养规模，提高学生(学徒)的培养质量。

（二）交流推广经验，探索完善现代学徒制人才培养模式

学院在现代学徒制人才培养模式的构建方面，遵循职业教育人才培养模式的一般结构，贯彻现代学徒制教育教学思想和特色，从培养目标、培养内容、培养方式和质量评价体系等方面探索研究，构建符合我国特色的现代学徒制人才培养模式。同时，将试点工作中形成的成熟工作经验和做法、实施方案、运行机制、课程体系等，在兄弟院校、企业之间进行推广，相互交流发展，共同受益提高，为高等职业教育探索现代学徒制人才培养模式提供经验和借鉴。

（撰稿：陕西工业职业技术学院　舒蕾）

陕西交通职业技术学院
现代学徒制试点验收总结报告

一、项目概况

为加快现代职业教育发展，2014 年国务院出台了《关于加快发展现代职业教育的决定》(国发〔2014〕19 号)，将现代学徒制试点列为推进人才培养模式创新的重要举措，现代学徒制工作上升为国家层面的教育战略。2014 年和 2015 年教育部相继发布《关于开展现代学徒制试点工作的意见》(教职成〔2014〕9 号)和《关于开展现代学徒制试点工作的通知》(教职成司函〔2015〕2 号)。陕西交通职业技术学院积极响应现代学徒制试点的有关文件精神及要求，根据轨道交通行业的快速发展的现状及行业对技术技能人才的要求，以轨道交通学院的轨道交通专业群为核心，积极申报教育部现代学徒制试点项目。

2015 年 8 月，教育部遴选出首批 165 个现代学徒制试点单位，我校成为首批试点的 100 所职业院校之一。2016 年 7 月，我校的现代学徒制试点任务书通过专家论证，确定试点建设周期为 2016—2018 年。试点工作开展以来，学校高度重视，将此专项工作纳入学校"十三五"重点工作，邀请行业、政府、企业专家形成专门的组织管理机构，组织专门机构，统筹规划，积极推进。与陕西筑华机电安装工程有限公司合作，首先确定以城市轨道交通专业群中的城市轨道交通机电技术为试点专业，对接地铁运营的机电及供配电检修维护工作岗位培养学生(学徒)。同时，逐步与陕西磐恒轨道运维服务有限公司、中铁一局电务工程有限公司、杭州杭港地铁有限公司等 7 家企业签订合作协议，分别从学徒联合培养、校企师资互聘、教学资源开发建设、实训基地建设、企业奖学金等多方面开展合作。在校企协同育人、招生招工一体化、工学结合人才培养改革、校企互聘共用师资队伍、现代学徒制试点运行与管理方面进行创新实践，积累了较丰富的经验。在省厅主管部门大力指导及校企的共同努力下，试点工作有序推进，完成了预期试点任务，取得了显著成效。

二、建设目标

（一）总体目标

我校现代学徒制项目以立德树人为根本，以促进就业为导向，坚持走内涵式发展道路，适应经济发展新常态和技术技能人才的培养需要，完善产教融合、协同育人机制，创新人才培养模式，进一步提升试点专业对陕西以及西部地区经济社会发展的贡献。2016—2018 年，以城市轨道交通机电技术专业为合作基础，积极探索建立校企联合招生、联合培养、一体化育人的长效机制，深化工学结合人才培养模式改革和制度创新，完善现代学徒制培养的教学文件、管理制度及相关标准，积极推进专兼结合、校企互聘互用的"双师型"及双导师的师资队伍建设，探索实践学校、企业、行业和社会多方参与的评价机制，共建实习实训基地，切实提升学生岗位技能，提高学生就业的专业对口率，逐步建立起政府引导、行业参与、社会支持，企业和职业院校共同参与的现代学徒制办学模式。

（二）具体目标

探索校企"双主体"育人机制。通过设立专门的管理机构、制定完善制度，将学校、企业紧密结合，完善现代学徒制培养管理体制，构建并完善现代学徒制的人才培养成本分担机制，明确校企双方职责，分工推进校企紧密合作、协同育人，全面提升城市轨道交通技术技能人才培养的能力和水平。

(1) 推进招生招工一体化。联合多家企业，形成现代学徒制下的学校与企业招生录取和企业用工一体化的招生招工制度，开展现代学徒制试点班的招生与培养，形成稳定有效的招生招工机制，保障学徒、学校和企业各方权益。

(2) 完善人才培养制度和标准。结合试点岗位对学徒知识、能力、素质的全方位需求，通过对生产岗位的深入调研分析，修订专业教学标准和专业人才培养方案，建设基于工作内容的专业课程和基于典型工作过程的专业课程体系，与企业共同开发基于岗位工作内容的校本及公开出版教材，制定企业师傅标准和质量监控标准，确保育人质量。

(3) 建设校企互聘共用的教师队伍。完善校企互聘共用双导师的选拔、培养、考核、激励制度，形成校企互聘共用的管理机制，选拔企业优秀技术人才担任师傅。建立校企双向挂职锻炼制度，联合技术研发，开展技术服务与技能培训。校内"双师"素质教师比例达到 100%，企业导师课时量达到 50%，打造一支教学能力强、实践水平高、结构合理的双导师教学团队。

(4) 完善学徒制管理制度。制订学分制管理办法和弹性学制管理办法等与现代学徒制相适应的教学管理制度。基于工作岗位内容完善学徒的考核评价标准，形成学徒、企业、学校、专家等多方参与的学徒综合考核评价体系。建立日常监控和定期检查、反馈等多种形式的教学质量监控机制。根据教学需要科学安排学徒岗位、分配工作任务，保证学徒合理报酬。完善现代学徒制的学徒责任保险和工伤保险办法。

(5) 校企共享互用实训基地建设及社会服务。校企共建装备水平高、管理规范、优质资源共享实训室。加强内涵建设，建设实训教学资源库和企业实习资源库，使实训实习条件能满足专业一体化教学、综合实习、职业资格鉴定的要求。为行业企业提供就业培训、技能鉴定、技术研发与服务，培训企业人员 1100 人次以上。

三、目标任务完成情况

(一) 形成校企双主体育人机制

1. 注重顶层设计，校企协同发力

为做好现代学徒制试点工作，建立了现代学徒制人才培养领导小组、二级学院+企业分部、教研室+企业班组、专业教师+技术能手四级工作机构，校企从制度建设、试点专业的选择、岗位的确定、学徒的选拔、人才培养方案的修订、日常教学与实习的组织、教学效果评价等多方面明确双方职责分工，共同开展现代学徒制人才培养。

赴企业开展调研见图 1。

校企签订现代学徒制培养协议见图 2。

图 1   赴企业开展调研   图 2   校企签订现代学徒制培养协议

2. 建章立制为先，试点实施顺利

学校陆续制定出台了《现代学徒制校企合作制度》等 16 项相关制度办法，从合作企业遴选、招生招工实施、教学运行管理、人才培养成本分担、双导师队伍培养、实训条件

建设等方面规范现代学徒制人才培养过程，构建了"人才共育、过程共管、资源共享、权责共担"的运行机制，确保了项目顺利实施，见图3、图4。

图 3　现代学徒制相关配套制度　　　　图 4　校企协同育人工作会议

3. 建立成本分担机制，促进项目长效运行

在学徒培养的全过程，校企双方共同投入，落实了学徒培养的成本分担。学校负责学徒在校基础课程教学及专业课程的理论及校内实践教学，完成学徒的基本技能训练，企业导师承担部分校内实训、企业文化教育、岗位初识等教学内容；企业负责学徒岗位核心能力培养，企业通过岗位基本技能、岗位关键技能、岗位综合能力提升等环节，分阶段对学徒指导考核，完成岗位培养，费用由企业承担。学校轨道交通学院 2016—2018 年现代学徒制试点工作政、企、校三方资金投入见表 1。

表 1　现代学徒制试点工作政、企、校三方资金投入表

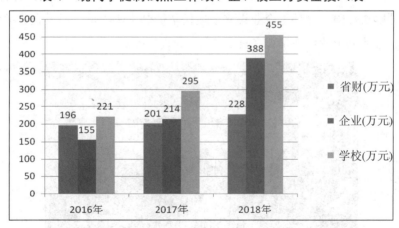

(二) 实践招生招工一体化

1. 优选合作企业，深化融合合作

在合作过程中，结合实际，与企业共同制定《现代学徒制校企合作制度》《校企联合

招生招工工作方案》等促进招生招工一体化的管理制度，优选合作企业，深化产教融合，逐步增加现代学徒制合作企业数量与质量，从不同层面开展合作，见图5。

图5　与企业探讨招生招工方案

2. 校企联合招生，共同指导学生

根据我省招生制度与企业生产实际，学校与合作企业共同研究制定招生招工管理办法，确定招生招工一体化选拔培养办法。邀请企业共同参与学校高考的单独招生工作，探索其他的招生招工一体化形式。与陕西筑华机电工程有限公司开展了第一个现代学徒制试点班学生的联合招生工作，通过笔试、面谈等多种形式，确定学徒制班级名单，企业、学校、学徒签订学徒培养三方协议，见图6。校企分别选拔优秀教师和技术人员担任学校导师(班主任)和企业导师(班主任)，共同指导学徒岗位成才。企业为学徒发放岗位薪酬，校企分别为学徒购买保险。此外，企业设立了现代学徒制班奖学金，通过企业考核机制，表彰勤奋创新、技能突出的优秀学徒，见图7。

图6　共同开展现代学徒制选拔面试

图 7　企业表彰优秀学徒

3. 稳步扩大培养规模，工作经验及时推广

试点过程中，及时完善招生招工管理办法，扩大学徒培养规模。2017 年，新增中铁一局电务工程有限公司的现代学徒制试点班；2018 年，新增杭州杭港地铁公司的现代学徒制试点班，见图 8；根据企业岗位需要，试点由城市轨道交通机电技术专业逐步拓展到城市轨道交通运营管理、城市轨道交通车辆技术专业。同时，校内汽车工程学院、交通信息学院已经借鉴采纳了试点工作的做法和经验；陕西日报等多家权威媒体也相继报道了试点工作经验，见图 9。

图 8　新增试点班开班

图 9   陕西日报推广我校试点经验

（三）创新人才培养制度和标准

1. 成立教学指导机构，设计人才培养方案

校企共同组建城市轨道交通机电技术专业建设与教学指导委员会，定期召开工作会议，分析岗位职业能力要求与典型工作任务，共同修订学徒制试点班的人才培养方案及课程标准，形成"双元育人、学工一体、双证贯通、岗位成才"的人才培养模式，校企共同将专业知识、企业文化、岗位知识、岗位技能等分段交替传授给学生，见图 10。

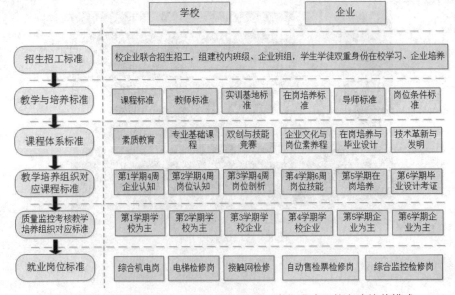

图 10   "双元育人、学工一体、双证贯通、岗位成才"的人才培养模式

2. 对接企业工作岗位，共建专业课程体系

课程体系对接工作岗位能力需求，教学内容对接典型工作过程。组建校企结合的师资团队，共同开展岗位工作任务与职业能力分析，提炼核心职业能力，课程体系分为"基础课+核心课+拓展课"三部分，见图 11。根据岗位学习需要，共同完成 4 门核心课程建设，共同开发 8 本理实结合的教材及配套教学资源，结合岗位职业标准，学徒考取职业资格证书，创新学生企业实习过程的考核与评价，达到岗位成才的目的。

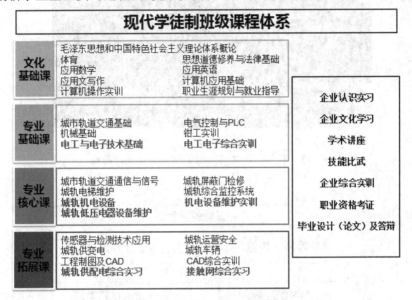

图 11 校企共建专业课程体系

3. 完善教学标准体系，提升学徒培养质量

在课程体系对接岗位标准的基础上，建立了企业师傅的选聘标准与管理制度，做好学生企业学习阶段的岗位能力培养，见图 12。同时，校企共同选派班主任，全过程指导学徒。改革学徒课程考核标准，完善考核质量监控，校企共同指导学生完成毕业设计，根据岗位训练完成技术设计方案、技术改造方案、技术创新方案等，提高学徒培养质量，见图 13、图 14。

图 12 学徒岗位实习定期考核

图 13　教师、师傅共同组织学徒毕业设计答辩

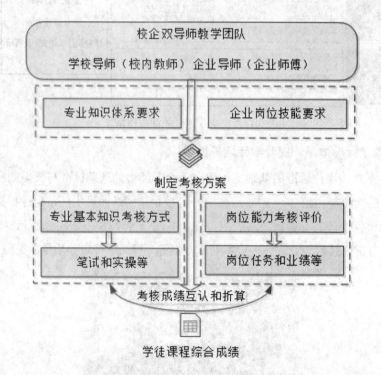

图 14　课程综合评价体系

4. 教学资源共建共享，促进学徒成长成才

在现代学徒制试点工作实践推进的同时，校企及时总结凝练岗位工作任务，共同开发专业教学资源，促进学徒成长成才。2017 年，联合企业共同开展轨道交通国家级专业教

学资源库子项目建设，见图 15，城市轨道交通机电技术专业省级专业教学资源库项目建设；2018 年，联合企业共同开展 1 项院级专业教学资源库建设，3 门在线开放课程建设。随着试点班级与专业的逐步扩大，联合各合作企业，2018—2020 年间，组织开发 20 本基于不同岗位典型工作任务的"互联网+创新性"教材及配套教学资源，加强教学资源建设。

图 15　校企共同开展专业教学资源库建设

(四) 建设校企互聘共用师资队伍

1. 完善双导师制度，优化师资队伍结构

制定了《现代学徒制双导师的选拔制度》《现代学徒制双导师培养考核、激励及晋升制度》《名誉教授客座教授聘任管理办法》等师资选拔培养的制度办法，健全双导师指导学徒成才的制度，优化师资队伍的团队结构，形成企业客座教授、技能大师、双专业带头人、双骨干教师、双班主任、企业导师、企业师傅等多层次的师资队伍，发挥学校、企业各自的优势对学生进行指导，让学生将理论和实践结合，达到岗位成才。

城市轨道交通机电技术专业双导师团队建设见表 2。

表2　城市轨道交通机电技术专业双导师团队建设表

类别	人员组成	数量	主要工作任务
客座教授	行业企业知名专家	2	开展行业前沿技术学术讲座、咨询座谈、指导专业发展方向
技能大师	行业企业技术能手	1	引领专业技术前沿
专业带头人	校内教授、副教授，企业高级工程师	2	制定专业的人才培养方案、编写课程标准、开发专业教学资源
骨干教师	校内骨干教师、企业工程师	6	凝练典型工作案例、讲解核心课程、开展实践指导、开发课程资源
班主任	校内辅导员、企业管理人员	4	指导学徒日常生活
企业师傅	企业技师、高级技师	16	指导学徒岗位技能

2. 实施双向挂职锻炼，提升双导师教学水平

制定了《现代学徒制双导师双向挂职锻炼制度》，学校教师每 5 年累计到企业挂职锻炼 6 个月以上，参与企业生产、技术研发、技能培训等，提升校内教师的职业能力；企业导师定期到学校开展学术讲座、技术指导、技能竞赛等，新聘任的企业导师来学校参加课堂教学基本能力、教学资源建设能力、新教学理念能力培训，提升企业导师的执教能力。同时，建设双导师互动平台，使双方在交流互动中对彼此岗位培养过程中遇到的问题有所了解，取长补短，相互借鉴和学习，更好指导学徒成才。学校建设灵活的企业一线人才引进制度，2016 年以来，引进企业人员 8 名，加强校内专业教师的实践能力。

校企教师双向挂职锻炼统计见表3。

表3　校企教师双向挂职锻炼统计表

项　目	2016 年	2017 年	2018 年
校内教师下企业实践锻炼人数	12	18	19
企业导师校内授课人数	11	19	19
引进企业教师人数	2	3	3

3. 联合开展技术研发，增强双导师科研能力

积极与企业联合开展技术攻关与科学研究，不断增强师资队伍的技术与科研能力。2016 年以来，合作完成 1 项厅级课题、专利 8 项，1 项厅级课题立项建设，1 项国家级专业教学资源库子项目立项建设，1 项省级专业教学资源库立项建设，1 项横向课题立项建设，2 项院级课题立项建设，1 项院级专业教学资源库立项建设，3 门在线开放课程立项建设。参与的校内教师与企业员工范围广、人数多。

4. 探索建立奖惩机制，合作动力持续增强

校企共同制定《现代学徒制试点专业建设激励和考核奖惩制度》，对试点专业进行考核评价，奖励试点工作优秀专业团队；将教师企业实践锻炼、技术服务、学徒教育教学作为考核优秀和晋升专业技术职务的重要依据；将企业师傅指导学徒纳入企业绩效考核及优秀评价重要指标。通过奖学金、表彰鼓励、访问交流、职称评定优先等多种形式，激励在学徒制试点过程中表现优秀的教师、企业师傅与徒弟，充分调动教师与学徒的积极性，鼓励和推动现代学徒制试点工作的开展，见图16。

(a)　　　　　　　　　　　　　　(b)

图16　为现代学徒制学生发放奖学金

5. 建设技能大师工作室，弘扬传承工匠精神

学校制定了《教学名师、技能大师工作室实施管理办法(试行)》，聘任西安市技能大师王蒲民成立技能大师工作室，将企业生产一线的技能、技术方法与校内师生交流，传递技能精湛、精益求精、追求卓越的工匠精神，见图 17。在校内形成了尊重技能和弘扬工匠精神的浓厚氛围，重德尚能在学生中蔚然成风。

(a)　　　　　　　　　　　　　　(b)

图17　建设王蒲民技能大师工作室

(五) 形成现代学徒制管理制度

1. 工学交替教学组织规范，创新校企协同考核评价

校企共同制定《现代学徒制教学管理办法》《学分制管理办法》。融合企业岗位特点，

强化学徒岗位学习过程学分认定，并将职业资格证书纳入学分认定。制定现代学徒制下的实习评价标准和考核办法，强调工作过程考核，建立学生自我评价、学校评价、企业评价、行业专家评价的多方考核评价方法，综合评价学徒岗位技能，达到岗位技能熟练掌握的目的，见图18。

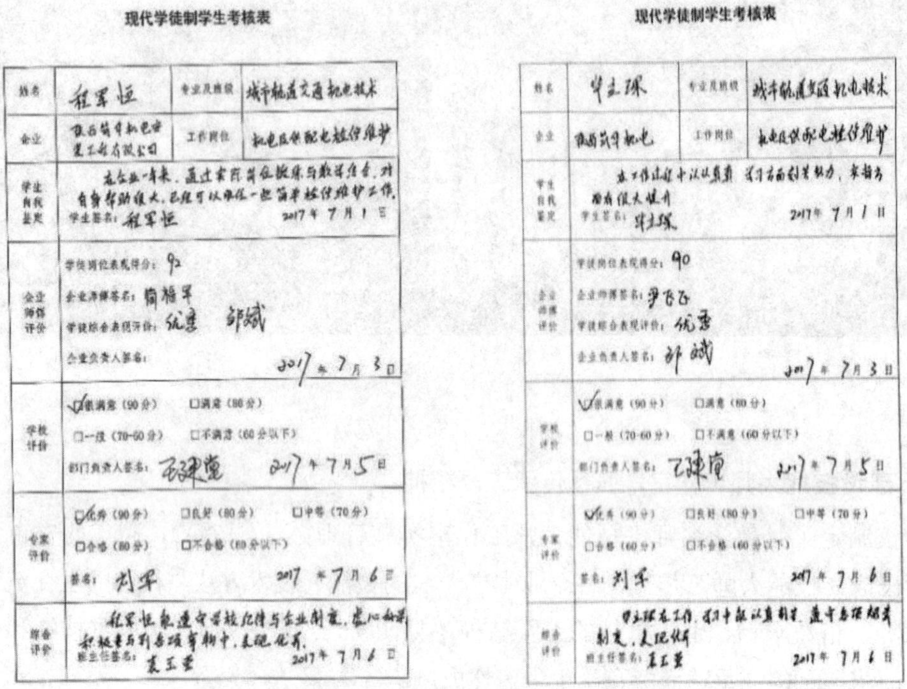

图 18　现代学徒制学生考核表

2. 实行导师分段分片指导，促进学徒快速成长成才

根据学徒制班学徒成长需要，在入选学徒制试点班后，安排企业管理人员与校内辅导员共同参与学徒日常生活学习指导，形成双班主任管理；在企业实习过程中根据不同的工区与班组，实行分片班组化管理，前期由企业师傅担任工区长及班组长管理指导，后期由各工区小组中优秀的学徒担任工区长及班组长模范带动，促进学徒快速成长，见图19。

图 19　学徒分组学习

同时，在企业实习过程中，积极安排学徒参加企业特色活动，融合企业文化，成为企业一员，见图20。

图20 参加企业年会拓展

(六) 共建互用实训基地，服务行业及区域经济

1. 共建实训基地，共育技能人才

为进一步加强现代学徒制学员的实践技能培养，按照"校企合作，共建共享"的实训基地建设思路，企业提供校内实训基地建设的规划方案、师资培训、技术资料等，学校提供资金、场地，双方共建共享互用实习实训基地，见图21、图22。校企共同开发实训项目，编制实训室管理制度，建立实训基地的评价机制。

图21 校企共建实训基地(企业)

图 22 校企共建实训基地(学校)

2. 对接实习任务，完善实训资源

结合现代学徒制企业的实践工作岗位，按照不同的实习工区将实习岗位的工作职责、岗位培训内容、作业指导书及考核试题等内容制作成数字化资源，推进实习教学资源库建设。概括具体工作岗位的典型工作任务，校企联合编写实训教材 10 本，建立 300 余个符合岗位工作要求的实训教学案例。

3. 社会培训广泛深入，服务能力全国领先

积极为企业开展培训、咨询和技术服务。与陕西省交通行业技能鉴定站合作，为交通行业企业服务，2016 年以来，组织交通行业考评员培训 3 次，培训与鉴定交通行业一线员工 2300 余人，见图 23。今年 6 月，参与商务部主办的"2018 年发展中国家铁道通信信号技术培训班"培训工作，积极服务"一带一路"国家倡议，见图 24。

图 23 服务轨道交通行业技能鉴定　　　　图 24 发展中国家铁道通信信号技术培训班

四、工作成效及创新点

(一) 形成了现代学徒制运行的长效机制

校企成立现代学徒制领导小组，进行顶层设计、统筹规划，构建"人才共育、过程共管、资源共享、权责共担"的管理运行机制，制定推进试点工作制度办法；轨道交通学院与合作企业成立工作组，组建学徒共育团队，负责现代学徒制育人过程的实施与管理，推进以企业岗位需求为主体的育人模式。

制定了《现代学徒制校企合作制度》《现代学徒制人才培养日常教学管理暂行办法》《现代学徒制学分管理办法》《现代学徒制学徒管理办法》《现代学徒制双导师选拔制度》《现代学徒制专业建设奖惩考核制度》等 16 项保障项目实施及学徒培养的系列制度办法，保证学徒培养过程的有序推进和科学管理，充分调动学校、企业、教师、师傅、学生多方积极参与试点实践的主动性。同时，建立内部质量保证体系，形成学生自我评价、学校评价、企业评价、行业专家评价的多方面综合评价，科学评估学徒培养效果。

校企分列专项资金作为现代学徒制试点的经费保障，学校主要承担现代学徒制试点工作的招生招工宣传、制度体系建设、实训基地建设、人才培养模式改革、课程体系建设、师资队伍建设、联合科学研究等；企业主要承担学徒培训与考证、师傅补贴、学徒工伤保险与奖学金、学徒食宿、技术服务等。有力地保障了试点工作的长效运行。

(二) 实践了校企联合招生招工的有效形式

学校遴选合作企业，签订校企合作协议。与企业联合制定《校企联合招生招工工作方案》。学生入校后，校企共同组织宣讲会，让学生初步了解企业文化及岗位工作；招生招工前，校企双方根据岗位实际需求，共同确定招生招工计划、招生招工方式、招生招工标准、人才培养方案等。招生招工过程由校企共同组织完成，与选拔上的学生签订学徒培养的三方协议，明确学校、企业、学生共同承担的责任和应尽的义务，三方共同努力，完成学徒岗位成才。在试点实践过程中，逐步加大企业在招生招工中选人、用人的主导权。

新的招生招工形式促进了学校的招生规模和专业的社会声誉，校企合作不断深化，轨道交通学院 2016—2018 年招生规模年均增加 25%，学生就业率稳定在 97%以上。为学校其他专业提供了成熟经验，也为省内其他院校学徒制工作开展提供了借鉴。

(三) 改革实践了校企双主体全过程的协同育人培养模式

1. 深化"双元育人、学工一体、双证贯通、岗位成才"的人才培养模式改革

学校和企业两个育人主体根据行业人才需求，相互合作，共同制定人才培养方案，确定课程体系，制定岗位技能标准，共建实训基地，共同培养师资队伍，共同实施教学实习，共同管理学徒，共同考核评价学徒，深化了"双元育人、学工一体、双证贯通、岗位成才"的人才培养模式。

(1) 双元育人。校企联合开展行业调研，确定人才培养规格与目标定位，制定职业岗

位标准和教学标准，据此制定人才培养方案，开发课程体系，开展专业教学资源库和精品在线开放课建设；共同实施学徒制教学管理和日常行为管理。

(2) 学工一体。校企双环境、双文化育人，将企业文化、岗位认知、岗位剖析融入在校培养，岗位培养在企业完成，学徒的理论学习和岗位素质与技能培养有机地融为一体，学徒管理共同参与，质量监控与考核评价共同完成。

(3) 双证贯通。将教学内容与职业岗位资格和技能等级考试内容相融合，学历教育与职业资格培训之间有效衔接与贯通，学生毕业时同时取得毕业证书和相关岗位技能等级证书，毕业即正式定岗。

(4) 岗位成才。学徒按照岗位工作职责与规范，由师傅指导完成相应工作任务，针对技术升级存在的问题，校企导师和学徒三方共同选题，在"双导师"的指导下完成毕业论文或毕业设计，实现岗位成才。

2. 对接企业工作岗位，建设专业教学资源

校企围绕学徒的岗位工作，共同开发制订专业教学标准、课程标准、学徒岗位标准、企业师傅标准、学徒培养质量监控标准等，开发了理实结合的教材及配套教学资源，制作了岗位实习的数字化资源。建立了专业教学系列资源，使工作岗位的要求与标准和教学紧密结合。同时，积极与企业联合开展技术攻关与科学研究，不断地丰富专业教学资源。积极开展在线教学，推进信息技术与实训内容的融合，课堂教学和实践教学效果大幅提高。

3. 共建实训基地，合作共赢发展

根据岗位需求，校企共同制定实训基地建设规划，校企合作在学校建设轨道交通实训中心，模拟企业真实环境，提高学徒培养的针对性和实效性。在企业建设生产实习基地与教师流动站，师傅指导学徒岗位培养，工程师提升教师技能水平。同时，全面开放学校的教学条件，充分利用校内条件满足企业员工技术与职教能力提升。2016 年以来，校企共建实训室 14 个，新增设备值 1597 万元，新增工位数 950 个。在企业建设 800 平方米的学徒和师资培训基地。实训基地的建设与使用极大地提升了学徒的专业技术技能，满足了双导师教学与实践能力培养，开展了企业员工的技能提升培训，提高了企业员工技术能力，为企业开展技术服务。

(四) 打造德技双馨的双导师育人团队

根据学徒培养需要，制定相关文件制度，促进德技双馨的双导师团队建设。根据学徒培养需要，校企从不同层面优选育人团队成员。

(1) 聘请了合作企业知名专家为客座教授，定期开展学术讲座与咨询座谈，讲解行业发展前沿技术，指导专业发展方向等；

(2) 聘请行业知名技能大师建立技能大师工作室，引领专业技术前沿；

(3) 聘请合作企业高级工程师与校内专业带头人形成双带头人，共同制定专业的人才培养方案，编写课程标准，合作开发工学结合课程教材等；

(4) 聘请合作企业车间主任、经理、工程师与校内骨干教师形成双骨干教师，开发典型案例，讲解核心课程，开展实践指导；

(5) 聘请合作企业管理人员与校内辅导员形成双班主任，管理指导学徒日常生活；

(6) 学徒拜企业一线技师、高级技师为实习师傅，全面指导学徒岗位技能；

(7) 在企业建立教师流动工作站，教师轮流参加企业的生产、研究。通过建设结构优、分工明的"双导师"团队，充分调动发挥团队成员的特点与优势，极大提升了学徒培养的针对性，提高了人才培养质量，保证了学徒岗位成才。

双导师团队的教学质量高、实践能力强、科研水平高，试点班学生与其他专业学生比较，学徒踏实肯干，创新实践，学习积极性高，技术技能掌握好，职业成长速度快。在筑华机电的第一期试点班的 38 名学徒中，2 名已成长为工区长、3 名已成长为副工区长、6 名已成长为班组长、8 名已成长为技术骨干；第二期试点班的 48 名学徒中，2 名已成长为副工区长，4 名成长为班组长，8 名成长为技术骨干。

五、下一步工作计划

(一) 深化产教融合，推广学徒制试点经验

随着我国城镇化进程的加速，轨道交通行业发展迅速，轨道交通类企业技术技能人才的需求较大，并且轨道交通类企业对人才技术技能水平要求较高。下一步，深入调研轨道交通专业群其他专业相关工作岗位需求，进一步加强与轨道交通类大企业、大集团间的深度合作交流，与更多轨道交通类企业签订现代学徒制合作协议，按照企业岗位要求，扩大现代学徒制人才培养规模，校企共同为轨道交通行业培养更多德能兼备技术技能人才，服务区域经济发展。

(二) 加强双导师团队建设，提升人才培养质量

在双导师团队建设的基础上，总结经验，进一步完善双导师建设制度，加大双导师团队建设的经费投入，增加成员的数量，提升成员的专业能力和业务水平。通过提升双导师教学团队的数量与质量，提升学徒的培养质量。

(三) 优化工学交替教学，强化学徒企业学习效果

积极总结试点工作经验，进一步研讨修订现代学徒制人才培养方案，根据岗位培养需要，优化分段实习的工学交替教学组织，合理安排学徒企业学习内容与时间，积极尝试工学交替的弹性教学组织，强化学徒企业学习效果。

(撰稿: 陕西交通职业技术学院　史望聪、何鹏、卫小伟)

二、第二批现代学徒制试点 院校验收总结报告

杨凌职业技术学院
现代学徒制试点验收总结报告

一、项目概况

(一) 学院基本情况

杨凌职业技术学院是教育部 1999 年批准成立的省属全日制普通高等学校。其前身为 1934 年于右任先生和杨虎城将军创建的国立西北农林专科学校附设高职，是我国举办职业教育最早的院校之一。办学八十年来共培养各类专业技术人才 13 万多名，为陕西乃至西北地区经济发展做出了重要贡献，先后荣获省级以上奖励 60 多项。系首批 28 所国家示范性高职院校之一，也是首批 50 所全国毕业生就业经验典型高校之一。

学院秉承"质量立校、人才强校、创新兴校、特色名校、合作办校、阳光治校"的办学理念，高度重视专业建设工作，把专业建设作为教学基本建设的核心内容，作为提高人才培养质量的关键工作，采取多种措施，支持和保障专业建设。

近年来，学院大力推行百县千企联姻工程建设，先后与上百个县、1000 多家企业建立了友好的校企共建关系，取得了可喜的成绩。药物与化工分院与东科药业、丽彩集团科森药业、云南白药集团、扬子江药业、陕西省药检所、杨凌示范区食品药品监督检验局等 20 多家研究所及 130 多家企业签订了校企合作协议。先后与东科药业、大唐制药等多家制药企业开办了特色订单班，校企之间的合作不断深入。项目组老师均具有多年的教学和指导学徒实践性教学的经验，部分教师被聘为制药企业技术顾问，经常参加制药企业员工培训和其他活动。5 名教师在荷兰、英国、德国、香港进修学习学徒制教学模式，参加了

"以能力为本位"和"双元制"教学模式的培训,为该专业现代学徒制人才培养奠定了坚实的基础。

(二)合作单位情况

下面介绍中药制药技术专业现代学徒制的探索与实践。

试点项目与以下三家企业合作开展现代学徒制教学试点,各企业的基本情况如下:

1. 陕西东科制药有限责任公司

陕西东科制药有限责任公司是一家集研发、生产、销售为一体的医药企业,属于全国百强制药企业济川药业集团下的子公司,注册资本为人民币 10 000 万元,公司注册地址为杨凌示范区。该公司主要生产片剂、胶囊剂、颗粒剂、贴剂等 7 种剂型,已通过新版 GMP 认证。拥有妇炎舒胶囊、展筋活血散、黄龙止咳颗粒、甘海胃康胶囊、仙蟾片、麝香壮骨膏等共 37 个品种,其中具有自主知识产权的独家品种 12 个,国家医保品种 13 个。公司先后荣获"陕西省先进集体""光彩之星""陕西省守合同重信用企业""省纳税大户""省资信 AA 级企业"等殊荣,"东科"和"药王山"商标被评为陕西省著名商标。2012 年,经我院申报教育部批准该公司为全国高等职业学校制药类专业骨干教师国家级培训基地,已成功开办了一期全国药学类专业骨干教师师资培训,取得了良好的效果。

10 多年来,杨凌职业技术学院与东科麦迪森药业有限公司深度合作,2008 年至今,学院与东科药业成功举办了 4 届"东科药业"订单班,企业选派技术骨干利用周末及晚上为订单班学生开展专项技能培训,学生在校期间根据实践课程的安排经常深入车间生产一线进行项目实习,使得人才培养质量显著提高。

2. 杨凌科森生物制药有限责任公司

杨凌科森生物制药有限责任公司成立于 2002 年,为陕西丽彩实业集团有限公司下属全资子公司,注册资金 5000 万元(人民币)。公司位于陕西杨凌国家农业高新技术产业示范区,拥有已通过 GMP 认证的胶囊、口服液、片剂、颗粒剂、酒剂等系列生产线,并有与生产规模相适应的提取、仓储、质检中心、原料药生产的现代化厂房,是一家以科研为基础,集开发、生产和销售为一体的新型生物制药企业,是陕西省科技厅授予的高新技术企业。目前自行开发的主要产品有祛斑调经胶囊、消癌平口服液、盆炎净口服液、感冒清热颗粒、安体欣祛斑胶囊(中国第一个药食两用祛斑保健品)、更年舒片、九归强肾酒等系列产品。2002 年被陕西省政府定为"重大科技产业化项目",2005 年被省政府授予科学技术一等奖,2006 年被国家科技部、商务部等联合确定为国家重点新产品。

自 2011 年来,我院与杨凌科森生物制药有限责任公司开展了骨干教师暑期实践锻炼、顶岗实习、专业骨干课程项目实习(企业承担)、企业技术骨干进课堂、校企科研合作等紧密的校企对接项目。学院为了深化"双主体"育人的人才培养模式，在我院选取了药品经营与管理专业与科森制药已连续举办了 3 届"丽彩药业"订单班，使校企合作在广度和深度上都有了较大提高，也使得该专业近 100 名订单班的学生提前具备了"进校就是进企业，毕业就是准员工"的优势竞争力，为我院后期开展该专业的现代学徒制人才培养奠定了坚实的基础。

3. 陕西康誉药业有限公司

陕西康誉药业有限公司成立于 2012 年，公司注册资金 1000 万元，杨凌农业高新技术产业示范区生物医药产业园，是生物医药产业重点招商引资项目。公司主要从事中药饮片(含毒性中药饮片)的研发、生产、销售，中药材、农副产品的科研、种植、进出口经营等，现拥有中药饮片 20 多个剂型 800 多个产品，设计产能年产中药材、中药饮片 10000吨，产值 12000 万元，是一家以"种植、科研、生产、营销"为一体的规模化高新技术医药企业，现为杨凌示范区药业协会理事单位，杨凌职业技术学院中药制药技术专业教学实习、顶岗实习挂牌基地。

康誉药业一直是学院药物与化工分院中药制药专业中药材、中药饮片等实验材料的供货商。同时，公司每年指派专业技术骨干担任中药传统技能大赛院赛、省赛和国赛三个等级比赛的评委、技能导师工作。有相互紧密的支持与合作，康誉药业与杨凌职业技术学院药物化工分院的深度合作为学徒制试点奠定了坚实基础。

(三) 项目基本情况

为了全面提升人才培养质量，杨凌职业技术学院药物与化工分院于 2014 年在中药制药技术专业开始进行现代学徒制的试点工作，并取得了显著的成效。首届 30 名学徒制的毕业生受到用人单位的好评，学徒制试点经验在两届全国高职院校校长会议上进行了交流，得到了各院校的一致认可。

根据《教育部关于开展现代学徒制试点工作的意见》(教职成〔2014〕9 号)精神，杨凌职业技术学院印发了《杨凌职业技术学院现代学徒制试点实施方案》，制定了《杨凌职业技术学院现代学徒制项目资金管理细则》《现代学徒制试点专业带头人遴选及管理办法》《现代学徒制"双导师"管理办法》等一系列规章制度，把中药制药技术专业现代学徒制试点列为学院教学质量工程项目，继续开展现代学徒制的探索与实践。

2017 年 8 月，杨凌职业技术学院被教育部确立为第二批现代学徒制试点单位，立项后，根据《教育部办公厅关于公布第二批现代学徒制试点单位的通知》(职成厅函〔2017〕35 号)、《教育部关于公布第二批现代学徒制试点工作方案的通知》等文件精神，学院领导高度重视，召开专题会议，研究部署试点工作，将药物与化工分院中药制药技术专业作为现代学徒制试点专业,在人力、物力、财力上给予政策支持,保证了试点工作的顺利进行。

根据学院出台的《杨凌职业技术学院现代学徒制试点工作实施方案》以及试点工作要求,编制了《中药制药技术专业现代学徒制试点实施方案》,成立了试点工作小组,出台了《现代学徒制校企定期例会制度》等系列制度文件,全面扎实开展现代学徒制试点工作。

经过研判,筛选并确定了陕西东科制药有限责任公司、杨凌科森生物制药有限责任公司、陕西康誉药业有限公司三家深度合作企业,商讨现代学徒制试点工作,联合开展招生前的准备工作,编制企业用工计划。双方共同制定中药制药技术专业教学标准,编制人才培养方案,策划招生宣传等。在 2017 级招生时,中药制药技术专业按照招生招工一体化开展了招生宣传,并按照招生招工的基本流程,通过学校理论考试招生,合作企业综合面试招工相结合的方式,确定了 41 名学生组建了"东森誉"现代学徒制试点班,深入开展现代学徒制试点及推广工作。

经过两年的试点,初步形成了中药制药技术专业现代学徒制校企"双主体"育人的有效机制,探索出校企双方主导下的"三阶四岗"现代学徒制教学体系及相应的课程体系,开发出适合中药制药专业的岗位专项训练教材。在招生招工一体化、人才培养制度及标准建设、"双导师"队伍建设、管理制度建设等方面取得了显著的成果,使得人才培养质量得到了极大的提升。

在试点工作中,紧扣实施方案,并结合 2018 年教育部中期检查验收提出的 7 个方面的意见及建议,不断整改完善,圆满地完成了试点任务。

二、目标任务完成情况

(一) 建立校企"双主体"协同育人机制

1. 构建学徒制人才培养管理机制

教育部第二批学徒制试点项目下达后,校企联合成立了以学院院长为组长的现代学徒制领导小组(杨职院发〔2017〕69 号),主要负责学徒制实施期间工作的协调。

组　长:王周锁　杨凌职业技术学院院长
副组长:张永良　杨凌职业技术学院副院长
　　　　杨全福　陕西东科制药有限责任公司副总经理
　　　　谷希金　陕西康誉药业有限公司总经理
　　　　姚　奔　杨凌科森生物制药有限责任公司总经理

成　　员：张宏辉　杨凌职业技术学院教务处长

　　　　　刘玉凤　杨凌职业技术学院药物与化工分院院长

　　　　　拜存有　杨凌职业技术学院人事教师处长

学院与合作企业积极沟通，成立了中药制药技术专业现代学徒制试点工作小组，学院教学副院长任工作小组组长，三家合作企业人力资源部负责人任副组长，主要负责项目管理。设立了学徒制试点学院工作办公室(设在药物与化工分院办公室)，主要负责项目实施、监督、检查工作。杨凌示范区药业协会参与了学徒制试点的协调工作和人才培养质量的评价监督，为我院学徒制试点工作提供了坚强的组织保障。工作小组组成如下：

组　　长：张永良　杨凌职业技术学院副院长

副组长：刘玉凤　杨凌职业技术学院药物与化工分院院长

　　　　　沈　海　陕西东科制药有限责任公司人力资源部经理

　　　　　王　萍　陕西科森生物制药有限责任公司人力资源部经理

　　　　　云　涛　陕西康誉药业有限责任公司人力资源部经理

成　　员：胡普辉　药物与化工分院办公室主任

　　　　　龙凤来　中药制药技术专业教研室主任

　　　　　张中社　药物与化工分院专业带头人

　　　　　刘　慧　中药制药技术专业带头人

在学徒制试点过程中，校企协商建立与实施"二元制"的管理与运行机制，即企业、学校共同参与现代学徒制试点的过程管理及学习结果评价。在学徒制试点的不同阶段，企业与学校的管理任务、管理方式各不相同。

(1) 在招生招工阶段，企业根据生产任务提供岗位需求信息，三家制药企业提供的 19 个岗位(见表 1)共需员工 41 名，根据用工需求，策划宣传招生，企业面试后招工。

(2) 在教学过程中，分三个阶段完成教学任务：第一阶段(第一、二、三学期)，学徒在学校学习 59 周，在企业认岗实践 4 周，实施"四位一体"(学校教师、班主任、分院办公室、企业)管理，齐抓共管；第二阶段(第四、五学期)，学徒在学校学习 31 周，在企业进行 10 周跟岗实践，企业岗位师傅、企业导师和学校导师共同管理；第三阶段(第六学期)是学徒在企业顶岗操作阶段，共 18 周，企业导师按照岗位能力培训、GMP 认证要求，进行药厂的专项培训，岗位师傅按照四个岗位群，19 个不同岗位的不同要求，严格管理学徒。同时，学校指导教师深入企业跟岗指导。

(3) 学徒的学习结果考核、评价管理。在每一个阶段学习结束后，学校导师、企业导师、岗位师傅根据各自负责的教学任务及考核要求进行结果考核与评价。而学徒毕业前的评价，实施多方参与的综合评价。

在管理与运行中，明确了校企各自的主要职责。

1) 学校主要职责

(1) 按照企业用工需求，申报招生计划，开展招生宣传工作；

(2) 对接企业，通过企业进一步筛选，组建试点班级；

(3) 校企共同制定学徒制人才培养方案，构建学徒制人才培养课程体系，制定教学实施方案；

(4) 落实学校教师，组织学校教学；

(5) 协助企业做好企业课程教学管理；

(6) 与企业共同做好毕业生(学徒)的就业工作；

(7) 建立学校考核评价体系，做好考核结果的管理；

(8) 落实培养所需的必要资源等，见表1。

表1　合作企业提供的工作岗位

序号	陕西东科制药 有限责任公司	杨凌科森生物制药 有限责任公司	陕西康誉药业 有限责任公司
1	制粒岗位	提取浓缩岗位	净选、切制岗位
2	压片包衣岗位	制粒、胶囊填充岗位	中药炒制岗位
3	胶囊充填岗位	铝塑岗位	中药灸制岗位
4	颗粒分装岗位	生产管理岗位	原材料库、成品库岗位
5	炼胶、涂布切片岗位	质量检验岗位	QA 岗位
6	成品包装岗位	质量监控岗位	QC 岗位
7	铝塑包装岗位		

2) 企业主要职责

(1) 提供用工计划，按照企业基本要求考核、选拔学徒(准员工)，配合学校组建班级；

(2) 与学校一起制定人才培养方案，建立岗位要求的课程体系，结合岗位生产制定企业教学的实施方案；

(3) 落实岗位师傅，组织企业教学；

(4) 建立企业的考核评价体系；

(5) 落实企业教学所需的必需资源；

(6) 落实学徒的工资(补助)、保险、体检，与学校共同做好毕业生(学徒)的就业工作等。

2．构建校企"双主体"育人机制

(1) 签订现代学徒制人才培养三方协议。杨凌职业技术学院与东科药业、科森制药、康誉制药三家企业及学徒，共同签订了现代学徒制人才培养三方协议，见图1。协议中规定了学校(甲方)、企业(乙方)和学徒(丙方)各方具体权责。落实了企业提供的用工人数和岗位任务，校企联合招生招工的具体任务，共同培养的主要途径，学校、企业、第三方(杨凌药业协会)等多方参与评价的主要措施等。明确了合作形式、培养时间、培养费用、培养形式、学制与学历、学徒待遇等具体事项。

图 1   学校、企业、学徒签订三方协议

(2) 实施"三阶四岗"的现代学徒制教学体系。"三阶四岗"既在校企双主体协同下按照三阶递进教学、实施四个岗位群实践培养，见图 2。按照学徒培养进度，实施"三阶递进"(认岗、跟岗、顶岗)的人才培养过程，根据专业核心技能，在中药前处理、中成药生产管理、质量管理、药品营销服务等四个关键岗位群，通过"四岗轮训，师傅带徒，岗位培养"的方式，培养中药制药专业高素质技术技能人才。

图 2   "三阶四岗"现代学徒制教学体系

(3) 落实校企培养成本分担。制定了《现代学徒制人才培养成本分担管理办法》(杨职院发〔2017〕75 号)，明确了学徒培养成本的分担，同时在协议中明确了如学徒的工资、体检费用、劳保等，企业导师、师傅的工资待遇等。在招生招工、教学运行、共建实验实训室等事项中，事先明确各自承担的成本。如在招生招工中，双方协商确定学院承担招生策划、宣传资料印发等费用，而企业承担面试、考试等招工的费用；在与康誉药业共建药物标本室时，双方商定用工费由学校出资，药用植物标本费用由企业出资等。

3. 严格实行学徒制培养过程监督

为了保障学徒制人才培养质量，制定了《中药制药技术专业现代学徒制教学管理办法》(杨职院发〔2017〕74 号)。明确了教学的组织机构、管理模式、质量监控标准等，规范了人才培养方案的编制、课程体系建设、教学组织实施、教学质量监控与评价等工作过程，同时重视学校教师、企业指导教师、岗位师傅监督检查，学徒的评价与考核等，有效地保障了人才培养的质量，见图 3、图 4。

图 3 企业岗位师傅监督检查座谈会

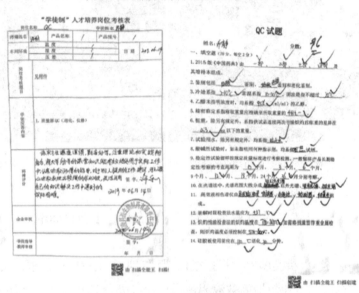

图 4 企业岗位考核

4. 构建多方参与的监督与评价机制

制定了《中药制药技术专业现代学徒制多方参与评价考核办法》(杨职院发〔2017〕97号)、《学校导师教学评分考核指标》等，通过二级督导(学院督导、分院督导)听课、检查教案、授课计划、教学创新和教学任务完成以及学生评教等方面对教师综合评价；制定了

《现代学徒制企业导师(理论培训)教学质量评价指标》和《现代学徒制企业师傅教学质量评价指标》，检查岗位教学工作完成情况、学徒意见反馈、教学培训等综合评价师傅。通过评价，及时反馈教学中存在的问题，不断改进，最终实现提高人才培养质量的目的。

打破单一的校内人才培养质量监督评价模式，在学徒自我评价的基础上，企业岗位师傅、企业人力资源部门、校内导师、杨凌药业协会、杨凌示范区食品药品监督管理局以及校内教学管理者等多方参与监督与评价，构建多方参与现代学徒制培养结果的质量评价机制，见图5。

图5　杨凌示范区食品药品监督管理局、杨凌药业协会指导实训室建设

5. 校企共建共享实训基地

2017—2018 年，学校与企业联合共建了药物分析、中药材标本、企业文化等实验实训室。

(1) 共建共用药物分析实验室。根据校内课程实训和企业中试需求，校企共同投资 87 万元，为中药制药技术专业新增高效液相色谱仪、红外分光光度计、紫外可见分光光度计等仪器设备，进一步加强了药物检测和药物制剂实训车间服务学生、服务企业中试的能力，解决了企业的研发中试生产、药物分析检验等设备不足的问题。

(2) 与康誉制药共建共享中药材标本实训室。鉴于校内"药用植物学""中药鉴定技术"课程实训和学生参加中药传统技能大赛的需要，在康誉制药建成了拥有 350 味中药材及饮片品种、80 味伪品品种、35 味显微品种和 39 种炮制饮片规格品种的中药标本实训室。康誉制药经营 1000 个中药品种的规模化饮片，拥有完备的标本种类和供货能力，在建设中全程供货，学生也将实习时制作的标本纳入其中。标本室建成后，不仅解决了学徒学习"药用植物学""中药鉴定技术"等课程实训的问题，也作为参加技能大赛学生学习的主要场所，同时作为企业员工饮片鉴定培训及识别的场所。

(3) 与科森制药共建校内精密仪器实训室。随着国家对药品质量控制力度的不断加大，建设药品质量分析的校内精密仪器实训室是专业发展的必备条件。我院近两年建设精密仪器实训室的过程中，科森制药充分发挥人力资源优势，多次派遣质量部负责人叶树青等技术人员参与精密仪器实训室建设过程中的设备选型、参数优化、实训室环境保障以及实训项目开发、教师培训等工作，为我院精密仪器实训室高标准建设、高效率运行贡献智慧。精密仪器实训室建成后，也为企业分析人员的培训提供了场所。

(4) 在东科制药企业建立企业文化实训室。东科制药作为一家发展历史悠久的传统中药制剂企业，拥有 3 个陕西省名牌产品、3 个发明专利、2 个科学技术奖品种等产品优势，更具有浓厚的企业文化底蕴。建立的企业文化实训室，作为学徒和入职员工的企业文化课程实训基地，每年可进行近 500 人次的认岗实习和生产实习，见图 6。

与康誉制药共建共享中　　与科森制药共建校内精　　在东科制药建立企业
药材标本实训室　　　　密仪器实训室　　　　文化实训室

图 6　校企共建共享校内外实训室

除了共建共享实训基地以外，企业管理文件中 SOP 和 SMP 文件作为制定岗位标准、岗位考核标准、学徒制培训教程等方面的重要参考资源。2018 年下半年，科森制药质量授权人叶树青、东科药业生产部经理杜晓军分别担任了学徒制试点班校内"企业文化"和"药品安全生产概论"两门课 120 学时的教学任务，很好地利用了企业人力资源的技术优势。

6. 校企共同分担学徒人才培养成本

针对现代学徒制的培养工作要求，学校与企业协商，实施招生招工一体化、成本分担、共同培养的机制。在实施过程中，制定了《现代学徒制人才培养成本分担管理办法》(杨职院发〔2017〕75 号)、《现代"学徒制"试点项目资金管理细则》(杨职院发〔2017〕64 号)，并与企业以协议的方式，明确了培养经费成本、教学管理成本、教学资源建设成本、学徒权益保障消耗成本、材料消耗成本等方面的分担机制，深化了校企合作深度。

(二) 实施校企招生招工一体化

1. 制定招生招工管理办法，规范招生招工程序

制定了《杨凌职业技术学院现代学徒制招生与招工管理办法》(杨职院发〔2017〕63 号)，规范了学徒制试点班级招生招工程序，体现了公平、透明的原则。根据该管理办法，学校根据三个企业提供的用工计划及教育厅申报的招生计划，与企业联合，共同宣传

招生。新生进校后，按照"企业宣讲—学生报名—企业岗位测试—企业面试"的流程，从中药制药技术专业 100 多名学生中择优筛选了 41 名学生，组建成立了"东森誉"学徒制试点班级。

2. 校企联合制定招生招工方案，共同开展招生招工宣传

企业根据生产计划和人力资源现状，按照岗位人才需求制定了详细的岗位招聘计划。针对三家企业四个关键岗位群的 19 个具体岗位，东科药业 7 个岗位，用工人数 15 名；科森药业 6 个岗位，用工人数为 12 名；康誉药业 6 个岗位，用工人数 14 名，共需学徒数量为 41 人。学校根据企业招聘计划，申报了招生计划，制定了招生宣传方案。联合企业，在延安、绥德、宝鸡、渭南、杨凌、咸阳等 6 个地区的招生宣传点招生，重点向考生宣传企业和学徒制试点班的情况，招生效果良好，报考人数达到 186 名，见图 7。

(a)　　　　　　　　　　　(b)

图 7　校企联合开展招生宣传

3. 校企面试招工组建班级，举行试点班成立拜师会

经学校和企业筛选，确定学徒 41 人，成立了"东森誉"现代学徒制试点班级。于 2017 年 10 月召开了现代学徒制试点拜师会。在拜师会上，签订了学徒制三方人才培养协议，见图 8、图 9，学校向岗位师傅颁发了聘书，选聘了学校班主任和企业班主任，学徒举行了拜师礼。通过拜师会，进一步明确了师傅职责及班级日常管理事务。

(a)　　　　　　　　　　　(b)

图 8　"东森誉"试点班校企面试现场

(a)   (b)

图 9 "东森誉"试点班拜师仪式现场

4. 根据药品生产流程确定岗位群，细化岗位知识及能力

按照三家企业的生产要求，经双方协商，确定了制药生产流程的 4 个关键岗位群，19 个工作任务(岗位)，并细化了岗位所需的知识，见表 2。

表 2 现代学徒制工作岗位知识分析表

典型岗位群	工作岗位	典型工作任务	专业知识及能力	支撑课程
中药前处理岗位群	中药饮片生产	中药材采购	(1) 掌握中药材形状特征，具备中药材的性状鉴别能力 (2) 熟悉中药材显微特征，具备中药材的显微鉴别能力 (3) 具备中药材的理化鉴别能力 (4) 具备中药材真伪鉴别、中药饮片品质控制能力	中药学 中药鉴定技术
		中药材初加工及炮制	(1) 熟悉中药材的特性，具备中药材的净选、分档能力 (2) 具备常见中药材的炮制能力	中药炮制技术
中药前处理岗位群	中药有效成分提取	中药有效成分提取分离	(1) 熟悉提取设备，能独立安全操作 (2) 熟悉提取工艺，能对提取工艺进行改进和修订 (3) 能对提取设备进行简单的维护	中药化学 中药制剂技术
中成药生产管理	液体制剂 固体制剂	工艺控制	(1) 熟悉生产工艺流程，能依据工艺流程操作设备 (2) 能发现问题并对工艺参数进行合理的改变、调整	中药制药原理与设备
		剂型加工生产	(1) 熟悉液体制剂的生产过程，能独立进行液体制剂的生产 (2) 熟悉固体制剂的生产过程，能独立进行固体制剂的生产	中药制剂技术 药品 GMP 实务

续表

典型岗位群	工作岗位	典型工作任务	专业知识及能力	支撑课程
药品质量管理	药品质量检验(QC)	质量控制	(1) 掌握药品质量标准，具备分析问题的能力 (2) 熟悉药品质量控制规范，能独立开展工作	仪器分析 药品 GMP 实务
		药物微生物限度检查	(1) 掌握微生物的形态、分布，具备药品中微生物(细菌、真菌)的限度检查能力 (2) 掌握致病微生物的形态，具备药品中致病微生物的检查能力	药品微生物检测技术
		药物有效成分检验	(1) 熟悉分析仪器的构造及操作程序，能熟练操作分析仪器 (2) 掌握各种药物的有效成分性质，能对药物中的有效成分进行分析 (3) 能对分析数据进行科学分析	仪器分析 中药制剂检测技术
		药物毒性成分检验	(1) 熟悉药物中有毒成分的性质，并能对常见的毒物进行分析 (2) 能对分析结果进行数据精确分析	仪器分析 中药制剂分析
药品质量管理	药品质量管理(QA)	品质保证	(1) 熟悉药品质量管理体系 (2) 能够独立编写 GMP 管理程序 (3) 良好的人际交往、组织协调能力及高效的实施能力	GMP 实务 药事管理与法规
		品质稽核	(1) 丰富的专业知识及敏锐的观察能力 (2) 了解与熟悉 ISO9001、 ROHS 相关知识，较强的人际沟通及品质问题的处理能力	GMP 实务 药事管理与法规
药品营销服务	药品销售	药品学术推广	(1) 熟悉大型学术推广会议、小型科室研讨会、医院药事会和各级团体组织学术会议的召开流程 (2) 熟练区域药品销售各项工作	医药市场营销 中药调剂技术
		销售策划	熟悉药品促销设计、促品策划、促销宣讲、政策制定等	
	药学服务	医院药房、连锁药店药品调剂服务	(1) 熟悉医院、药店药品陈列规则 (2) 掌握中药调剂方法、步骤	

(三) 制定人才培养制度和标准

1. 校企共同制订了中药制药技术专业现代学徒制专业教学标准

现代学徒制专业教学标准是保证学徒制教学质量的重要依据。校企共同制定了《中药制药技术专业现代学徒制专业教学标准》，明确了中药制药技术专业"现代学徒制"试点培养目标、人才培养规格、就业岗位，开发了课程体系，设计了符合学徒制特点的教学方法、教学手段、教学组织实施、教学管理、教学考核等方面的内容。

(1) 深入企业、行业调研，确定学徒制专业培养目标。针对三家学徒制合作企业开展调研，见图 10，采取发放调研表、面对面座谈会等形式，摸清企业人力资源现状。对不同层面的人员制定不同的调研表，以便于归纳总结调研结果。针对企业高层管理人员的调研表内容主要包括：企业未来三年用人计划，企业需求人员类型，企业设置的工作岗位、企业需求岗位，企业要求员工应具备的素质、知识结构、能力结构等。结合三家合作企业调研结果，准确定位现代学徒制专业人才培养目标为：本专业主要培养德、智、体、美、劳全面发展，陕西省中药制药企业一线岗位需要的技术技能人才，通过校企联合培养，使其具备从事中药材前处理、中药制剂生产、中药制剂检测、销售管理等工作岗位能力和可持续发展能力的高素质技术技能人才。

图 10 深入合作企业开展专业调研

(2) 进一步细化培养目标，明确培养规格。在现代学徒制的人才培养中，学校和企业双方根据教学、生产要求提出并制定毕业生的人才培养规格。从知识、能力和素质三个方面明确对人才的具体要求。

知识要求：具有中药材生产管理、中药制药原理与设备、中药制剂生产与检测等方面的基本知识；具有常规中药制剂生产、检测设备操作知识；掌握中药制药及检测设备的检修制度、检修方法、制药设备常见故障现象及维修方法、中药制药生产管理及经营管理的制度及原则。

能力要求：能熟练开展中药前处理及中药提取、干燥；能够进行中药制剂生产和检测；能够对中药提取、生产、检测设备进行保养和维修；能够完成药品销售和管理日常工作。

素质要求：德、智、体、美、劳全面发展，具有爱岗敬业、热爱企业、诚实守信、吃苦耐劳的意志品质；遵守企业规章制度；能很快适应岗位要求。

(3) 师资队伍配备。制定了《杨凌职业技术学院现代学徒制"双导师"管理办法》(杨职院发〔2017〕66 号)，明确了校内专任教师与企业技术人员共同担任导师，实施"双导师"制。校内专任教师按照教育部相关规定配备，试点班共配备了 18 名教师，主要传授公共必修课和部分专业课；企业按照每 2～3 名学生(学徒)安排 1 位师傅进行岗位技能指导，三家合作企业共选派了 6 名理论导师和 19 名岗位师傅，这些导师及师傅主要来自于企业管理岗位、专业技术培训岗位、专业技术核心岗位以及专业一线业务能力突出的优秀员工，具有 5 年以上工作经验，具有较好的语言表达能力及基本的教学能力。

(4) 教学组织与实施。现代学徒制实施"学校+企业""双主体"共同教学，学徒在学校学习一个阶段，然后进入企业集中学习，岗位培养，工学交替，以学徒为中心、做中学、学中做的教学理念。充分利用现代教育技术和岗位工作条件，实施项目化教学，充分实现理论学习与操作实践一体化教学。结合岗位工作任务，按药品生产项目的内容组织实践教学项目与考核评价。以问题导向、任务驱动、项目实施、案例分析等，突出培养学生解决和分析实际问题的能力。教学任务安排充分体现以学校为主导，企业为主体，学校导师承担的教学任务约占 1/2，采取集中讲授和送教上门的形式完成教学任务。企业导师承担的教学任务约占 1/2，通过集中培训、任务训练和岗位培训形式完成教学任务。教学形式多样，教学方法灵活。通过课堂讨论、岗位教学、项目实施、案例分析以及任务目标考核等形式提高学生学习的积极性和主动性。

(5) 教学资源建设。充分发挥校企优势，建成《中药鉴定》《中药炮制》《中药制剂检测技术》等 12 门混合在线课程，精品在线课程 5 门，资源库课程 10 门，均已全部上线运行使用。增加了大量的微课、图片、动画等直观教学元素，在多媒体课件中广泛使用，并引入企业远程资源，组织现场教学。组织编写了现代学徒制专业课课程标准、案例汇编、试题库、课件、操作流程视频等教学资源。

(6) 教学管理。制定了《中药制药技术专业现代学徒制教学管理办法》(杨职院发〔2017〕74 号)、《现代学徒制学分制、弹性学制管理办法》(杨职院发〔2017〕73 号)等文件，建立规范化教学管理制度，教学中实施学分制管理，即学生必须修完规定学分才能获得毕业资格证书。充分发挥学生学习的积极性与主动性，给学生创造足够的灵活度和空间，并在教学安排、课程设置、考试考核与评价模式考试等方面积极探索与之相适应的管理模式。注重校企融合、岗位培养、岗位成才理念，强化实践技能的培养。构建基于工作过程的课程体系。以职业岗位能力与素质要求明确课程目标，注重教学与生产、教学与服务的有机结合，实施工作岗位现场教学和实操指导，提升学生的职业素质与实际岗位工作能力。

2. 校企共同制定现代学徒制人才培养方案

(1) 组建现代学徒制专业教学指导委员会。2017 年 8 月，组建了现代学徒制专业教学指导委员会，学院印发了《关于成立中药制药技术专业学徒制试点专业建设指导委员会的决定》(杨职院发〔2017〕70 号)。中药制药技术专业教学指导委员会共有 12 人组成，其中行业企业专家 2 人(崔岩、龚小涛)，现代学徒合作企业 3 人(谷希金、徐军、姚奔)，校内教育教学专家 6 人(刘玉凤、钱拴提、张宏辉、张中社、刘慧、郝红科)。

(2) 校企共同制定人才培养方案。结合调研结果与专业教学指导委员会的指导，校企共同制定基于"双主体"育人的中药制药技术专业现代学徒制人才培养方案，见图 11，学院印发了《中药制药技术专业现代学徒制人才培养方案》的通知(杨职院发〔2017〕72号)。该方案打破了传统人才培养方案制定的框架，见表 3，充分体现了学校与企业双场所、学生与学徒双身份、理论与实践双融合、教师与师傅双教学、学校与企业双管理的"五双"人才培养理念。

图 11 校企联合召开学徒制人才培养方案制定研讨会

表 3 学徒制人才培养方案时间安排表(单位：周)

学期	I	II	III		IV		V		VI		总计(周)
教学地点	校内	校内	校内	企业	校内	企业	校内	企业	企业	校内	
军训	2										2
入学、安全及毕业教育	0.5									0.5	1
课堂教学	17.5	14	10		13		9				63.5
企业岗位实践				认岗 4		跟岗(一) 4		跟岗(二) 6	顶岗 18		32
校内课程实训	1	3	5		3		2				14
机动	1	1	1		1		1				5
考试	1	1	1		1		1			1	6

3. 设计基于工作过程的课程体系

打破学科式的课程设计思路，创新构建符合中药制药技术专业基于工作过程的课程体系。在学徒制试点教学指导委员会的指导下，由校企双方、教师和岗位师傅多方参与分析制药行业所需的职业核心能力，以培养技术技能人才为目标，分析企业岗位(群)职业能力，设计了基础素质能力模块、职业基本技能模块、职业核心技能模块和岗位专项技能训练模块的四类学徒制教学模块。

（1）分析确定专业岗位群、岗位任务及岗位能力。深入三个试点企业及相关企业进行深入调研，召开校企双方的研讨会，结合我院中药制药技术专业毕业生就业岗位，分析企业岗位工作任务、工作流程及从业人员素质要求，并考虑到学徒 1+X(中药炮制工、中药鉴定工、中药制剂工、分析检验工、中药调剂员、药品营销员)证书的获取，最终确定本专业对应岗位及职业能力要求，见表4。

表4 岗位任务、岗位工作能力分析表

岗位群	岗位任务		岗位工作能力	备注
中药前处理	采购原药材		原药材采购、供应商审计、原药材购进、原药材入库等能力	
	中药材加工		原药材净选、切制、炮制、质量控制等能力	
	中药有效成分提取		根据中药材有效成分种类及性质，选择适当的提取、分离方法将原料药材中的有效成分或有效部位从药材组织中提取出来，并浓缩制成相应的提取物(浸膏或干膏粉等)的能力	
中成药生产管理	固体制剂剂型加工生产和工艺控制	制粒、压片、包衣、包装、颗粒分包装、胶囊填充、泛丸等	片剂加工生产和工艺控制能力：混合制粒→干燥→整粒→总混→压片→包衣→铝包；颗粒剂加工生产和工艺控制能力：原料处理→提取液的精制→制软材→制颗粒→干燥→整粒→质检→包装；散剂：粉碎→过筛→混合→分计量→质量检查→包装；丸剂加工生产和工艺控制能力：药物粉碎过筛→配料搅拌→混合→炼制→制丸→筛选；硬胶囊加工生产和工艺控制能力：药物和辅料混合→制粒→胶囊填充→抛光整理→包装→质检→成品等生产工艺流程，进行片剂、丸剂、颗粒剂、胶囊剂、散剂的生产操作	
	液体制剂剂型加工生产和工艺控制	配液、罐装、包装等	硬胶囊加工生产和工艺控制能力：根据液体制剂原辅料的准备→配制→过滤→灌封→灭菌→检漏→质检→包装等生产工艺流程，进行糖浆剂、口服液、注射剂、乳剂等常规液体剂型的生产操作	
药品质量管理	药品质量检验 QC、药品质量保证 QA		对原辅料进厂到成品出厂全过程进行质量监督保证(QA)和质量检查控制(QC)能力	
药品营销服务	药品推广策划、药学服务(医院药房、连锁药店)		药品推广策划能力：定期召开大型学术推广会议、小型科室研讨会、医院药事会和各级团体组织学术会议，负责区域药品销售各项工作	
			销售策划能力：药品促销设计、促品策划、促销宣讲、政策制定等	
			医院药房、连锁药店药学服务能力：医院药房、药店药品临床使用指导服务、药品入库陈列等	

(2) 确定专业核心课程。以药品生产流程为导向，基于工作过程、行业标准及岗位能力等开发专业核心课程。确定了中药炮制技术、制药工程原理与设备、中药制剂技术、中药制剂检测技术、医药市场营销五门核心课程。并突出实践能力和综合职业能力培养。围绕高素质技能型专业人才培养目标，校企共同进行分析、研讨、归纳，确定符合中药制药需求的专业课程，确保专业课程与企业岗位要求的能力对接。

(3) 构建学徒制课程体系。经校企共同讨论，邀请行业专家参与，教学委员会指导，制订了中药制药技术专业人才培养方案。以东科药业等三家合作企业用人需求与职业资格标准为导向，以学生(学徒)技能培养为核心，以学校、企业深度参与，教师、岗位师傅为支撑，推进产教融合，创新招生制度、管理制度和人才培养模式。结合企业岗位设置，充分分析学生就业岗位和岗位职业能力要求，明确专业对应的岗位和岗位群，在此基础上对教学内容进行重组和整合，融入职业素质、人文素质和基本能力培养，构建中药制药技术专业课程体系。该课程体系包括 4 个模块，即基础素养能力模块、职业基本技能模块、职业核心技能模块、岗位专项技能模块，见表 5。

表 5　中药制药技术专业课程体系

能力培养阶段	学校课程	企业课程	学徒成长时期
基础素质及职业基本能力培养阶段	中医药学基础、药用植物、中药材生产、中药化学、药理学、药品微生物检测、中药鉴定、仪器分析	专业认知实习、企业专家讲座、职业素养养成、职业岗位规范、制药企业 SOP 文件和岗位认知实践	学徒认知及适应期(认岗阶段)：初级学徒
职业基本技能和职业核心技能培养阶段	中药炮制、中药生产设备及原理、中药制剂、中药制剂检测、药品营销及管理	中药前处理、中成药生产管理、药品质量控制和跟岗轮训	学徒成长期(跟岗阶段)：中级学徒
岗位专项技能培养阶段	岗位技术指导	药品销售技能、制药企业行政管理、毕业设计和顶岗操作	学徒成熟期(顶岗阶段)：高级学徒

4. 分三阶段逐步推进教学任务

由于药品生产的专业性和特殊性，学徒制人才培养应遵循循序渐进的原则。通过三阶段，逐步加大学徒在企业的教学时间和强度，循序渐进地完成学徒制企业实践教学任务。

第一阶段：专业基础素质训练，安排在第一、二、三学期，其中校内导师及企业兼职导师在校内多功能教室和药品生产实训室指导学生完成专业基础课程，共计 59 周；在企业认岗实践 4 周，由学校组织，合作企业承担，采取统一组织到制药企业生产车间，在企业导师和岗位师傅全程操作指导下，让学徒了解制药环境、企业文化、工艺流程以及操作规程等。

第二阶段：专业基本技能和核心技能训练，安排在第四、五学期，其中在校内学习专业平台课和专业核心课程，共计 31 周；在企业由岗位师傅在岗位现场指导学徒完成为期

10 周的跟岗轮训，按照岗位特点，每周轮训一个岗位任务，每月轮训一个岗位群。学徒在岗位师傅指导下参与药材前处理、药品生产、药品质量管理以及药品营销管理的岗位任务学习。同时，学校导师跟岗指导学徒，解决学徒在岗位轮训中理论知识不足遇到的困惑。

第三阶段：顶岗生产操作，安排在第六学期，学徒深入企业各岗位群，由企业岗位师傅监督，学徒独自完成为期 18 周的顶岗生产操作任务。为顶岗实习阶段，学徒入住企业，合作企业安排学徒以准员工身份参加药品生产项目实施、质量检查、安全文明管理，编写生产日志、生产实训报告等具体工作，见表6。

表 6   三阶段递进式教学安排表

阶段划分	分布学期	学徒制教学模块	学校			企业			培养效果
			学徒制课程	时间分配	实施主体	学徒制课程	时间分配	实施主体	
第一阶段	第1学期	基础素质能力模块	英语、思想政治理论、体育、计算机应用等	23周	校内导师为主企业兼职导师为辅				初级学徒
	第2学期		中医药学基础、药用植物学等	19周	校内导师为主企业兼职导师为辅				
	第3学期		中药鉴定技术、中药化学等	17周	校内导师为主企业兼职导师为辅	认岗实践（职业素养、制药企业50P）	4周	企业理论导师：企业理论课程教学 企业岗位导师：岗位实践指导 校内实训导师：参与理论课程学习 校内理论导师：跟岗协助指导	
第二阶段	第4学期	专业基本技能模块	药事管理与法规、中药调剂技术等	18周	校内导师为主企业兼职导师为辅	跟岗轮训（中药前处理、中成药生产）	4周	企业理论导师：企业理论课程教学 企业岗位导师：岗位实践指导 校内实训导师：参与理论课程学习 校内理论导师：跟岗协助指导	中级学徒
	第5学期	职业核心技能模块	中药制剂技术、中药制剂检测技术等	13周	校内导师为主企业兼职导师为辅	跟岗轮训（药品质量控制）	6周	企业理论导师：企业理论课程教学 企业岗位导师：岗位实践指导 校内实训导师：参与理论课程学习 校内理论导师：跟岗协助指导	
第三阶段	第6学期	岗位专项技能模块		1.5周		顶岗操作（药品营销、药品管理）	18周	企业岗位导师：岗位实践指导 校内理论导师：跟岗协助指导	高级学徒

5. 四个关键岗位群，师傅带徒，轮岗培养

根据专业人才培养目标，采取在三家企业的中药前处理、中成药生产管理、质量管理、药品营销服务四个关键岗位群，以"四岗轮岗，师傅带徒，岗位培养"的方式提高学徒专业技能，通过不同岗位师傅面对面指导，全面掌握岗位技能，培养高素质技术技能人才。

学徒在企业全面实施岗位轮训，见图 12、图 13。一是校企联合制定学徒轮岗实施计划，根据企业招聘结果，学院将学徒安排到三家合作企业。二是企业根据生产岗位实际情况及学徒的个性特点制定学徒轮岗计划，明确轮岗的岗位师傅、轮岗起止日期、轮岗目的、要求及轮训工作任务。三是轮训结束，岗位师傅根据学徒的岗位表现综合评定成绩并写出评语。

在企业轮训期间，校企班主任和企业人力资源部共同管理，建立班级信息交流大群与岗位小群相结合，形成全程跟踪、及时反馈机制，及时处理学徒在学习、生活中出现的问题，以确保轮训过程有序进行。

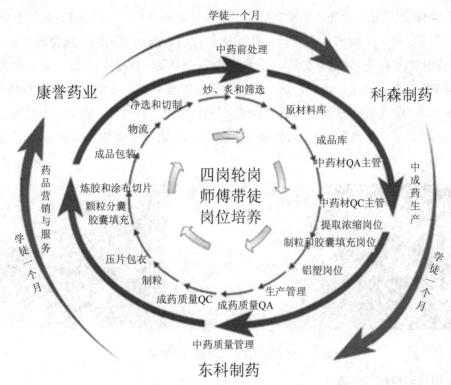

图 12　轮岗带徒培养模式图

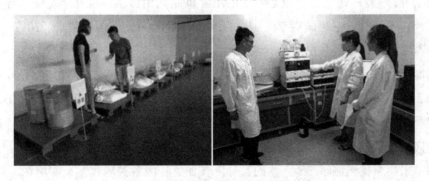

图 13　企业师傅在岗位中指导学徒

(四) 建设校企互聘共用的师资队伍

1. 组建"双导师"团队

根据《杨凌职业技术学院现代学徒制"双导师"管理办法》(杨职院发〔2017〕66

号)、《中药制药技术专业现代学徒制师资队伍建设方案》(杨职院发〔2017〕77 号)、《现代学徒制试点专业带头人遴选及管理办法》(杨职院发〔2017〕65 号)等文件要求，精心选拔"双导师"，与企业反复协商，组建双导师团队，联合承担授课任务。选拔程序为：先定岗定师，再组织遴选。首先，定岗定师。根据人才培养方案中的核心技能和课程特点，确定了中药前处理、中成药生产管理、药品质量管理、药品营销四个岗位群，19 个岗位，共需校内教师 18 名(理论、实训)，企业师傅(三个企业，指导实践)19 名，企业兼职教师(理论培训) 6 名。其次，组织遴选。按照双导师人数需求，采取推荐和面试结合的方式，在 26 名校内教师中，选拔了龙凤来、张中社等 18 名专任教师；在企业中聘用了杜晓军等 6 名兼职教师，王琪等 19 名岗位师傅，见图14，并分别颁发了兼职教师证书、岗位师傅聘书。

图14　给岗位师傅、兼职教师颁发聘书

2. 重视"双导师"培养

为了不断提高"双导师"团队的教学水平和综合素质，校企联合制定了《学校教师和企业师傅培养计划》，建立了"双导师"的培养机制。出台了《现代学徒制"导师"双向挂职、联合技术开发、参与试点专业建设的激励和奖惩制度》(杨职院发〔2017〕90 号)，明确了培养途径、目标等，形成了"双导师"培养的长效机制。

根据制药行业及企业的特点，"双导师"分为学校导师及企业导师，而企业导师又分为培训导师、岗位师傅。培训导师主要负责学徒学习制药行业各种文件(GMP、GAP、QA、QC 等)的制定、解读，制药环境卫生知识等，或者在学校承担课程任务；岗位师傅主要负责岗位技能的培养及学徒综合素质的养成。学校导师分为任课教师和实验实训指导教师。两年来，学校选派了 35 人次的教师，参加了各级各类现代学徒制培训，见图15；按照教师培养计划规定，选派了 24 人次的教师进行寒暑假下企业实践锻炼，见图16，每次锻炼 3～5 周；7 名教师承担了康誉制药、麦迪森药业集团的黄芩、丹参等中药饮片加工工艺改造及中成药剂型改造；申报横向课题 2 项；3 名老师被企业聘为顾问。通过这些途径的培养，提升了校内教师的教学水平。对企业师傅的培养更注重理解人才培养的目标、教学方法等教学能力的培养。举办了三次企业指导教师、岗位师傅培训，每学期邀请企业导师到校内参加课程观摩活动；定期征求学徒(学生)对师傅的意见与建议，针对存在问题，采取相应的措施。如在企业实习中，部分学生反映，师傅带的很认真，但是师傅在操作过程中操作多讲得少，针对这个问题，我们组织岗位师傅观摩了优秀师傅讲解过程，使得其余师傅懂得了操作过程中讲授的重要性，显著提升了学徒学习效果。

图 15　教师参加各类培训会

图 16　校内导师到学徒制试点企业参加暑假实践锻炼

3. 加强"双导师"考核

"双导师"考核的目的是为了进一步激发调动教师的积极性，促使教师不断提高教学能力。制定了《杨凌职业技术学院现代学徒制试点专业导师考核与激励办法》《现代学徒制企业导师(理论培训)教学质量评价指标》和《现代学徒制企业师傅教学质量评价指标》等，建立导师日常教学与年度考核评价结合的机制。校内教师日常考核包括了个人年度工作计划、课程授课计划等一系列教学文件的编制、完成情况等；年度考核包括教师互评、学生评价、督导评价等。企业导师、师傅的评价则以完成岗位学习内容(理论、实践)的程度为主。针对岗位技能、知识等方面的要求及学徒的评价等方面综合考核。如在中成药生产管理考核中，发现了 GMP 文件中规定的内容师傅没有给学生指导全面，应该扣师傅得分等，并淘汰了指导效果不好的 2 名师傅。通过具体的考核评价和淘汰机制，逐步构建了一支高素质的双导师队伍。在稳定的双导师队伍基础上，构建校外优秀导师校内兼职，校内优秀教师企业挂职锻炼的互评互用良性流动机制，不断给学徒制师资队伍注入新鲜活力的后备军，以保障学徒制试点的人才优势。

4. 重视考核结果的应用

在双导师考核评价的基础上，建立健全了导师绩效分配制度，落实学校教师的绩效待遇和企业师傅的岗位指导费，形成吸引人才、稳定导师队伍的激励机制。对于校内教师，承担现代学徒制试点课程，参与试点工作的教师，按照项目任务完成情况，分院在年终津贴分配时划拨质量津贴，进行奖励；学院在给分院划拨津贴时，把现代学徒制试点工作也作为一项主要内容。对于企业兼职教师及岗位师傅，按照承担课程学时数量、完成情况，给予课时费及奖励费；岗位师傅完成全部指导任务后，按照协议规定的 1000 元/月指导费足额发放，对优秀指导师傅给予特别奖励。

学院也出台了一系列的制度，把教师的考核结果与职称晋升、优秀教师评定等结合起来。如出台了《关于教师参加实践锻炼的实施办法》文件，明确规定专业教师必须利用寒暑假参加企业实践锻炼，教师晋升讲师、副教授和教授的实践锻炼累计时间分别要满半年、一年、两年；学徒制试点企业对岗位师傅在职称晋升、职务晋升方面给予倾斜，建立《关于岗位师傅职称晋升、职务晋升的补充规定》，为岗位师傅提供明确的政策支持，不断吸收优秀骨干员工加入到学徒制导师团队。在这些制度的执行过程中，现代学徒制主要参与人，中药教研室主任龙凤来老师在职称评定时，在同年入校的教师中，成为第一个晋升副教授的教师。东科药业的杜晓军通过指导学徒使得自己的理论水平及教学能力也得到了提高，企业选派他参加了成人考试，承担了所有的学习费用，通过学习拿到了本科学历。

(五) 建立现代学徒制教学管理制度

1. 以制度规范教学过程

学院制定了《中药制药技术专业现代学徒制教学管理办法》(杨职院发〔2017〕74 号)。

(1) 明确了现代学徒制的教学依据和课程体系及专业人才培养的目标。制定了中药制药技术专业现代学徒制人才培养标准，依据标准制定了中药制药技术专业"学徒制"专业人才培养方案，形成具有特色的"三阶递进"教学课程体系。

(2) 规范了工学交替的教学组织方式，将公共基础课程、专业理论课程、校内实训基地教学实践与企业岗位群轮训四部分教学内容进行整体规划，制订教学计划，合理安排双场所教学内容和任务，配置校企双导师双向流动授课，规范课程开设，做好教学记录，按照工学交替的方式安排教学过程。

(3) 实行弹性学分管理。在学徒制领导小组办公室设有专人，负责学徒学分管理，学徒累计达到 160 分(必须获得所有"双导师"教学课程的学分)才能准予毕业。

2. 量化考核评价与督查制度

学院出台了《中药制药技术专业现代学徒制企业学习考核制度》(杨职院发〔2017〕94号)、《中药制药技术专业现代学徒制多方参与评价考核办法》(杨职院发〔2017〕97号)等文件规范教学督查与考核评价。同时，在教学过程中，利用学院及二级分院的教学督导，实施定期质量检查，及时采集从入校到毕业期间学徒各个阶段的数据，对教学实施效果进行综合分析，及时给领导小组反馈的质量信息，按照《现代学徒制校企定期例会制度》，召开月例会，加强沟通与协调，通报信息，落实任务，处理中药制药技术专业现代学徒制试点工作存在问题。

实施领导小组组长、副组长(非学徒所在的企业)、校内导师、企业导师、药业协会等多方参与的考核评价机制，共同参与出题，量化考核项目，尤其是顶岗操作阶段考核评价，参加的考核人员不少于5人。

3. 创新了学徒制管理办法

(1) 明确企业导师和校内导师的工作职责。学院制定了《中药制药技术专业现代学徒制导师工作职责》(杨职院发〔2017〕89号)，明确了"导师"的身份、工作内容和注意事项，根据导师的职责对其进行考核。

(2) 加强学徒在企业实习的管理。制定了《中药制药技术专业现代学徒制学生岗前培训计划》(杨职院发〔2017〕92号)《中药制药技术专业学徒制实习召回制度(杨职院发》〔2017〕96号)等，强化学徒的安全意识、责任意识和自我管理意识，为处理学徒实习期间存在的管理问题提供依据。同时，学徒在企业实习期间，选派学校导师进驻企业管理，以保障学徒在企业学习的顺利进行。

4. 落实学徒的责任保险

学校在学徒入校时，统一办理责任保险。在开展实习前，企业对学徒进行岗前安全防护知识、职业病防护知识、岗位操作规程的培训，进行各项规章制度、安全、防火等方面教育，预防发生伤亡事故。学徒在企业因工作发生人身损害，如果企业未尽到安全保障、管理职责，则承担相关责任。

为了确保责任保险落到实处，学校、企业、学徒签订了三方协议。明确了三方的权利和义务，其中对安全负责保险进行了明确说明。

三、项目建设成效及创新点

(一) 建设成效

1. 构建了现代学徒制"双主体"育人的良性机制

在2014年学院学徒制试点基础上，通过教育部第二批学徒制试点项目的实施，逐步探索出校企共同招生招工、规范教学管理、实施"双导师"教学、共建共用教学资源、教学成本分摊、多方评价考核等为主要内容的现代学徒制"双主体"育人的有效机制。为解决长久以来企业招工难，人力资源数量不足、质量差的困境，创新了一条有效的人才储备及用人途径。

通过试点，企业已经认识到了通过学徒制的培养，能够减少员工岗前培训成本，尤其是制药行业的特殊性，把员工的岗前培训内容，纳入到学徒学习内容，节约了上岗的时间，提高了培训效果，解决企业人才资源成本高、人力资源利用率不高的问题，使得企业参与学徒制实施的主动性和积极性不断提高。

经过对比发现，参与学徒制试点并通过岗位考核的学徒，在试验技能、团队协作能力、学习主动性等方面，与校内同一级同专业学生相比能力显著增强，提高了人才培养质量。学徒制试点项目较好地解决了学校资源不足、知识技术更新较慢、学生学习积极性不高等制约人才培养质量提升的瓶颈问题。

从实践结果分析，中药制药技术专业现代学徒制试点已经搭建起了校企深度合作的桥梁，基本实现了校企"双主体"育人的良性机制。

2. 出台了现代学徒制"双主体"协同育人的配套制度

在学徒制试点的不同阶段，校企共同设计、研讨，制定出台了一系列制度性文件，包括了学院、二级分院、学徒制工作小组等不同层面的制度及文件。这些制度、文件的出台，规范了现代学徒制试点的各个环节，从招生招工流程、"双导师"的选拔聘任、教学管理、学徒的管理、三方协议、考核评价、成本分摊等多方面，用制度规范各方行为，用科学方法指导教学。尤其是学院出台的《招生与招工管理办法》《学徒制"双导师"管理办法》等文件，为学徒制校企协同"双主体"育人提供了较为规范的操作指导。这些制度涵盖了学徒制实施的全过程，为今后现代学徒制的推广奠定了经验。

3. 探索出了"双导师"水平不断提升的基本经验

通过现代学徒制的试点，探索出不断提升"双导师"队伍的基本经验。

(1) 建立由学校导师和企业导师组成的"双导师"队伍，即根据制药行业的特点，企业导师包括培训导师、岗位师傅，学校导师包括任课教师、实验实训指导教师。

(2) 编制"双导师"队伍建设方案，明确"双导师"队伍建设目标及建设内容。

(3) 规范"双导师"的聘任，理论学习，实践锻炼的时间、形式、途径等要求。

(4) 建立"双导师"队伍的激励机制，有力地调动了导师的积极性。

4. 实现了现代学徒制"双主体"育人质量的稳步提高

学徒制试点有效利用了校企之间优质资源，包括人力资源优势、场地设备资源优势、技术资源优势等。这些资源的有效运行，显著增强了校企协同育人的效率。学徒的职业技能和综合素质能力较在校学生显著增强。两届学徒制毕业学生均受到合作企业的良好评价。特别是通过与合作企业康誉制药共建共享中药标本室，为学生提供了优质的实训条件。2019 年学徒制班级学徒获得陕西省中药传统技能大赛一等奖 1 项，二等奖 2 项，三等奖 3 项，国赛二等奖 1 项的好成绩；创新创业获得学院金奖 3 项，银奖 5 项，省级银奖 2 项，铜奖 1 项；参与杨凌示范区社区居民用药指导服务 19 人次，见图 17、图 18、图 19。

图 17　学徒参加陕西省、国家中药传统技能大赛获奖

图 18　试点班学徒参与创新创业大赛获奖

图 19　试点班学徒参与社区合理用药指导服务

与同级的其他班级作对比，学生在学习成绩、技能竞赛、参与社团活动、三好学生评定、奖学金获得的人数等方面均优于其他班级，差异显著，现代学徒制试点使得人才培养质量显著提升，见表 7～表 11。

表 7　英语、计算机二级，社团参与人次结果统计表

	英语 A、B 级通过率	计算机二级通过率	参与社团活动人次
试点班(41 人)	92.6%	73.1%	104
对照班(39 人)	76.9%	64.1%	66
比较结果	+15.7%	+9%	+84.5

表 8　理论学习平均成绩比较表

	第一学期	第二学期	第三学期	第四学期	平均成绩
试点班(41 人)	85.5	86.7	82.5	80.7	83.9
对照班(39 人)	76.5	80.1	77.1	81.2	78.7
比较结果	+3.0	+6.6	+5.4	-0.5	+5.2

表 9　实践教学成绩对比表

	2017—2018 学年良好以上比例	2018—2019 学年良好以上比例
试点班(41 人)	79.7%	80.6%
对照班(39 人)	67.3%	69.7%
比较结果	+12.4%	+10.9%

表 10　受院系表彰情况对比表

	2017—2018 学年		2018—2019 学年	
	院系三好学生获得率	奖学金获得率	院系三好学生获得率	奖学金获得率
试点班(41 人)	10 (24.4%)	8 (19.5%)	13 (31.7%)	10 (24.4%)
对照班(39 人)	8 (20.5%)	5 (12.8%)	8 (20.5%)	7 (17.9%)
比较结果	+3.9%	+6.7%	+11.2%	+6.5%

表 11　参与中药传统技能大赛成绩对比表

	2018 年		2019 年	
	院级比赛获奖率	省级比赛获奖人数	院级比赛获奖率	省级比赛获奖人数
试点班(41 人)	79.7%	4	80.6%	6(国赛二等奖 1 人)
对照班(39 人)	67.3%	2	69.7%	0
比较结果	+12.4%	+2	+10.9%	+6

5. 实现了现代学徒制"双主体"育人经验的逐步推广

我院中药制药技术专业通过两届(2014 年试点为学院教学质量工程项目，2017 年为教育部第二批学徒制试点项目)学徒制试点，已经探索出较为合适的校企"双主体"育人路径。结合不同专业特点，已经相继在我院畜牧兽医、酒店管理、建筑工程技术、经济管理专业以及药物与化工分院药学其他专业进行现代学徒制推广，并进行人才培养经验分享与

交流。这些经验在搭建学徒制校企合作平台，招生招工一体化，人才培养方案和教学标准起草，岗位师傅遴选、聘用、管理以及学徒管理等方面均发挥了指导作用。

（二）创新点

1. 创新构建了校企"三阶四岗"的现代学徒制教学体系

依托杨凌示范区生物医药产业优势，借鉴国际上先进的现代学徒制经验，校企融合，根据学徒递进式成长规律、专业核心技能要求和企业岗位任务特点，探索形成中药制药技术专业"三阶四岗"现代学徒制人才培养教学体系。该教学体系高度契合专业培养目标，适应现代学徒学习需求，符合职业教育教学规律。按照该人才培养模式培养学徒的过程和质量结果均被合作企业高度认可。

2. 探索形成了符合职业能力发展对接行业标准的课程体系

现代学徒制教学的开展是为制药行业、企业定制式培养高素质技术技能人才，所以，课程体系的建立必须对接行业标准，在设置中药炮制技术、制药工程原理与设备、中药制剂技术、药品微生物检测技术、中药制剂检测技术、医药市场营销及药品企业管理等核心课程时，同时满足学徒毕业后获取 1+X(中药炮制工、中药鉴定工、中药制剂工、分析检验工、中药调剂员、药品营销员)证书的实施。因此，根据中药制药工作场所及生产实际，从确立动态课程开发理念、形成多层次课程开发模式、组建多元课程开发主体团队、建立弹性选课制度等方面探索对接行业标准的现代学徒制课程体系(包括了企业课程、学校课程)。创立了基础素质能力、职业基本技能、职业核心技能和岗位专项技能等教学模块，推行中药制药技术专业"四位一体"的课程体系，课程教学分阶段分步实施，从易到难，从低级到高级，学徒培养从认岗到跟岗，再到定岗，不断提升现代学徒制人才培养质量。

3. 开发了适合中药制药技术专业的岗位专项特色教材

本套"现代学徒制岗位专项特色教材"是学校骨干教师，联合多家省内外企业技术骨干共同组织编写的。分为职业素质养成模块、中药前处理模块、中成药生产模块、药品质量控制模块、药品营销与服务模块以及药品管理模块 6 部分，包含了学徒制试点的 4 类实践岗位群。教材内容结合药厂的 GMP 认证要求、岗前培训、药品生产过程操作，产品评价检查等。每一模块包括了岗前素质养成—岗位职责要求—岗位操作流程—岗位操作标准等内容，学徒在岗位在师傅的指导下，结合教材内容学习，就可以熟练掌握岗位技能。该教材贴合岗位生产实际，编制成活页手册印刷，结构新颖，目标清晰，突出岗位操作，内容简练，使用灵活。解决了学校教材在实践操作中指导性不强，企业 SOP 文件理论知识不够、不系统的问题，弥补了中药制药技术专业现代学徒制岗位训练没有教材的短板。

四、资金到位及使用情况

我院中药制药技术专业，近几年招生及就业状况良好，学院在教学硬件、软件建设方面投入力度较大。随着健康产业的发展，制药类企业用人需求量在逐年增加，在企业提供用人岗位与毕业生 5：1 的情况下，企业参与校企合作的主动性与积极性较高，这为开展现代学徒校企双向培养奠定了基础。在中药制药专业现代学徒制试点工作的实施过程中，企业积极参与，承担了学徒在企业学习中的基本补助、保险、体检等方面的费用，并投入经费共建实训场所，捐赠设备，与学院共同承担育人成本，为学生提供良好的育人环境和免费的企业课程。基于平等互利、联合培养原则，在正常学费之外，学校和企业对学生不再收取任何费用，现代学徒人才培养成本完全由校企双方共同承担。项目实施过程中，学院高度重视现代学徒制试点工作，经费上予以足额保障，项目试点工作得到顺利实施。根据中药制药技术专业现代学徒试点方案，校企双方共同承担人才培养成本。2017 年 7 月至 2019 年 6 月，学院投入资金(包括上级划拨项目经费、学院配套经费等)153.4 万元，企业投入资金 127.1 万元，该专业现代学徒试点项目资金到位及使用情况汇总(单位：万元)，见表 12。

表 12　中药制药技术专业现代学徒试点项目资金到位及使用情况汇总

建设任务	支出项目	经费来源(万元)		使用说明	经费合计(万元)
		学校	企业		
招生招工一体化	招生宣传、企业考试、面试、调研、制度制定等	5	1.3	学校制作招生宣传手册、考试、面试组织阅卷等；校企各自宣传的交通、补助等	6.3
校企共同培养	学徒工资、补助等福利		101	各学期培训 8 周期间误餐补助 500/人·月、顶岗实习 6 个月，月平均工资 3600 元/月	102.8
	学徒保险、体检等		1.8		
校企联合开发教学资源	课程开发	13	2	学校教师进行市场调研、企业实践，学校、企业网络课程制作	20
	教材编写	3	1	企业岗位教材编写	
	标准制定	1		用于制定标准的教学工作量奖励	
专兼师资队伍建设	岗位师傅	19.6		按照协议岗位师傅在企业指导期间 1000 元/月，学校指导期间，按照学校规定的课时费发放	22.2
	学校导师	2.6		按照项目任务完成情况的奖励、补助等	

续表

建设任务	支出项目	经费来源(万元)		使用说明	经费合计(万元)
		学校	企业		
实训基地	实训基地建设	80.0	7	分析、制剂、药品经营与管理等实训室建设；企业投入人员培训、设备等	125
	易耗材料费	26	12	共建实训室的分析材料、中药标本等	
教学运行与管理	教学管理	2		用于校企双方的联系沟通	4.2
	企业、学校班主任	1.2	1	管理津贴及奖励	
合　计		153.4	127.1		280.5

五、存在的主要问题及改进措施

1. 部分学生及家长对现代学徒制培养认识不到位

在学徒制培养的招生过程中，少数家长及考生对这种教学方式颇有顾虑，甚至怀疑学徒在企业的利益能否得到保障，导致在企业招工(学徒)过程中，部分家长反对，影响了学生的积极性。

改进措施：学校、企业双方要加大招生过程中有关现代学徒制教学方面的宣传，同时做好现代学徒制工作，通过现代学徒制毕业学生现身说教的方式打消家长及考生的顾虑。

2. 校企双方共同申报基于企业技术难题的横向课题力度不够

企业生产过程中的技术难题是企业发展的绊脚石。校企发挥优势互补，共同申报针对这些问题的横向课题研究，是一条校企深度合作的有效途径。但因存在校企之间信息不对称、课题团队力量薄弱等问题，导致与合作企业联合申报横向课题力度不够。

改进措施：加强与合作企业建立课题攻关的团队建设力度，理清横向课题申报路径。通过派专业教师深入合作企业参加实践锻炼，加强校企之间信息沟通，找准课题申报的研究方向和思路。

3. 国家对现代学徒制教学的政策尚不完善

由于我国现代学徒制仍处于试点阶段，国家政策及相关的体系相对滞后，致使学徒制的实施受到一定的影响。如国家职业资格的融通体系尚未形成，没有把学徒在企业获得的相关证书纳入职业资格的融通体系，不能够充分调动学徒的积极性；在自主招生时受到考生户籍的制约，异地企业的招生招工一体化进程受到一定的影响。

措施及建议：充分利用国家现有政策，在教学内容、课程体系设置中，紧密对接现有职业资格证书。同时建议：国家尽快完善职业资格融通体系，改革招生制度，严格企业导师选拔，并把企业导师纳入教育部的教师队伍进行管理。

六、下一步工作计划

1. 不断总结试点经验，进一步提升试点成果

按照"研究→实践→总结→提高"的工作思路，边研究，边实践，边总结，以问题为导向，不断深化试点工作，加强关键环节的管理。尤其在招生招工一体化、校企分担培养成本、人才培养的制度、标准，"双导师"的选拔、培养、权益、考核，学徒的评价等关键环节不断探索改进，提升凝练试点成果。

2. 进一步优化弹性学分制管理机制

学徒制试点过程中，虽然实施了弹性学分制管理，但是计算弹性学分的项目类别单一、数量不足。在进一步的学徒制推广过程中，应优化设计更多、更合理的弹性学分项目。加强弹性学分的过程记录、及时记录。不断加强学徒获得的弹性学分的结果运行机制研究与实践。创新方法，不断激励学徒参与弹性学分项目的积极性。还要进一步从校企两个方面调动教学管理者执行现代学徒制弹性学分的积极性。

3. 编制现代学徒制推广实施方案，扎实做好推广工作

认真总结在前两届现代学徒制试点工作经验，做好推广工作。一是编制现代学徒制推广实施计划，在药学、药品生产技术、生物制药技术、药品经营与管理、药品质量与安全等相关制药类专业广泛推广。二是扩大合作企业遴选的区域范围。试点工作选择的企业都在杨凌示范区，离学校较近，工作比较方便，推广现代学徒制的教学，学生数量增加。所以，企业选择的范围将扩大至西安、咸阳等周边地区，在学生(学徒)管理、教学管理等方面还要继续探索新的经验，以巩固现代学徒制工作的成效。三是进一步扩大药学类试点专业范围，在学院经济管理、畜牧兽医、旅游等专业普遍推广，让更多的专业学生享受到现代学徒制人才培养模式带来的红利。

4. 联合企业、行业协会，探索中药制药技术专业 1+X 证书制度

结合教育部 2019 年 5 月《关于在院校实施"学历证书+若干职业技能等级证书"制度试点方案》(教职成〔2019〕6 号)的文件精神，结合中药制药技术专业现代学徒制推广工作，将积极联合企业、行业协会，在中药制药技术专业中探索实施 1+X 证书制度，进一步加强学徒的人才培养质量。

（撰稿：杨凌职业技术学院　刘玉凤、龙凤来、周博）

西安航空职业技术学院
现代学徒制试点验收总结报告

西安航空职业技术学院是教育部第二批现代学徒制试点院校，学校以扎实推进现代学徒制试点为突破口，全面带动学校在模式、制度、文化等多方面与企业深度融合，全力打造"校企育人双元主体、学生学徒双重身份、学校企业双学习场地、校企双导师"工学交替的现代学徒制育人模式。根据教育部《关于做好 2019 年现代学徒制试点年度检查和验收工作的通知》(教职成司函〔2019〕60 号)文件要求，对学校现代学徒制试点工作进行了梳理，学校按规定时间，完成了任务书中的所有目标。现将学校试点工作总结如下：

一、项目基本情况

2017 年，学校承担了教育部职业教育与成人教育司现代学徒制试点专项工作——《教育部办公厅关于公布第二批现代学徒制试点和第一批试点年度检查结果的通知》(教职成厅函〔2017〕35 号)。学校在学习借鉴国内成功经验和深入研究的基础上，制订了《西安航空职业技术学院开展现代学徒制人才培养实施方案》，选取摄影测量与遥感、汽车运用与维修技术等专业深入开展现代学徒制人才培养模式改革实践。

2018 年，学院的现代学徒制试点工作进一步推广到飞机机电设备维修、软件技术等专业，理论研究和实践探索不断深入，开展现代学徒制课题研究 7 项，发表现代学徒制论文 4 篇。

2019 年，学院全面实施现代学徒制人才培养改革，要求每个二级学院至少联合一家企业进行现代学徒制人才培养模式改革实践。形成了一系列专业教学标准、课程标准、岗位技术标准、师傅标准、质量监控标准等，建立了与现代学徒制相适应的教学组织管理评价体系。

　　学校以此项目为抓手，拓展校企合作的深度和广度。创新校企"双主体"人才培养模式，以教学组织实施方式改革为突破口，充分发挥企业在育人过程中的主体作用，加大教学资源建设与教学改革力度，按照岗位工作内容确定教学内容和教学要求，实现课程与岗位任务的对接，构建工学结合的课程体系。形成与现代学徒制相适应的教学管理与运行机制，为行业企业培养具有良好的职业素养、能吃苦耐劳、有着较强适应能力且掌握一定程度的专业知识和基本操作技能以及必需的文化科学知识，能在生产、建设、服务和管理第一线进行工作的且能得到企业认可的高素质技术技能型人才。

　　试点专业及合作企业信息表，见表1。

表 1　试点专业及合作企业信息表

序号	年份	试点专业	合作企业	学生人数	备注
1	2017	汽车运用与维修技术	西安沣东奥诚汽车销售服务有限公司	26	试点专业
2	2018		西安沣东奥诚汽车销售服务有限公司	40	
3	2019		西安沣东奥诚汽车销售服务有限公司	32	
4	2017	摄影测量与遥感技术	陕西国一四维航测遥感有限公司 中煤航测遥感局航测工程分公司	42	
5	2018		中煤航测遥感局航测工程分公司 陕西迪博景源测绘地理信息有限公司 北京中勘迈普科技有限公司 中煤航测遥感集团中煤地下空间科技发展有限公司 中国电建集团西北勘测设计研究院有限公司	42	
6	2019		中煤航测遥感局航测工程分公司 陕西迪博景源测绘地理信息有限公司 北京中勘迈普科技有限公司 中煤航测遥感集团中煤地下空间科技发展有限公司 中国电建集团西北勘测设计研究院有限公司	33	
合　计				215	

二、目标和任务完成情况

　　学校以摄影测量与遥感技术专业和汽车运用与维修技术专业为现代学徒制试点专业，依据任务书要求，紧密与合作企业共同开展现代学徒制试点，飞机机电设备维修和软件技术相继开展现代学徒制实践。每学期学院现代学徒制领导小组定期组织召开现代学徒制试点工作推进会，在校企"双主体"育人机制、推进招生招工一体化、完善人才培养制度和标准、建设校企互聘共用的教师队伍和建立体现现代学徒制特点的管理制度等方面，定期开展阶段验收与总结，共培养现代学徒制技术技能人才 215 人，完成了所有建设任务，取得了显著成效。

2019 年初，学校针对年检专家意见，对照任务书，进行了研讨，逐条整改、落实到人，制订了 2019 年现代学徒制试点工作计划，并具文上报省教育厅，扎实推进此项工作，现已按计划完成各项任务。

年检意见整改计划文件示意图，见图 1。

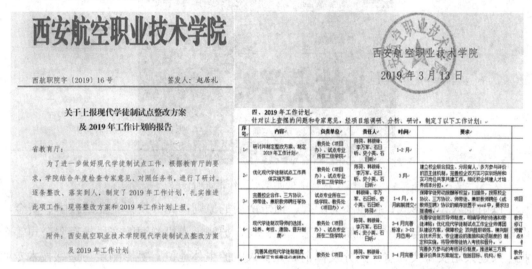

图 1　年检意见整改计划文件示意图

(一) 构建校企协同育人机制

完成的主要任务指标：整合校企教育资源，完善校企合作人才培养协议，签订好"两份合同"，即与西安沣东奥诚汽车销售服务有限公司、陕西国一四维航测遥感有限公司、中煤航测遥感局航测工程分公司、陕西迪博景源测绘地理信息有限公司、昆山丘钛微电子科技有限公司、中国人民解放军第 5702 工厂等企业签订校企联合培养协议，学生与企业、学校签订三方协议。校企共建校内实训基地 1 个，校外实训基地 4 个。

1. 校企共建"双主体"育人平台

学校与现代学徒制合作企业共同搭建了"双主体"育人平台，学院牵头与陕西国一四维遥感有限公司、中国煤炭地质总局航测遥感局、国家测绘地理信息局、中国煤炭地质总局航测遥感局、西安沣东奥诚汽车销售服务有限公司、陕西奥诚汽车销售服务有限公司合作构建校企"双主体"育人平台，成立了现代学徒制试点工作领导小组。

学校与企业联合成立的现代学徒制试点工作领导小组，由学校院长、书记及企业主要负责人共同挂帅，担任组长；学校主管工作副院长、教务处处长、招就处处长和企业主管工作领导组成副组长；试点专业二级学院院长、教研室主任和企业人事经理，项目经理、企业师傅具体负责学徒制工作安排落实。建立定期会商制度，解决试点过程中校企存在问题，见图 2。试点专业分别成立了学校和企业双方成员共同参与的试点专业现代学徒制工作实施小组，明确学校和企业在人才培养工作中的主体责任。

图 2　现代学徒制试点工作推进研讨会

　　以引企入校的形式，按照不为所有、但求所用的原则，充分发挥企业的技术、资金、设备等资源优势，与国一四维航测遥感有限公司、德润无人机德润航空科技有限公司等企业，共建共用实验实训室，充分发挥企业在育人中的主体地位。摄影测量与遥感技术专业与企业共建摄影测量与遥感专业生产性实训基地，企业以软件投入、人员投入为主，学校在设备、师资、人才培养、企业职工培训等资源方面投入，校企双方共同投资建设、共同经营管理、共同承担风险。

2. 实践以"五共"为内涵的校企人才培养模式

　　学校进行以校企共订人才培养方案，校企共选学徒，校企共建教学资源与生产设备，校企共同实施教学，校企共评教学质量"五共"为内涵的"校企双主体"合作人才培养模式改革，明确校企双方的职责和分工。根据校企双方签订的合作协议，共同落实学校和企业在人才培养工作中的主体责任。学校负责学生的学业学籍管理、毕业证书和管理与考核；企业负责提供学生在企业的学徒岗位和实践环境，并负责选拔推荐高水平优秀技术人员作为企业师傅指导学生学徒，负责落实学生学徒后的就业岗位；校企双方共同负责落实学生和学徒的双重身份，共同负责课程体系建设、课程开发、师资队伍建设、实践教学条件建设、教学组织运行管理、人才培养质量监控与评价等事项，在校学习期间以学校管理为主，在企业学徒期间以企业管理为主、学校为辅，实现学生在学校学习与企业学徒同步，形成校企一体化育人格局。

　　汽车运用与维修技术专业与奥迪品牌合作，开展现代学徒制班人才培养。校企联合设计，共同制订人才培养方案。通过与合作企业西安沣东奥诚汽车销售服务有限公司充分沟通和协商，抓住实施现代学徒制的关键，校企共同进行职业岗位能力分析，制订和完善人才培养方案。校企双方共同完成现代学徒制学员的选拔，与企业共同制订了招生招工方案，校企联合开展招生招工。共同确定 50 名计划用于现代学徒制招生招工试点。为保证录取工作的规范实施，校企双方成立了联合招生招工领导小组，学校和企业的主要领导担任组长。校企共同制订招生章程并通过学校招生宣传和企业招工宣传渠道对社会和考生公布。校企共建专业教学资源，依据现代学徒制试点班的培养目标和岗位核心能力由院校老师和企业专家共同研讨形成 15 门校企共建课程，其中 4 门企业课程。校企共管教学过程，现代学徒制班推行"校企双班主任制"，即除了聘任"校内班主任"外，还聘请了公司培训经理作为"企业班主任"，学生由企业和学校共同培养。学生在校学习期间以学校各项教学管理制度为主，在企业学徒期间按照现代学徒制试点班教学管理实施办法及学生管理制度，以企业管理为主、学校为辅。校企共监教学质量，我校与沣东奥诚汽车销售服务有限公司根据现代学徒制的特点，共同建立教学运行与质量监控体系。根据现代学徒制的特点实行学生弹性学制，企业也制订了学徒管理办法。学校与企业共同实施考核评价，将学徒岗位工作任务完成情况纳入课程考核当中。

3. 探索人才培养成本共担机制

校企共同设立专项经费，学校投入 77 万元、企业投入 115 万元，共计 192 万元用于现代学徒制人才培养。学院承担学生在校学习期间的教师课时费、实训耗材费；企业承担学校教师和学生在学徒期间的食宿费、学徒津贴、学徒耗材费，企业师傅在指导学生学徒的基本工资由企业承担、课时津贴按每个学徒每月 400 元(一对二按每月 700 元)由学校承担，学生学徒责任保险由企业承担。校企共同保障学生学徒安全，维护学生学徒利益。

汽车运用与维修专业试点企业制订了阶梯式学徒补贴发放办法。第一阶段，学生在企业实习期累计不足 3 个月的，按照西安市最低标准工资 1680 元/月发放(企业试用期工资标准为 1500 元，试点班学徒工资高于企业试用期工资)；第二阶段，实习期累计满 3 个月，企业进行考核，如果考试合格，按照正式员工薪资发放办法执行，即"底薪 1500 元+绩效"方式发放学徒津贴，每月工资根据学徒工作业绩可达到 3000～8000 元不等。如果考核不合格，继续按 1680 元/月发放，直至考核合格。

摄影测量与遥感技术专业试点企业坚持以工程项目为导向，采用"底薪+绩效"方式为学徒发放报酬和有关津贴，学徒每月获得不低于 2000 元的基本津贴，另外还有住宿补贴、人身保险等。有了这样的保障，2017 年 22 名学徒，在陕西国一四维航测遥感技术有限公司导师和学校导师的共同指导下，圆满完成了国家青藏高速公路 G6 格尔木至那曲段的勘察测量任务，学徒每人获得 12000 元的岗位津贴，见图 3。2018 年 5 月，15 名学徒跟随中煤航测遥感局 7 名师傅前往兰州市生产一线，学徒每人获得 8000 元的酬劳。

图 3　参与学徒制培养的学生领取岗位津贴及荣誉证书

(二) 推进招生招工一体化

完成的主要任务指标：招生招工方案 2 个、2017 年招生招工 68 人，2018 年招生招工 82 人，2019 年招生招工 65 人。

学校与企业签订了现代学徒制联合培养协议，见图 4。学生、学校与企业签订了三方协议，校企共同制订了各专业的招生招工一体化方案，校企双方共同落实学生和学徒的双重身份，企业为学徒购买保险。

(a)　　　　　　　　　　　(b)

(c)　　　　　　　　　　　(d)

图 4　现代学徒制班签约仪式组图

学校立足校企实际需求,主要采取先招生后招工的现代学徒制招生招工一体化模式。如汽车运用与维修技术专业每年 9 月学生进校后,校企联合宣传现代学徒制试点项目,接受学生预报名。学校和企业共同参与对报名学生的综合考评,包括单招或高考分数、综合素质等方面,预选出 50 名同学(其中单招与高考第一志愿报名汽车运用与维修专业的同学可以直接进入预选名单),参加理论考试与实操考核。理论考试与实操考核综合成绩排名前 20 位的同学可直接进入现代学徒制试点班,排名第 20 到 50 名的同学需参加面试环节,从中选出 10~20 人与前 20 名同学共同组建现代学徒制试点班,见图 5、图 6。学校在完成现代学徒制试点班学生的录取之后,召开专门的企业与学生双向选择会。合作企业按照企业用人标准规范,组织以企业为主导的综合面试环节,按照岗位规范和技术要求,测评学生综合水平,确定企业用人意向,在和学生洽谈好学徒意向后,学校、企业、学生签订三方协议,企业亦完成准员工的录用。跟岗实习 3 个月考核合格后,即签订劳动合同,与正式员工待遇一致。

图 5 沣东奥迪现代学徒制班   图 6 遥感现代学徒制班

(三) 完善人才培养制度和标准

完成的主要任务指标:校企共同制订 2 个专业的人才培养方案,共同制订学校课程 29 门课程标准,其中企业课程 9 门,共同制定企业岗位技术标准 8 个,共同制定质量监控等标准 4 个,开发和完善实训项目库 2 个、案例库 2 个、习题或试题库 9 个,微课 9 门、网络课程 8 门。

1. 校企共同制订人才培养方案

抓住实施现代学徒制的关键,校企共同进行职业岗位能力分析,制订和完善人才培养方案,按照企业承担实践教学课程,学校承担理论教学课程的大原则,灵活制定教学方案,并形成教学标准。人才培养方案经校企共组的专业建设工作委员会审定后,由校企双方联合实施。根据协议,学校负责传授通识教育内容和专业基本理论知识,企业负责训练实践技能,双方联合培养学生综合职业素养。

例如，汽车运用与维修专业(奥迪)现代学徒人才培养方案制定，首先，通过调研确定奥迪经销商服务人才的专业岗位群、主要技术岗位的岗位技能要求及各岗位的职业发展路径，形成了以奥迪机电维修技师岗位为核心，奥迪服务顾问助理、奥迪配件管理员、奥迪销售顾问助理为次要岗位的奥迪服务体系专业岗位群。其次，根据奥迪服务体系岗位要求形成了以培养思想政治坚定、德技并修、全面发展，具有较高综合素质的奥迪汽车售后服务人才，能够掌握汽车维修知识、汽车诊断和测试知识、奥迪车型和产品、奥迪相关工具、设备及系统、奥迪服务核心流程、汽车理论及汽车构造知识、汽车维修相关业务流程、保险和理赔知识(包括保险产品知识、保险法规知识等)、奥迪品牌知识的汽车维修领域的高素质技术技能人才为培养目标。再次，依据培养目标和岗位核心能力校企共同制定人才培养方案、课程标准等，依据奥迪服务体系的岗位特点，教学采用双地点双导师交替的授课模式。企业课程完全在企业完成，但为保证授课质量，实训课以师傅带徒弟的模式进行，理论部分由企业高职称人员或院校教师完成，从而真正实现企业学校交替式的教学，教师和师傅共同培养模式，使学生在学校和企业之间切换角色，半读半工，交替学习，让学生到企业能立即独立上岗胜任一汽-大众奥迪机电维修工工作。考核方面也由校企共同确定考核方案，根据不同的课程类型，采取不同的考评要求，实行多元化考核。最后，由企业管理人员、技术人员、职教专家对人才培养方案提出论证意见；专业带头人再对人才培养方案进行修改完善，形成专业人才培养方案，并依此形成企业学徒培养方案。

摄影测量与遥感技术专业通过与中煤航测遥感局、陕西迪博景源测绘地理信息公司、陕西国一四维航测遥感有限公司等多家企业共同调研与梳理，确定了专业人才的培养目标，定位学徒对应的岗位为无人机航测岗位群。融合职业资格标准以及公司员工培训与等级认定有关内容，按照"选择性"课改要求重新论证并修订了摄影测量与遥感技术专业人才培养方案及课程标准，结合地理信息行业的职业技能标准制定了专业富有实施性的教学计划、课程标准、教学质量监控点等；校企双方还陆续确立了一系列标准，如师傅聘用标准、学徒选拔标准等，实践了"工学结合、产学一体"的"双主体"人才培养模式。

2. 构建"学校课程+企业课程"的课程体系

围绕企业核心岗位知识和能力要求，选取企业岗位典型工作任务，开发和完善符合现代学徒制的"学校课程+企业课程"双线交织的课程体系。校企共同开发 29 门课程标准和学徒岗位的岗位标准 8 个。

汽车运用与维修专业(奥迪)现代学徒制班通过和企业专家共同研讨，围绕企业核心岗位知识和能力要求，选取针对奥迪机电维修技师的职业发展规律，获得 8 个工作项目，62 项典型工作任务，32 个职业能力点。摄影测量与遥感技术专业根据学生成长规律和企业岗位需求，构建"双螺旋知识技能素养提升"课程体系，见图 7。"双螺旋知识技能素养提升"指学校本位学习知识、技能、素养体系上升螺旋和企业工作本位学习技能、素养体系上升螺旋，学校本位学习上升螺旋指学校教师从第一学年讲授基础知识"打基础"、上升至第二学年讲授专业知识"学专业"、再上升至第三学年讲授拓展知识"学创新"；企业工作本位学习技能上升螺旋指企业师傅从第一学年"认识企业、入岗上手"、上手至第二学年"初始岗位、基层岗位技能训练"、再上升至第三学年"发展岗位、延伸岗位技能训

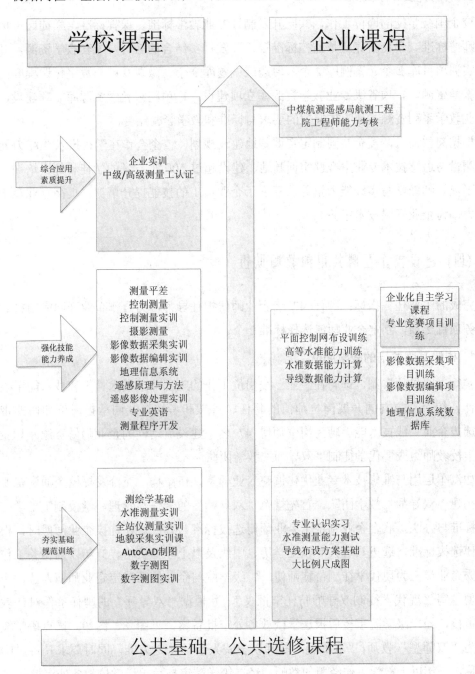

图7　基于工学交替的双螺旋知识技能素养提升课程体系

练"。围绕岗位工作内容，引进国家职业资格和行业企业标准，如国一四维现代学徒制班引入《1：5000 地形图航空摄影测量数字化测图规范》作为课程教材，真刀实枪对接企业生产规范和标准。

3. 共同开发教学资源

校企围绕学徒的岗位工作，共同开发制订专业教学标准、课程标准、学徒岗位标准、企业师傅标准、学徒培养质量监控标准等，开发理实结合的教材及配套教学资源，开发和完善实训项目库 2 个、案例库 2 个、习题或试题库 9 个、微课 9 门、数字化课程 8 门等信息化教学资源。1 项省级专业教学资源库立项建设，1 项院级教学资源库立项建设，建立了专业教学系列资源，使工作岗位的要求与标准和教学紧密结合。

根据岗位需求，校企共同制定实训基地建设规划，校企合作在学校投入 400 万元建设摄影测量与遥感技术专业生产性实训基地，建设超过 500 平方米的学徒和师资培训基地。满足了双导师教学与实践能力培养，开展了企业员工的技能提升培训。提高企业员工的技术能力，为企业开展技术服务。

（四）建设校企互聘共用的教师队伍

完成的主要任务指标：聘任 47 名企业师傅担任导师，为合作企业开展应用技术开发与服务项目 2 项，制定企业师傅选择标准 2 个。

1. 构建互聘共培的教学团队

实行"双导师"制，选聘在企业一线岗位工作的工程师、技术骨干和技术能手担任岗位师傅，校企双方共同开展岗位师傅的聘任、管理和考核，共同承担岗位师傅的带徒津贴，选拔企业一线技术能手聘为岗位师傅 47 名，建设流动性的企业师傅资源库。企业师傅与学校教师组成现代学徒制"双导师"教学团队。

如汽车运用与维修技术专业优化调整专业师资队伍结构，充分发挥校企师资资源的优势，构建"双导师"教学团队。首先规范"双导师"的聘任与管理，学校制定了学校教师选拔标准与办法，联合企业制定了企业师傅选拔标准与办法。在选拔企业师傅时，根据企业师傅选拔标准，选拔具有大专以上学历、中级及以上职业资格、3 年以上相关工作经验的优秀企业员工为现代学徒制带徒师傅，二级学院与企业协商确定企业师傅人选，企业组织师傅填写"现代学徒制双导师聘任审批表"，并根据"双导师"的聘任条件对任教资格进行审核，经二级学院审核后报送学校教务处审批备案，见图 8、图 9。试点班学校教师要求为"双师型"教师，"双师型"教师以学院人事处认定为准，同时要求具备讲师或以上职称、三年以上教学工作经历的教师，经二级学院审核后报送学校教务处审批备案。

图8 企业导师聘任现场

图9 企业导师聘任证书

2. 实施双导师教学

在实施双导师教学过程中，实践技能以企业师傅为主，理论辅导以学校导师为主。遵循"双主体、双身份、双导师、双地点"的育人机制，根据现代学徒制试点专业各课程性质和岗位的不同，采取灵活多样的工学交替教学方式。强调理论知识积累，实际动手能力为主，解决岗位实际问题。

汽车运用与维修技术现代学徒制试点班，针对专业基础课程，学习难度相对较低，在教学实施过程中，主要由学校教师在校讲授、企业专家进校进行专题讲座或参与课程讲授；对于专业核心课程中的基本技能培养课程，按照课程模块，先由学校教师进行基础知识学习，然后到企业由企业师傅一对一或一对二的进行岗位技能的培养；而对于综合能力培养课程，学徒在学校和企业交替，由老师和师傅共同培养。根据课程需要，学生在企业培养时，学校教师定期到企业进行理论知识的补充辅导；针对能力提升及拓展课程，以企业师傅培养为主，学校教师渗透的方式进行培养。通过校企联合实施培养，形成企业逐步介入学校教学，到校企交替共同教学，再到企业为主进行教学，学校补充企业教学的不足的双导师教学方式，见图10、图11。

图 10   汽车运用与维修技术学徒制班双导师授课方式图

图 11   企业师傅授课组图

3. 校企联合开展应用技术研究，提升教学团队教科研能力

广泛开展学校与企业之间人员互聘共用、横向课题联合研发和专业建设等工作，不断地丰富专业教学资源。2017 年以来，合作完成 1 项厅级课题，3 项横向课题立项建设，3 项院级课题立项建设，见表 2。

表 2 西安航空职业技术学院现代学徒制相关课题研究情况

课题单位	课题类型	课题名称	资金(万元)
陕西省中华职业教育社	厅级课题	航空类专业职业教育现代学徒制探索与研究	/
西安航空职业技术学院	横向课题	榆林市市本级不动产登记劳动服务支持协议兰州市日常地籍调查和数据库维护工作劳动服务支持协议	3.7
西安航空职业技术学院	横向课题	西藏 G6 线那曲至格尔木航测内业数据处理项目	6.2
西安航空职业技术学院	横向课题	兰州市日常地籍调查和数据库维护工作劳动服务支持协议	12
西安航空职业技术学院	高职教育研究项目	基于工作过程的"现代学徒制"探索与实践——以摄影测量与遥感技术专业为例	0.5
西安航空职业技术学院	高职教育研究项目	现代学徒培养的质量监控与科学管理的研究与实践——以摄影测量与遥感技术专业为例	2
西安航空职业技术学院	教改课题	现代学徒制人才培养模式的研究与实践	0.8

(五) 建立现代学徒制管理制度体系

完成的主要任务指标：建立现代学徒制管理制度 65 个，其中教学组织运行管理制度 14 个、师资队伍建设制度 4 个、学生学徒管理制度 3 个、课程标准 29 个、岗位标准 8 个、师傅标准 3 个、教学质量监控标准 4 个。

科学合理的教学管理制度与运行机制是现代学徒制试点工作的重要保障。为确保"现代学徒制"教学试点工作有序进行，学校与试点企业根据现代学徒制的特点，共同建立定期检查、反馈等形式的教学质量监控机制，共同加强过程管理，共同实施考核评价，将学徒岗位工作任务完成情况纳入考核范围。根据学徒培养工学交替的特点，实行弹性学制和学分制，共同制定了《现代学徒制学生弹性学制管理办法》；创新和完善教学管理与运行机制，并制定《现代学徒制教学管理实施办法(试行)》《现代学徒制人才培养方案指导意见》《现代学徒制课程考核的指导性意见》；制定专门的学徒管理办法，保证学徒权益，同时根据教学需要，合理安排学徒岗位，分配工作任务。各试点专业根据需求建设了各种考核标准，以确保现代学徒制建设项目持续稳定健康发展。

三、试点工作成效及创新点

(一) 学徒培养实现人才高质量发展

现代学徒制的人才培养模式教学质量高、双师实践能力强、科研水平高，试点班学生与其他专业学生比较，学徒踏实肯干、创新实践，学习积极性高、技术技能掌握好，职业成长速度快。

摄影测量与遥感技术专业坚持"真枪实弹"，即以真实项目工程为载体，以生产性设备为工具，将学徒安排于实际岗位需要，实现在岗位中成长成才。

(1) 坚持真实项目引领，真实岗位锻炼。国一四维现代学徒制班级 20 名学生，参与国家青藏高速公路 G6 格尔木至那曲段的勘察测量项目，按照企业规范，圆满完成了航飞外业相片控制点勘察任务，采集的数据精度满足企业设计标准，得到企业的高度认可，学生在项目执行期间，每人获得 10000 元的岗位津贴。

(2) 坚持工匠精神融入到岗位成才中。在青藏高速的 GPS 静态数据测量、野外数据调绘中，企业为学徒选配经验丰富的高级技术人员，按照企业规范和行业标准开展指导、培训；学徒克服雪域高原山大沟深、高寒缺氧、环境恶劣的困难，在平均海拔 3500 米以上，充分发挥精益求精、追求卓越的工匠精神，历时 2 个月圆满完成企业摄影测量施工项目，所提交的成果完全符合国家要求，受到企业一致好评，见图 12。

图 12　勘察测量现场

软件技术专业丘钛现代学徒制试点班的学生刘勇，2018、2019 年连续两年参加全国技能大赛"电子产品芯片级检测维修与数据恢复"赛项荣获二等奖一项、三等奖一项。汽车运用与维修专业奥诚奥迪现代学徒制试点班的学员曹蓓，参加奥迪全国技能大赛荣获"2018 年奥迪之星全国总决赛——奥迪之星"荣誉称号，见图 13。

图 13　学生获奖证书

（二）形成现代学徒制运行的长效机制

校企成立现代学徒制领导小组，进行顶层设计、统筹规划，构建"五共"的管理运行机制，制定推进试点工作制度办法、组建学徒共育团队，负责现代学徒制育人过程的实施与管理，推进以企业岗位需求为主体的育人模式。

制定《现代学徒制学生弹性学制管理办法》《现代学徒制教学管理实施办法(试行)》《现代学徒制人才培养方案指导意见》《现代学徒制课程考核的指导性意见》等 65 个保障项目实施及学徒培养的系列制度办法，保证学徒培养过程的有序推进和科学管理，充分调动学校、企业、教师、师傅、学生多方积极参与试点实践的主动性，见表 3。同时，建立内部质量保证体系，形成学生自我评价、学校评价、企业评价、行业专家评价的多方面综合评价，科学评估学徒培养效果。

表 3　西安航空职业技术学院现代学徒制制度、标准明细表

序号	制度、办法、标准名称	文　号	备　注
1	西安航空职业技术学院现代学徒制试点工作实施细则	西航职院发字〔2017〕44 号	
2	西安航空职业技术学院关于成立现代学徒制试点工作领导小组的通知	西航职院发字〔2017〕5 号	
3	西安航空职业技术学院现代学徒制教学管理实施办法(试行)	西航职院发字〔2017〕91 号	

续表一

序号	制度、办法、标准名称	文 号	备 注
4	西安航空职业技术学院现代学徒制"双导师"教师管理办法(试行)	西航职院发字〔2017〕93 号	
5	西安航空职业技术学院现代学徒制学徒管理办法(试行)	西航职院发字〔2017〕94 号	
6	西安航空职业技术学院现代学徒制学徒(学生)召回制度(试行)		
7	西安航空职业技术学院校企定期例会制度	西航职院发字〔2017〕92 号	
8	西安航空职业技术学院现代学徒制人才培养方案指导意见	西航职院发字〔2017〕98 号	
9	西安航空职业技术学院现代学徒制人才培养成本分担管理办法(试行)	西航职院发字〔2017〕97 号	
10	西安航空职业技术学院现代学徒制学生弹性学制管理办法(试行)	西航职院发字〔2018〕82 号	
11	西安航空职业技术学院现代学徒制第三方评价考核办法(试行)	西航职院发字〔2018〕83 号	
12	西安航空职业技术学院现代学徒制课程考核的指导性意见	西航职院发字〔2017〕96 号	
13	汽车运用与维修技术专业现代学徒制招生与招工方案	西航职院发字〔2017〕51 号	
14	摄影测量与遥感技术专业现代学徒制招生与招工方案		
15	汽车运用与维修技术专业现代学徒制试点班人才培养方案	西航职院发字〔2017〕95 号	
16	汽车运用与维修技术专业岗位标准、师傅标准、质量监控标准等		岗位标准 4 个,师傅标准 2 个,质量标准 1 个
17	汽车运用与维修技术专业校企共建课程课程标准		15 个
18	摄影测量与遥感技术专业现代学徒制试点班人才培养方案	西航职院发字〔2017〕99 号	岗位标准 4 个
19	摄影测量与遥感技术专业岗位标准		
20	摄影测量与遥感技术校企共建课程课程标准		14 个
21	西安航空职业技术学院现代学徒制校企横向联合技术开发管理办法	教字〔2018〕04 号	
22	摄影测量与遥感技术专业现代学徒制试点工作实施小组	电学徒字〔2017〕01 号	
23	汽车运用与维修技术专业现代学徒制试点工作实施小组	西航职院汽车教发〔2017〕28 号	
24	摄影测量与遥感技术专业现代学徒制专业师傅选拔标准及工作职责	电学徒字〔2017〕04 号	

续表二

序号	制度、办法、标准名称	文 号	备 注
25	摄影测量与遥感技术专业现代学徒制教学质量监控标准(试行)	电学徒字〔2017〕05号	
26	汽车运用与维修技术专业现代学徒制试点工作师资建设方案	西航职院汽车教发〔2017〕15号	
27	汽车运用与维修技术专业现代学徒制双导师挂职管理办法	西航职院汽车教发〔2017〕17号	
28	汽车运用与维修技术专业现代学徒制双导师日常管理办法	西航职院汽车教发〔2017〕22号	
29	汽车运用与维修技术专业现代学徒制试点学徒实习管理制度	西航职院汽车教发〔2017〕25号	
合　计		65个	

校企分列专项资金作为现代学徒制试点的经费保障,学校主要承担现代学徒制试点工作的招生招工宣传、制度体系建设、实训基地建设、人才培养模式改革、课程体系建设、师资队伍建设、联合科学研究等;企业主要承担学徒培训与考证、师傅补贴、学徒工伤保险与奖学金、学徒食宿、技术服务等,校企融合有力地保障了试点工作的长效运行。

(三) 实践校企联合招生招工的有效形式

学校遴选合作企业,签订校企合作协议。与企业联合制定《校企联合招生招工工作方案》。学生入校后,校企共同组织宣讲会,让学生初步了解企业文化及岗位工作;招生招工前,校企双方根据岗位实际需求,共同确定招生招工计划、招生招工方式、招生招工标准、人才培养方案等。招生招工过程由校企共同组织完成,与选拔上的学生签订学徒培养的三方协议,明确学校、企业、学生共同承担的责任和应尽的义务,三方共同努力,完成学徒岗位成才。在试点实践过程中,逐步加大企业在招生招工中选人、用人的主导权。

现代学徒制招生招工一体化提升了摄影测量与遥感技术专业的招生规模、就业质量和社会声誉,校企合作不断深化,2017—2019年招生规模年均增加25%,学生就业率稳定在97%以上。

(四) 打造德技双馨的双导师育人团队

根据学徒培养需要,制定相关文件制度、标准,促进德技双馨的双导师团队建设。校企从不同层面优选育人团队成员,充分发挥成员的特点与优势,分工协作开展学徒培养。校企共同考核导师,建立激励机制。

(1) 聘请行业知名技能大师建立技能大师工作室，引领专业技术前沿；

(2) 聘请合作企业的车间主任、经理、工程师与校内骨干教师形成双骨干教师，共同制定专业的人才培养方案，编写课程标准，合作开发工学结合课程教材、开发典型案例、讲解核心课程、开展实践指导等；

(3) 聘请合作企业的管理人员与校内辅导员形成双班主任，管理指导学徒日常生活；

(4) 实施优秀导师激励机制，对考核优秀的岗位导师颁发优秀指导师傅证书，给予学校优秀教师同等待遇的资金奖励。

四、资金到位和执行情况

试点项目预算 114 万元，包括企业投入和学校投入。截至目前，项目已投入资金约 192 万元，占项目资金总额 168.42%，其中企业投入约 115 万元，学校投入约 77 万元，学校为每名经二级教学单位认定的企业师傅提供 400 元/月/学生的课时补助(700 元/月/2 名学生)。资金主要用于调研分析、人才培养方案制定、课程开发、双导师队伍建设、岗位费用及各种教学耗材采购等方面。

学校财务状况良好，可为现代学徒制试点项目建设实施提供较为充足的资金补充。按照学校自筹资金保障方案，学校已筹措足够资金用于试点项目建设。

在资金使用过程中，设置专项经费，学校实行专款专用，以保证现代学徒制试点项目建设顺利推进。同时，学校加强专项资金预决算管理，确保资金按规定使用。明确规定专项资金的管理原则、使用范围、审批权限、开支额度、支出管理、决算管理、监督检查与绩效考评等，确保资金安全有效使用，见表 4。

表 4　资金使用明细表

序号	支出项目	企业投入经费 (万元)	学校投入资金 (万元)
1	调研费用	0	2.396
2	专家咨询费	0	3.5
3	横向联合技术研发	21.9	3.3
4	教师培养	2.2	13.797
5	企业导师聘用费	4	39.957
6	耗材费	6.231	1
7	资料印刷、制作费用	0	1.56
8	图书资料费	0	8.5
9	其他	81.14	3.2
	合　计	115.471	77.21

五、下一步工作计划

（一）现代学徒制试点经验推广与机制完善

加大成果的应用推广，在学校内 9 个二级学院逐步推进，不断深入。2019 年，每个二级学院至少联合一个企业开展现代学徒制实践，并将实践的成果固化，以多种方式向外推广应用。其次，在推广过程中不断思考、不断总结、不断完善与实践，以此循环的方式推动现代学徒制工作的不断深入。

（二）加大现代学徒制成果对教学的反哺应用

发挥现代学徒制成果的示范引领作用，全力推进现代学徒制反哺普通全日制专业的教育教学改革。按照现代学徒制的专业教学内容开发的理念、方法、手段和路径，开发基于岗位工作任务的专业教学内容，构建基于工作过程的专业课程体系，整合校企教育资源，形成校企合作的人才培养方案，加强校企合作，完善专业教学内容与资源建设。

（撰稿：西安航空职业技术学院　李强、李万军）

陕西铁路工程职业技术学院
现代学徒制试点验收总结报告

一、试点概况

陕西铁路工程职业技术学院于 2017 年获批教育部第二批现代学徒制试点单位，在铁道工程技术、地下与隧道工程技术、建筑装饰工程技术 3 个专业开展现代学徒制试点工作。

两年来，学院以《教育部关于开展现代学徒制试点工作的意见》《教育部关于全面推进现代学徒制工作的通知》等文件为指导，三个试点专业分别与中铁一局集团第四工程有限公司、中铁二十局集团第三工程有限公司、渭南美颂雅庭装饰设计有限公司等 6 家企业深化校企合作、产教融合，联合组建现代学徒制班级 6 个，通过校企共同招生招工、共同制定人才培养方案、共同开发岗位课程、共同组织课程教学、共同编制考核评价方案、共同开展教学评价与管理，落实学生学徒"双重身份"，开展校企双主体育人，联合培养学生 202 名。校企双方有效整合教育教学资源，联合制定《现代学徒制校企双方职责与权益暂行规定》《现代学徒制班教学管理办法》《现代学徒制班学生(学徒)管理办法》《现代学徒制班奖学金评定管理办法》等制度文件 27 项，聘任企业师傅 51 人，制定现代学徒制人才培养方案 3 套，开发特色课程 29 门，开发实训项目 261 个，编写项目化教材 7 本，圆满完成试点工作任务。

二、试点目标完成情况

学院依据《教育部现代学徒制试点工作方案》，按照学院《现代学徒制试点工作实施方案》和《现代学徒制试点工作任务书》积极推进试点工作，对照中期检查专家反馈的意见和建议不断改进，圆满完成了任务书中所有内容。

(一) 强化统筹，构建校企协同育人机制

1. 加强统筹管理，强化校企双主体职责

将现代学徒制试点工作作为"一把手"工程，成立以院长为组长，教务处、校企合作处、人事处、学生处、财务处、各系部负责人为成员的工作领导小组，统筹现代学徒制试点工作。各专业成立以所在系部主任为组长，专业带头人、教研室主任、企业相关工作主管人员组成的现代学徒制人才培养工作组，负责本专业现代学徒制人才培养的具体工作。

学院出台了《现代学徒制人才培养校企职责暂行规定》，从招生招工、教师选聘、教学实施、学生管理、资源建设、成本分担等方面，明确校方工作职责 10 项，权益 5 项；企业职责 9 项，权益 6 项，为试点工作扎实推进提供了有力保障。

2. 加强顶层设计，形成校企协同育人长效机制

校企共同制定现代学徒制试点班级的管理制度、师资管理办法、教学实施办法，健全现代学徒制试点的支持政策和配套措施，先后出台了《现代学徒制班级组建管理办法》《现代学徒制试点班教学管理办法》《企业师傅聘任及管理办法》等管理制度 27 项。校企双方共同制定招生招工标准，根据学徒岗位要求，共同制定人才培养方案、共同开发岗位课程、共同组织课程教学、共同编制考核评价方案、共同开展教学评价与管理，确保了现代学徒制人才培养长效运行。

3. 实施双主体育人，探索人才培养成本分担机制

学院、企业和学生签订三方协议，明确校企双方共同育人的具体职责和工作要求，强化育人主体责任；明确工作岗位，强化学生、学徒双重身份，校企共同组建现代学徒制班，实施联合培养。一是构建成本共担机制，企业为学生提供学徒岗位，配发企业工装，提供学生奖学金，积极参与教学资源、实训条件建设，提供高水平技术技能人才担任师傅；学校负责校内培养，提供导师带徒薪酬，购买学徒实习保险等，保障学生、企业、学校三方权益。二是保障学生实习安全，学院统一购买学生(学徒)在企业学习期间的责任保险和实习责任保险附加险，并选派校内教师和企业师傅共同进行现场指导，校企双方共同保障学生安全。三是落实学生(学徒)报酬，企业按照三方协议约定，及时、足额向学生(学徒)支付劳动薪酬。

4. 强化优势互补，合理统筹校企实训教学资源

校企双方充分发挥各自人员优势、技术优势、资源优势，按照"线上线下相结合、校内校外相结合、虚拟现实相结合"的原则，新建和改扩建校内生产性实训基地 13 个，校

外实训基地 19 个，为学徒培养提供了真实生产性实习岗位，为企业员工技能培训提供了优质条件。引入企业管理理念，全面推行实训基地 6S 管理，室内空间分区管理，实训室布置融入企业文化，营造开放、安全、具有浓郁企业文化的实习实训环境。

铁道工程技术专业与合作企业共建高铁轨道精调实训室，改扩建轨道养护等 5 个校内实训室，形成了由校内铁路线路实训基地、铁路隧道实训基地及铁路检测实训室等组成的高共享线桥隧一体化实践教学平台，有效服务了"铁路轨道施工""铁路隧道施工""盾构施工技术"等理实一体化课程。依托中铁一局第四工程有限公司在建项目，建立了西法南城际铁路、郑渝高速铁路等 7 个校外实训基地，有效支撑了学徒识岗、学徒分段跟岗、学徒顶岗和假期实践等企业教学。

地下与隧道工程技术专业基于校企融合、共建共用原则，购置 φ6340 土压平衡盾构机一台，新建盾构创新实训基地，开发盾构施工复合型能力培养实训项目，编制实训手册。与中铁二十局集团第三工程有限公司、中交天和机械设备制造有限公司等企业联合开发院外实训基地 10 个，校企人员共同开发实训任务书、指导书等实践教学资源 6 部，见表 1。

表 1　地下与隧道工程技术专业校企联合开发实践教学资料

序号	教学资料名称	编制成员		
		学校成员	企业成员	
1	认识实习任务书、指导书	赵　涛	王传奇	中铁二十局集团第三工程有限公司
			安　邦	中交天和机械设备制造有限公司
			石磊磊	中铁一局五公司
2	盾构机械基础实训任务书、指导书	宋　婷	史刚敏	中铁二十局集团第三工程有限公司
			安　邦	中交天和机械设备制造有限公司
			石磊磊	中铁一局五公司
3	盾构操作与维护实习任务书、指导书	张妙芝	史刚敏	中铁二十局集团第三工程有限公司
			孟庭伟	中交天和机械设备制造有限公司
			石磊磊	中铁一局五公司
4	跟岗实习任务书、指导书	王晓亮	米仕鹏	中铁二十局集团第三工程有限公司
			安　邦	中交天和机械设备制造有限公司
			石磊磊	中铁一局五公司
5	毕业设计任务书、指导书	张　媛	米仕鹏	中铁二十局集团第三工程有限公司
			孟庭伟	中交天和机械设备制造有限公司
			石磊磊	中铁一局五公司
6	定岗实习任务书、指导书	赵　涛	米仕鹏	中铁二十局集团第三工程有限公司
			郭宏浩	中交天和机械设备制造有限公司
			何小龙	中铁一局五公司

建筑装饰工程技术专业改扩建校内实训室(基地)3 个，与合作企业共建校外实训基地

2 个，校企共同开发建筑装饰实训项目，联合制定实训任务书、指导书等实践教学任务书、指导书 8 套，见表 2，制作实体模型 204 个，电子模型 810 个。

表 2 建筑装饰工程技术专业校企联合开发实践教学资料

序号	教学资料名称	编 制 成 员		
		学校成员	企业成员	
1	《建筑装饰施工》任务书、指导书	刘 斌	杨鹏程	渭南城市人家装饰工程有限公司
			杨 路	渭南美颂雅庭装饰设计有限公司
2	《居住空间室内装饰设计》任务书、指导书	崔 蒙	明庭锋	渭南城市人家装饰工程有限公司
			杨 凯	渭南美颂雅庭装饰设计有限公司
3	《公共空间室内装饰设计》任务书、指导书	高莲萍	张海云	渭南城市人家装饰工程有限公司
			杨 涛	渭南美颂雅庭装饰设计有限公司
4	《计算机装饰施工图辅助绘制》任务书、指导书	李桂红	秦 涛	渭南城市人家装饰工程有限公司
			李国虎	渭南美颂雅庭装饰设计有限公司
5	《认识实习》任务书、指导书	王 飞	李鹏超	渭南城市人家装饰工程有限公司
			张 思	渭南美颂雅庭装饰设计有限公司
6	《跟岗实习》任务书、指导书	孟祥鑫	寇 亮	渭南城市人家装饰工程有限公司
			刘亚丽	渭南美颂雅庭装饰设计有限公司
7	《定岗实习》任务书、指导书	崔 蒙	彭 力	渭南城市人家装饰工程有限公司
			杨 凯	渭南美颂雅庭装饰设计有限公司
8	《毕业设计》任务书、指导书	楚芳芳	明庭锋	渭南城市人家装饰工程有限公司
			杨 涛	渭南美颂雅庭装饰设计有限公司

（二）创新模式，推进招生招工一体化

根据企业用工需求和岗位要求，深化"育人双主体、学工双身份"的现代学徒制人才培养模式改革，借助国家招生模式改革的利好政策，通过单独考试招生，开展校企联合招生。铁道工程技术、地下与隧道工程技术、建筑装饰工程技术 3 个专业与 6 家企业共同招收现代学徒制学生 (学徒) 202 名，具体人数见表 3。

表 3 校企联合招生(招工)人数统计

试点专业	合作企业	招生(招工)人数
铁道工程技术	中铁一局四公司	51 人
地下与隧道工程技术	中铁二十局三公司、中交天和机械设备制造有限公司、中铁一局五公司	111 人
建筑装饰工程技术	渭南城市人家装饰有限公司、渭南美颂雅庭装饰设计有限公司	40 人
合　　计		202 人

1. 制定了招生招工一体化方案

单独考试招生(招工)中，根据企业的用人标准和学院招生标准，校企共同组成招生(招工)考核评价小组，共同研究测试内容、测试流程、测试形式和评价标准，校企共同担任评委；在职业适应性测试环节，设立摆放三脚架、按图摆砖等项目，查看学生动手操作能力，考查学生立体思维及从事工程施工技术工作的潜质。新生入学后，校企共同制定招工方案，企业召开学生见面会，双向选择，双方达成意向，纳入学徒制试点班培养。

企业的选人标准纳入职业适应性测试现场，见图1。

图1　企业的选人标准纳入职业适应性测试

2. 明确了学徒和学生双重身份

入选现代学徒制试点学生(学徒)按企业、按专业单独组班，将合作企业的名称、标志、理念、精神等元素融入教室环境布置，企业给学生配发工装、设立奖学金等，增加学生归属感。学院、企业、学生签订三方协议，使学生及家长明确职业岗位、培养方案、学习要求、劳动报酬、保险购买等内容，增强使命感。校企双方共同安排"双导师"，学生给企业师傅敬拜师茶，确定师徒名分，增强学生的责任感。

3. 夯实了校企双主体育人责任

学院出台了《陕西铁路工程职业技术学院现代学徒制校企双方职责与权益暂行规定》等相关文件，明确了校方职责，承担企业师傅在校期间课时费。主动对接合作企业，修订完善与现代学徒制相适应的人才培养方案、课程标准、考核标准、监控标准等教育教学管理制度等。安排与试点专业相关专业教师到企业实践，并指导试点班学生(学徒)学习等。

企业负责试点班学生(学徒)在企业教育教学管理、生活安排和安全教育，并提供必要的安全设施等。企业有权根据企业战略发展需求对试点班学生(学徒)课程内容、教学组织和考核标准等提出修改意见。

(三) 深化合作，完善人才培养制度和标准

按照"合作共赢、职责共担"的原则，紧密对接岗位需求，强化岗位分析，不断完善人才培养方案、课程标准、考核评价标准等制度和标准，遵循技术技能人才成长规律，实施校企工学交替、联合培养。

1. 校企共同制定人才培养方案

结合教育部《高等职业学校专业教学标准》，学院出台了《人才培养方案制定原则意见》，经教学工作委员会、院长办公会、党委会审议通过后发文落实。校企双方基于现代学徒制校企双主体育人、学生双重身份的特点，紧密对接岗位需求，强化岗位分析，创新专业人才培养模式，遵循技术技能人才成长规律，校企共同制定专业人才培养方案，经党委会审定后正式实施。

铁道工程技术专业与中铁一局集团第四工程有限公司、中铁北京工程局第一工程有限公司立足铁路工程施工员、测量员、质检员三个岗位，校企共同制定了岗位能力标准和毕业标准，开发了现代学徒制试点班人才培养方案，实现了专业教学与岗位标准对接。联合开发基于岗位工作过程系统化的课程体系，形成了"学工融合、知行并进"的人才培养模式，见图2。

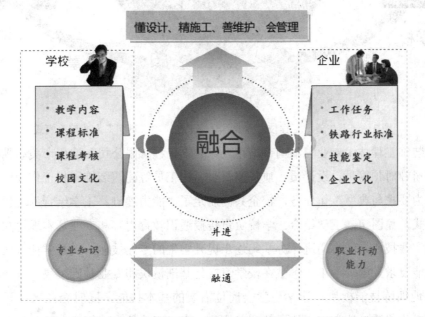

图2 铁道工程技术专业"学工融合、知行并进"的人才培养模式

　　"学工融合"为教学内容与工作任务相融合、课程标准与铁路行业标准相融合、课程考核与技能鉴定相融合、校园文化与企业文化相融合。"知行并进"是指在培养过程中注重知识与技能的融通，强调学生职业行动能力的培养，最终将学生培养成"精施工、懂测量、善检测、会管理"的技术技能人才。"学工融合，知行并进"人才培养模式包含以下5个要素：基于岗位工作过程系统化的课程体系；"紧随铁路，柔性学期"多学段教学组织模式；理论实践一体化教学模式，注重校企文化融合；"三维度"教师考评体系；投资主体多元化、运行形式多样化、校企联合一元化的校内外实训基地建设机制。

　　地下与隧道工程技术专业与中铁二十局集团第三工程有限公司、中交天和机械设备制造有限公司、中铁一局集团第五工程有限公司针对盾构司机、盾构维修保养工、盾构装配工、盾构施工员等岗位，校企共同研讨人才培养定位、人才规格和培养目标，构建了"学校工地、项目贯穿"的人才培养模式，根据企业需求灵活设置课程，订制开发了"盾构施工专业外语""企业文化介绍及管理条例"等课程，见图3。

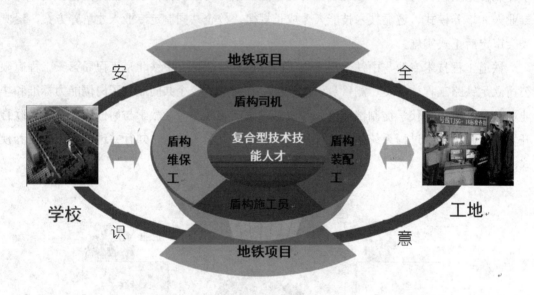

图3　地下与隧道工程技术专业"学校工地、项目贯穿"人才培养模式

　　建筑装饰工程技术专业与渭南市城市人家装饰工程有限公司、渭南市美颂雅庭装饰设计有限公司针对预算员、设计员、质量监督员、施工员等建筑装饰工程工作岗位，分析岗位职业能力要求与典型工作任务，校企共同制定了"能力递进、工学结合"现代学徒制人才培养模式，见图4。工学结合：学校负责传授通识教育内容和专业基本理论知识，企业负责训练实践技能；能力递进：分学年逐步提升学生的专业技能，满足学徒就业岗位所需知识和技能要求。第一学年，学生在校学习文化基础模块和专业基础模块，依托校内、校外实训基地训练技能模块，让学生学会岗位需要的基本技能，同时企业来校开展文化讲座，进行文化渗透，让学生大体了解企业概况，完成职业认知。第二学年，学生在企业轮

岗实训。学生在企业师傅带领下，进行 3～5 个岗位的技能轮训，实施企业化班组管理，1 个师傅带 3～5 个的学徒；同时学校安排专业教师下企业带队和技能指导。第三学年，准员工身份顶岗实习。企业根据岗位和技能特长安排实习岗位，培养学生的技能专长，进行专业拓展，增设企业管理课程，培养企业骨干。

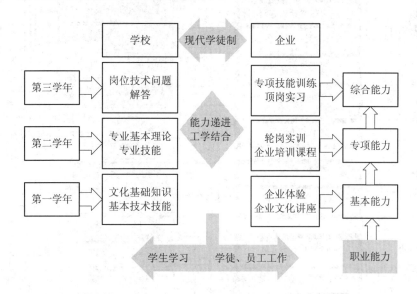

图4 建筑装饰工程技术专业"能力递进、工学结合"人才培养模式

2. 校企共同开发专业系列标准

校企人员组成的专业团队共同研究制订了专业教学标准、课程标准、岗位标准、企业师傅标准和质量监控标准等。一是以"企业的需要和未来的发展"为出发点，确定学徒(学生)主要工作部门和工作岗位，结合工作实际制定岗位标准，明确了岗位职责及能力要求。二是制定了企业师傅聘任及管理办法，制定了严格的聘用标准及选拔程序，明确了具体的工作职责和考核内容。三是制定了教学质量监控标准，利用信息化手段做好教学质量评价的汇总、统计、分析、备案、总结、上报及信息反馈等工作。实现了对教学质量实施有效的监督、检查、评估、指导，促进了教学质量的规范化与科学化，保证了人才培养质量。

3. 校企共同开发专业课程体系

针对学徒岗位所需知识和技能，统筹校企优质资源，学院骨干教师和企业技术人员联合开发课程体系，紧密结合企业生产实践，引入体现新工艺、新技术的企业课程，将企业文化、质量标准和企业管理等渗透到教学过程中。

铁道工程技术专业以铁路施工生产过程为依据，全面分析铁路工程测量放样、工程预算、试验检测、工程施工、施工管理等环节，归纳本专业就业岗位群的典型工作任务，确定职业行动领域和学习领域，构建了基于岗位工作过程系统化的课程体系，见图5。

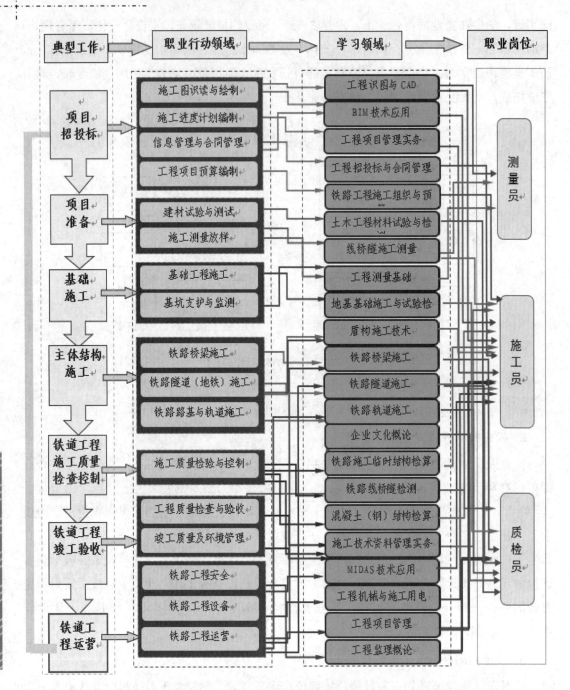

图 5 铁道工程技术专业课程体系

地下与隧道工程技术专业以典型盾构施工项目为载体，围绕核心岗位能力培养，突破原有学科专业界线壁垒，依照"专业基础课程+专业核心及专业拓展课程+专业实践课程"四部分课程领域划分，设计了"土木+机械+电气+液压"的模块化课程体系，见图6。

图 6 地下与隧道工程技术专业课程体系

建筑装饰工程技术专业从职业岗位、工作任务、工作过程、岗位能力及职业素养出发，构建了"课程模块化、内容项目化、项目岗位化"的课程体系，见图 7，将所学专业课程分解成若干个模块，再将每个课程模块分解成若干个核心岗位，每个岗位分解成若干个技能项目，开发学徒制实训项目 218 项。

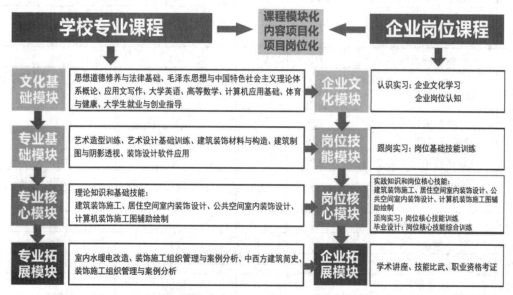

图 7 建筑装饰工程技术专业课程体系

4. 校企共同承担课程教学任务

实施工学交替，校内指导教师按照专业人才培养方案和教学标准学徒进行专业理论教学；企业师傅在企业指导学徒进行学徒识岗、学徒跟岗、学徒顶岗和技能训练，促进知识学习、技能实训、工作实践的融合，推动教、学、做的统一。

铁道工程技术专业实施"学期分段、先学后训"的教学组织模式，学徒分别组成学习小组，对某个岗位进行限定时间的训练，并进行岗位轮换训练，最终完成所有岗位训练任务，见表 4。从第二学年起实行每学期设 2 学段，各学段根据课程特点串并结合排课，专业核心课程实施"周 10 学时 ×7W＋2W"教学组织模式，即 7 周的理实一体化教学＋2

周企业技能训练；专业拓展课程学习结束后，在企业开展相应的综合训练；第 6 学期实施企业毕业设计、学徒顶岗、学校毕业教育。在第一学年第一学期用一周时间进行认识实习，第二学期两周实训周组织学生在公司承建的距离学校较近的西法南城际铁路项目进行了工种实习，在第一学年暑假组织学生在 6 个项目进行岗位认知学习，在第二学年暑假组织学生在施工员、测量员、质检员岗位上进行跟岗学习。

表4 铁道工程技术专业校企承担专业课课时统计表

序号	课程名称	总学时	学分	授课情况说明	
				学校教师授课学时	企业师傅授课学时
1	工程识图与CAD	90	5.0	70	20
2	工程力学应用	90	5.0	70	20
3	土木工程材料试验与检测	60	3.5	42	18
4	地基基础施工与试验检测	48	2.5	36	12
5	混凝土(钢)结构检算	48	2.5	36	12
6	工程测量基础	60	3.5	40 / 40	20
7	铁路桥梁施工	118	6.5	70	48
8	铁路轨道施工	118	6.5	70 / 70	48
9	铁路隧道施工	104	6.0	56	48
10	铁路施工组织与预算	104	6.0	56	48
11	线桥隧道施工测量	60	3.5	20	40
12	盾构构造与操作维修	72	4.0	60	12
13	盾构施工技术	80	4.5	56	24
14	企业文化管理	32	1.5	10	22
15	工程项目管理	36	2.0	24	12
16	液压技术应用	48	2.5	32	16
17	盾构操作及实习	96	4.0	协助	96
18	识岗实习	24	1.0	协助	24
19	跟岗实习	48	2.0	协助	48
20	工程测量综合实训	48	2.0	协助	48
21	工程识图与CAD综合实训	24	1.0	协助	24
22	土木工程材料试验与检测综合实训	24	1.0	协助	24
23	定岗实习	408	17	协助	408
	合计学时	1840	93	748	1092

地下与隧道工程技术专业实施"校内学习→工学交替→企业学徒"的教学组织模式。将课程划分为三个阶段，即职业基础能力培养阶段、职业专项能力培养阶段和职业综合能

力培养阶段，所对应的课程："专业基础课程+专业核心课程+专业拓展课程+专业实践课程"。专业基础课程主要在学校完成，专业核心及专业拓展课程工学交替完成，专业实践课程主要在企业完成，具体见表 5。第一、二学期在学校完成基础知识和专业基础知识学习，掌握基本技能，如电工、机械等；第三、四学期工学交替完成盾构构造与操作维护、盾构施工技术等专业核心课程学习；第五、六学期到合作企业，在师傅的指导下进行定岗实习、毕业综合训练、职业发展及创新能力教育，获取毕业证书。在企业教学环节，系部与企业共同编制实习任务单，校内指导教师带队驻场，1 名企业师傅指导 3～5 名学生，要求学生周周总结、月月汇报，切实加强现场教学管理，提升质量。根据不同学段，分派具备"双身份"学生在学校、工地之间穿插进行不同层次专业学习，强化理论与实践高度结合，实现能力螺旋递进式培养，见图 8。

表 5　地下与隧道工程技术专业校企专兼职教师任课安排

序号	课程名称	课程属性	任课教师	课时	开设学期	学习场地
1	认识实习	专业拓展课	企业	24	1	成都地铁 6 号线/成都地铁 17 号线
2	电工技术应用	专业基础课	校内	54	2	校内
3	机械基础	专业基础课	校内	64	1	校内
4	盾构机械基础实训	专业实践课	企业	24	2	中铁二十局集团第三工程有限公司西安地铁 6 号线
5	液压技术应用	专业核心课	校内	72	3	校内
6	电气与 PLC 技术应用	专业核心课	校内	72	3	校内
7	盾构与掘进机施工	专业核心课	校内	96	3	校内
8	盾构构造与操作维护	专业核心课	校内	84	3	校内
9	盾构施工专业外语	专业拓展课	校内	64	5	校内
10	机电一体化	专业拓展课	校内	54	4	校内
11	盾构操作与维护实习	专业实践课	企业	48	4	成都地铁 6 号线/成都地铁 17 号线
12	毕业设计	专业实践课	企业	120	5	成都地铁 6 号线/成都地铁 17 号线
13	跟岗实习	专业实践课	企业	96	5	成都地铁 6 号线/成都地铁 17 号线
14	定岗实习	专业实践课	企业	408	6	成都地铁 6 号线/成都地铁 17 号线
15	企业文化及管理介绍管理条例宣讲	专业拓展课	企业	12	3～4	校内
16	企业典型工程技术讲座	专业拓展课	企业	12	3～4	校内

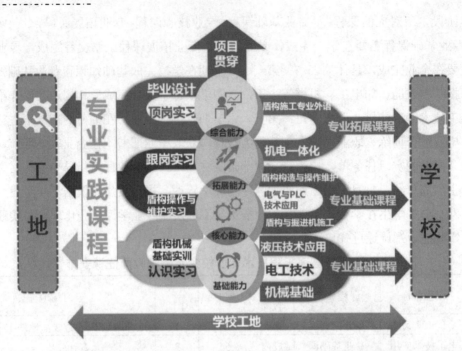

图8　地下与隧道工程技术专业"学校工地、项目贯穿"教学组织模式图

建筑装饰工程技术专业实施校企交替、先学后训的"分阶段、模块化、工学交替"教学组织模式，见图9。第一学年在学校完成公共课程及专业基础课程学习任务，掌握专业所需各项基本技能。其中，学校主要承担公共课程及专业基础课程教学任务，校企双方共同承担基础技能训练；第二学年前半年在学校完成专业理论课程教学，并将企业真实项目引进课堂，进行学生专项技能培训；第二学年后半年完成职业拓展、行业发展、能力晋升等方面的知识培训，校、企双方共同完成企业文化、专业综合技能培训；第三学年在企业完成轮岗训练，以企业为主体，引进企业课程(模块化课程)，实现企业课程与学校课程对接，完成岗位提升类知识培训，由学校指导教师及企业师傅共同指导学生完成毕业相关任务。课程实施根据企业生产周期校企双场地交替灵活组织，见表6。

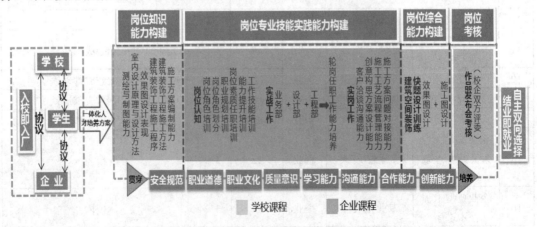

图9　"分阶段、模块化、工学交替"教学组织模式

表6 建筑装饰工程技术专业校企课程一览表

序号	课程名称	学时	学分	授课人员
1	艺术造型训练	60	3.5	学校教师
2	艺术设计基础训练	60	3.5	学校教师
3	建筑装饰材料与构造	60	3.5	学校教师
4	建筑制图与阴影透视	90	5	学校教师
5	装饰设计软件应用	90	5	学校教师
6	建筑装饰施工*	186	10.5	学校教师、企业师傅
7	居住空间室内装饰设计*	90	5	学校教师、企业师傅
8	公共空间室内装饰设计*	96	5.5	学校教师、企业师傅
9	计算机装饰施工图辅助绘制*	60	3.5	学校教师、企业师傅
10	建筑装饰工程计量与计价	64	3.5	学校教师
11	室内水暖电改造	60	3.5	学校教师
12	中西方建筑简史	52	3	学校教师
13	装饰施工组织管理与案例分析	52	3	学校教师
14	认识实习	48	2	企业师傅
15	跟岗实习	120	5	企业师傅
16	定岗实习	408	17	企业师傅
17	毕业设计	144	6	学校教师、企业师傅
	合　计	1740	88	—

5. 校企共同开发专业教学内容和教材

校企双方共同组成专业课程教学资源开发小组，根据企业发展需求和职业岗位任职要求，共同开发专业教学内容，共同开发《铁路桥梁施工与维护》《盾构构造与操作维护》《建筑装饰材料》等具有鲜明职业特色的教材7部。教学中，坚持以学生为中心，大力开展项目化、情景化、案例式等教学方法改革，制作了大量的数字化教学资源，有力地促进了地下与隧道工程技术国家级专业教学资源库和铁道工程技术省级专业教学资源库建设，满足学生多样化学习和发展需要，服务学分积累与转换。

铁道工程技术专业"双导师"教学团队融入国家职业资格标准的专业教学内容，加快推进数字化资源与信息化平台建设，见图10。在"铁路轨道施工"课程中的"轨道变形调整"教学模块增加了"轨道精调精测"新技术；在"铁路桥梁施工"课程中的"承台墩身施工"与"盖梁施工"教学模块增加了新工艺、新工法；在"盾构施工技术"课程"刀盘安装"教学模块中增加了新技术，校企合作共同编写了《铁路桥梁施工》等融入国家职业资格标准教材 3 部。建成了铁道工程技术专业省级教学资源库，涵盖专业信息库、课程资源库、素材资源库、测评库，实现了优质教学资源共建共享共用机制。

图 10　铁道工程技术专业建设研讨会现场

地下与隧道工程技术专业与合作企业共同推进国家级专业教学资源库建设，制作涵盖"土木＋机械＋电气＋液压"颗粒化课程资源 3300 条，其中微课 54 个，视频动画 580 个，题库试题 2700 多个，虚拟仿真系统 1 套，校企人员共同开发了《盾构施工技术》《盾构构造与操作维护》等教材。在教学中，全面推广信息化手段，以项目为载体，引入行业技术标准，设置贴近真实职场环境，实施"线上＋线下＋职场化"教学模式。

建筑装饰工程技术专业与合作企业围绕就业岗位群，优化基于现代学徒制专业课程标准 17 门。课程设置和教学内容紧密围绕专业培养目标和职业岗位能力要求开设，校企双方共同开发"线上＋线下"教学资源，共同实施课程教学。与企业联合开发《建筑装饰工程施工》《设计概论》等教材。由校企专兼职教师组成复合型教学团队，共同参与完成课程相关资源 2358 条，其中视频 176 个、题库试题 950 个、任务书指导书 218 个，电子模型 810 个，实物模型 204 个。

（四）校企融通，构建互聘共用师资队伍

学院出台了现代学徒制试点师资团队建设相关文件 5 项，三个试点专业结合校企实际情况进一步细化和落实，聘请企业 51 名企业师傅，完善互聘共用管理机制，建成了一支师德高尚、技术精湛的"双导师"团队。

1. 完善双导师选拔培养激励制度

校企共同制定《现代学徒制企业师傅聘任及管理办法》《现代学徒制指导教师选拔及管理办法》等文件，各专业根据专业实际和合作企业情况，校企共同制定校内指导教师和企业师傅选拔标准。由校企双方组成工作组，从道德规范、专业素养、职业能力、学历要求、教学能力等方面进行选聘，选拔教学水平高、实践能力强的双师素质教师和企业优秀

技能人才共同组建教学团队。

　　铁道工程技术专业聘请邹超、王刘勋、黄成武等企业师傅 13 人，见表 7，讲授施工技术、企业管理等方面的课程23 门。

表 7　铁道工程技术专业企业师傅统计表

序号	姓名	性别	出生年月	职　称	擅长专业
1	邹　超	男	1977.06	高级工程师	工程技术
2	黄成武	男	1979.02	高级工程师	人力资源管理
3	杜　亮	男	1983.09	高级工程师	工程技术
4	刘　庆	男	1982.06	工程师	安全管理
5	王刘勋	男	1977.06	高级工程师	工程技术
6	左永亭	男	1983.12	工程师	人力资源管理
7	韩党军	男	1975.06	工程师/高级技师	工程测量
8	赵迎春	男	1980.01	工程师	工程技术
9	唐培彤	男	1974.07	高级工程师	工程技术
10	阴宏武	男	1973.06	工程师	物资设备
11	骆铁林	男	1969.03	高级工程师	成本管理
12	杨茂龙	男	1985.02	工程师	行政管理
13	李建文	男	1973.09	工程师	工程技术

　　地下与隧道工程技术专业选拔具有本专业工作实践 5 年以上人员或中级以上的专业人员担任企业师傅，并且根据现代学徒制教学需要每年更新和调整，企业师傅总数达到 21 人，见表8。

表 8　地下与隧道技术专业企业师傅统计表

序号	姓名	职称	专　业	单　位	备注
1	米仕鹏	高级工程师	地下与隧道工程	中铁二十局集团第三工程有限公司	企业文化和制度宣讲
2	李增良	高级工程师	机械与自动化控制	中铁二十局集团第三工程有限公司	企业文化和制度宣讲
3	夏祥保	高级技师	机械与自动化控制	中铁二十局集团第三工程有限公司	跟岗实习
4	孙晓峰	技师	液压与流体工程	中铁二十局集团第三工程有限公司	定岗实习
5	史刚敏	高级技师	电气与自动化控制	中铁二十局集团第三工程有限公司	跟岗实习

续表

序号	姓名	职称	专业	单　位	备注
6	王世军	高级技师	液压与流体工程	中铁二十局集团第三工程有限公司	定岗实习
7	孟庭伟	高级工程师	机械与自动化控制	中交天和机械设备制造有限公司	企业文化和制度宣讲
8	安　邦	高级技师	电气与自动化控制	中交天和机械设备制造有限公司	定岗实习
9	郭宏浩	高级工程师	液压与流体工程	中交天和机械设备制造有限公司	定岗实习
10	陈荣辉	高级技师	电气与自动化控制	中交天和机械设备制造有限公司	跟岗实习
11	张金文	技师	液压与流体工程	中交天和机械设备制造有限公司	定岗实习
12	单正武	高级技师	机械与自动化控制	中交天和机械设备制造有限公司	跟岗实习
13	黄　政	技师	电气与自动化控制	中交天和机械设备制造有限公司	跟岗实习
14	康　健	高级技师	液压与流体工程	中交天和机械设备制造有限公司	定岗实习
15	宗长春	技师	机械与自动化控制	中交天和机械设备制造有限公司	跟岗实习
16	何小龙	高级工程师	地下与隧道工程	中铁一局第五工程有限公司	企业文化和制度宣讲
17	李见刚	工程师	地下与隧道工程	中铁一局第五工程有限公司	企业文化和制度宣讲
18	白芝勇	高级技师	工程测量	中铁一局第五工程有限公司	跟岗实习
19	陈家材	工程师	机械工程	中铁一局第五工程有限公司	定岗实习
20	陈　刚	高级技师	电气与自动化控制	中铁一局第五工程有限公司	跟岗实习
21	石磊磊	高级工程师	液压与流体工程	中铁一局第五工程有限公司	定岗实习

建筑装饰工程技术专业选聘在企业一线岗位工作的工程师、技术骨干和技术能手等17人担任企业师傅，见表9。

表9 建筑装饰工程技术专业企业师傅统计表

序号	姓 名	职 务	专 业	单 位
1	明庭锋	设计师	室内设计	渭南城市人家装饰有限公司
2	张海云	设计师	室内设计	
3	杨鹏程	设计师	室内设计	
4	秦 涛	设计师	环境艺术设计	
5	李 菲	设计师	环境艺术设计	
6	寇 亮	施工员	建筑装饰工程技术	
7	彭 力	施工员	建筑装饰工程技术	
8	李鹏超	客户经理	建筑工程	
9	曹 楠	客户经理	建筑工程	
10	李浩哲	客户经理	建筑工程	
11	杨 凯	设计师	材料科学	渭南美颂雅庭装饰有限公司
12	杨 涛	设计师	环境艺术设计	
13	杨 路	设计师	室内设计	
14	李国虎	设计师	建筑工程	
15	王 蓉	设计师	室内设计	
16	张 思	客户经理	建筑工程	
17	刘亚丽	施工员	室内设计	

校企双方加强教师专业技术和教学能力培养，为导师提供校企交流、外出学习培训等机会，校内指导教师加强专业实践能力培养，企业师傅加强教育教学能力培训，保证了现代学徒制试点教学团队建设的顺利进展。

2. 明确双导师职责待遇

校内外导师根据教学安排，承担相应教学任务。校内导师主要承担校内课程教学、理论教学、实践指导等工作；企业师傅指导实践教学，承担企业教学期间的学生日常管理，并定期参加专业建设和教研活动，提升教学理论水平。

明确双导师待遇。按照学院《教学工作量计算办法》计算校内外导师工作量，企业师傅按照兼职教师课时费标准发放课时津贴，校内指导教师根据完成的教学工作量按学院专任教师课时费标准发放课时津贴。企业在年度考核、工作安排、津贴分配等方面对承担学徒指导的企业师傅给予政策倾斜。

企业师傅以学院名义主持立项院内外教科研课题、发表论文、出版教材和专著、获得专利等，享受学院教科研计分奖励，参与专业教学、实训室建设、指导学生技能大赛等项目或工作的，享受学院专任教师同等补贴和奖励，参与横向课题或技术服务按照一定标准予以奖励。

3. 完善双导师考核评价制度

校内指导教师由现代学徒制试点系(部)进行考核，企业师傅由学院教务处、校企合作处、人事处组成考核小组，每年对现代学徒制试点系(部)聘用企业师傅进行考核。考核评价的内容和范围包括工作能力和态度、工作业绩、运行过程、社会效益和经济效益等方面，除给予相应的带徒津贴外，对考核优秀的导师授予"教学能手""优秀教师""先进个人"等荣誉。

全面推行校内导师企业轮训计划，19 名专业课教师到合作企业挂职锻炼。实施了专业课教师双师素质三级管理制度，明确各级考核评价标准，指导教师提升专业实践能力，21 名教师获得双师素质等级晋升。修订《教师专业技术职务评聘管理办法》，校内指导教师要参与企业实践和技术服务，并作为考核和职称晋升的重要依据。

4. 互聘共用交流互动常态化

建立教师互聘共用机制，19 名教师受聘企业技术人员，51 名企业技术能手受聘为企业导师，学院为师傅颁发了聘书，企业为教师颁发了兼职技术人员聘书，签订聘用协议，校企人员共同承担教学任务，共同开展技术研发，见图 11。

校内教师与企业师傅交流互动常态化，21 名教师在企业与企业师傅共同指导学生，17 名教师为企业开展了技术服务和咨询指导。企业师傅积极参与专业建设、实训基地建设和教学资源建设，在校授课期间纳入专业教研室管理，参加各种教学探讨活动，见图12。校企人员组建技术研发团队 3 个，利用校企优质教学和科研资源，开展生产技术改进、新材料研发、施工工艺革新等，激发教师发展活力，促进校企人员水平提升。

图 11 铁道工程技术专业试点班开班仪式　　　　图 12 敬拜师茶，明确师徒关系

(五) 校企联合, 建立现代学徒制管理制度

校企共同制定《现代学徒制班教学管理办法》《现代学徒制班学生(学徒)管理办法》《现代学徒制班奖学金评定管理办法》《现代学徒制班人才培养方案原则意见》《技能竞赛学分替代管理办法》等文件 27 项, 见表 10。明确教学管理、学徒管理、考核评价、奖学金评定、教材管理、资源建设等, 建立健全现代学徒制人才的制度管理体系。

表 10　现代学徒制试点班管理制度文件

序号	制度/文件名称
1	《陕西铁路工程职业技术学院单独考试招生工作方案》
2	《陕西铁路工程职业技术学院职业适应性测试标准》
3	《陕西铁路工程职业技术学院专业建设标准》
4	《陕西铁路工程职业技术学院课程建设标准》
5	《陕西铁路工程职业技术学院现代学徒制班级人才培养方案制订原则意见》
6	《中共陕西铁路工程职业技术学院委员会教材建设与管理办法》
7	《陕西铁路工程职业技术学院精品在线开放课程建设立项评选办法》
8	《陕西铁路工程职业技术学院教师考核评价实施办法》
9	《陕西铁路工程职业技术学院教职工年度考核实施办法》
10	《陕西铁路工程职业技术学院现代学徒制企业师傅聘任及管理办法》
11	《陕西铁路工程职业技术学院现代学徒制指导教师选拔及管理办法》
12	《陕西铁路工程职业技术学院教师教学工作规范》
13	《陕西铁路工程职业技术学院专业实训条件配置与实践教学运行规范》
14	《陕西铁路工程职业技术学院科研项目管理办法》
15	《陕西铁路工程职业技术学院专任教师到企业实践管理办法》
16	《陕西铁路工程职业技术学院专业技术职务任职资格评审实施细则》
17	《陕西铁路工程职业技术学院现代学徒制试点班教学管理办法》
18	《陕西铁路工程职业技术学院现代学徒制试点班企业教学管理办法》
19	《陕西铁路工程职业技术学院现代学徒制试点班学生(学徒)管理办法》
20	《陕西铁路工程职业技术学院现代学徒制试点班班级奖学金评定管理办法》
21	《陕西铁路工程职业技术学院现代学徒制校企双方职责与权益暂行规定》
22	《陕西铁路工程职业技术学院实训室(基地)6S 管理实施办法》
23	《陕西铁路工程职业技术学院技能竞赛获奖学生学分替代管理办法》
24	《陕西铁路工程职业技术学院考试违纪作弊处理办法》
25	《陕西铁路工程职业技术学院顶岗实习管理实施细则》
26	《陕西铁路工程职业技术学院教学质量监控与评价体系》
27	《陕西铁路工程职业技术学院专业教学资源库课程学分认定实施办法》

1. 建立了完善的教学管理制度

学院先后印发了《现代学徒制试点班教学管理办法(试行)》《现代学徒制试点班企业教学管理办法》《教师教学工作规范》《专业实训条件配置与实践教学运行规范》等一系列教学管理制度文件，强化现代学徒制试点班级教学管理，进一步明确校企及相关部门教学管理职责划分。教务处会同教学督导对现代学徒制班级教学工作进行检查，并负责现代学徒制班级学生(学徒)成绩管理等工作；系部负责落实校内教学任务，组织日常教学，为学生安排校内指导教师，开展校企"双导师"做好学生考核和成绩评定等工作；企业利用生产资源，为学徒(学生)提供实践锻炼岗位，制订企业教学安排，选派技术精湛、业务能力好的专业技术人员承担教学任务，将企业先进的生产技术、工作规程、管理文化等进行物化，与校内教师共同开发教学资源等。

学院先后印发了《专业教学资源库课程学分认定实施办法》《技能竞赛获奖学生学分替代管理办法》等文件，积极探索学分制管理。学生在省级及以上各类技能大赛中获奖，可替代对应课程学分；完成精品在线开放课程线上学习任务并考核合格者，颁发学习证明，可替代对应课程学分；完成专业教学资源库 9 门以上课程学习任务并成绩合格者，颁发专业学习证明。

2. 创新考核评价与督查制度

以专业为单位，校企共同建立专业人才培养质量管理小组，对试点班日常教学进行督查和质量监控。校企共同制定人才培养质量评价标准，围绕行业、企业用人标准，针对不同类型的课程建立不同的评价标准，由双导师予以评价。企业学徒考核评价，主要采用实践操作、师傅和员工相结合进行考核，实践考核主要以具体操作项目考核，每门课程制定具体的考核细则，主要考核学生的实际动手能力；师傅主要考核职业素养、学习态度和操作水平等；员工评价主要考核与企业员工的融合度。学校学习考核评价、理论知识考核和实践技能考核相结合，突出学习过程的考核评价，专业课程项目考核成绩和平时成绩占总成绩的 70%以上，工程测量基础、工程力学应用等技能操作性强的课程，实施"过关式"考核，校企双方共同打分，见图 13、图 14。

图 13 "工程力学应用"课程过程性考核

图 14 "铁路轨道施工与维护"课程过程性考核

3. 形成了教学质量监控机制

校企共同构建专业人才培养质量保证体系，根据人才培养目标和课程目标，设计人才培养质量监控点，实施人才培养全过程质量监控。通过学院日常检查、系部日常巡查、企业及时反馈等形式，加强现代学徒制试点班的教学管理。利用蓝墨云班课、云课堂等信息化教学手段，了解学生对授课内容的掌握情况，通过习讯顶岗管理系统学生签到、周报、月报的提交情况掌握学生实习实训表现。利用各种教学反馈信息，对教学效果进行检测、鉴定和评价，开展人才培养过程的监测预警，并做出改进决策。建立学生(学徒)学习管理档案，安排专人定期检查学习实践情况，全程跟踪指导和管理学生学习实践过程。校企双方从考勤、岗位学习能力、学习态度、职业道德、专业技能、团队合作、沟通能力、创新能力等方面进行全方位考核评价。

4. 强化了学生日常管理

校企双元联动强化日常管理，构建"学生双身份学习、双导师培养、双班主任管理"的模式。学院出台了《现代学徒制试点班学生(学徒)管理办法》，从日常管理、学籍管理、训练管理、生活管理、安全管理、信息管理、档案管理、奖惩管理等 8 个方面明确校企双方工作职责和工作要求，确保了学生(学徒)权益。企业按照三方协议约定，科学合理安排学徒岗位，分配工作任务，及时足额发放劳动报酬。学院为学生购买责任保险，校企共同加强安全教育，确保学徒人身安全。

实施校内外双班主任制度。聘请具有学生管理工作经历的专业课教师担任校内班主任，专业实践经验丰富、具有行政管理经历的企业人员担任企业班主任，如铁道工程技术专业聘请铁道工程系办公室主任庞旭卿博士担任学校班主任，聘请中铁一局集团第四工程有限公司总工程师邹超担任企业班主任，两人相互配合，共同负责班级日常教育管理工作，见图 15、图 16。

图 15　聘请铁道工程系教授庞旭卿博士　　　图 16　聘请省级劳模、教授级高工邹超总工
　　　　担任学校班主任　　　　　　　　　　　　担任企业班主任

开展丰富多彩的班级活动。合作企业邀请专业领域的专家来校举办施工技术、企业管理、行业前沿等方面的主题报告 12 次，组织开展演讲比赛、朗诵比赛、篮球赛等系列活动，组织学生参加企业的观摩交流和各类文化活动，丰富学生(学徒)文化生活，促进学生

(学徒)全面发展。

(六) 强化研究，全面推广现代学徒制培养模式

学院注重现代学徒制理论研究，自 2017 年起各试点专业就现代学徒制人才培养、校企双元育人、学生管理、课程改革等方面开展理论研究，先后在职业教育、陕西教育、河南教育等期刊发表《高职铁道工程技术专业现代学徒制试点工作探索与实践》《高职铁道工程技术专业现代学徒制人才培养模式探索》《高职院校现代学徒制构建的瓶颈及实践探索》《现代学徒制模式下高职院校学生管理工作研究》《基于现代学徒制试点的学生管理模式探究与实践》《现代学徒制在高职"公共空间室内装饰设计"课程中的应用与探索》《基于现代学徒制"电力机车电机与电器"课程工学结合模式的探讨与研究》等论文 30 余篇，形成了丰富的理论成果。

学院全面总结现代学徒制育人经验，先后在高速铁道工程技术、道路桥梁工程技术、工程物流、焊接技术与自动化等专业进行推广，组建现代学徒制班 10 个，培养学生 358 名，多次在行业或同类院校中做经验交流，促进了人才培养，见图 17。

图 17　中国教育报报道地隧专业现代学徒制人才培养

三、工作成效及创新

(一)工作成效

1. 紧密了校企关系，促进了共同育人

通过现代学徒制人才培养，校企合作关系更加紧密，校企共同制定现代学徒制人才培养方案 3 套，开发特色课程 29 门，升级铁路、隧道、装饰等综合实训基地 3 个，开发实训项目 261 个，成立建筑装饰工作室、技能大师工作室 4 个，遴选 16 名教师下现场锻炼，聘任企业师傅 51 人，组建现代学徒制班级 6 个，联合培养学生 202 名，紧密了校企关系，促进了共同育人，有效地提高了人才培养质量。

2. 丰富了教学资源，推动了教学改革

校企共同制定课程教学标准，开发教学资源。建成了地下与隧道工程技术国家级专业教学资源库 1 个、铁道工程技术专业省级专业教学资源库 1 个，立项 15 门课程院级精品在线开放课，教师获中省信息化教学比赛、微课教学比赛 5 项。校企联合制定课程教学标准，编写项目化教材 7 本，13 门课程实施"项目化"教学改革，25 门课程实施考核方式改革，有效地推进了教学改革。

3. 扩大了专业影响，提升了专业品牌

经过探索与实践，专业社会影响力不断提升，铁道工程技术、地下与隧道工程技术 2 个专业被认定为教育部创新发展行动计划骨干专业，3 个试点专业全部入选陕西省一流专业。铁工学子在"南方高铁杯"第三届全国职业院校高速铁路精测精调技能大赛获得团体特等奖、一等奖、二等奖各 1 项。装饰学子获 2019 年全国职业院校技能大赛高职组建筑装饰技术应用赛项团体一等奖，在第四届全国职业院校"建筑装饰综合技能"竞赛中获特等奖 6 项，在第一届全国职业院校"建筑装饰信息模型(BIM)"竞赛获特等奖、一等奖各 1 项。地隧专业学生获第七届全国煤炭职业院校技能大赛三等奖，在第三届中国"互联网+"大学生创新创业大赛陕西赛区获银奖 1 项、铜奖 1 项，获得 2017 年黄炎培职业教育奖创新创业大赛优秀奖 1 项。

(二)创新点

1. 校企合作更加紧密，形成育人长效机制

现代学徒制的开展造就了学校和企业在人才培养上的强强联合，在充分发挥合作企业

在技术支持、岗位训练、企业实践等方面的育人功能的基础上，校企联合、工学交替培养技术技能人才。校企共同制定招生招工标准、共同制定人才培养方案、共同开发岗位课程、共同组织课程教学、共同编制考核评价方案、共同开展"双师"教学评价与管理，实现人才共享、资源共享、利益共享，形成了校企合作育人长效机制。

2. 创新单招考试形式，开展校企共同招生

在单独招生职业适应性测试过程，设置素质评价、特长评价和技能测试三个环节，素质评价和特长评价两个环节，综合考查学生语言沟通、协调应变和礼仪礼节能力。职业素质测试环节，结合铁路工程专业特色，与企业共同确定安置三脚架、按图摆砖、往返跑 3 个项目，考查学生动手操作、立体思维能力和身体协调性，校企共同制定评分标准，共同评价打分。

3. 引入企业优秀文化，培养学徒职业素养

利用企业标志布置教室，将企业理念、企业精神、企业成就等内容制作标语和牌板悬挂教室和实训室，用文化感召学生。企业给学生配发工装，设立奖学金，增强学生归属感和责任感。举行拜师仪式，鞠躬行拜师礼、敬拜师茶，确定师徒名分，明确师徒责任，使师傅倾真情、传真经，使学徒尊重师父，苦练技能。

四、资金到位及执行情况

陕铁院现代学徒制人才培养支出经费总共投入 313 万元，具体支出情况，见表 11。支出经费中企业投入资金114 万元，学校投入117.1 万元，省级财政投入81.9 万元。

表 11　现代学徒制人才培养经费投入情况一览表

序号	支出项目	企业投入资金（万元）	学校投入资金（万元）	省级财政投入资金(万元)	合计（万元）
1	走访调研，联合招生	5.8	14.4	5.0	25.2
2	标准制定	10.8	14.2	7.0	32.0
3	课程开发	17.6	22.8	25.0	65.4
4	学徒保险	4.0	2.0	—	6.0
5	校内教师费用	15.8	10.0	10.0	35.8
6	企业师傅费用	25.0	36.7	28.9	90.6
7	教学管理	3.0	13.0	6.0	22.0
8	奖学金	10.0	4.0	—	14.0
9	其他	22.0	—		22.0
	总计	114.0	117.1	81.9	313.0

五、存在问题及改进措施

(一) 存在问题

(1) 在现代学徒制试点过程中，企业和学校积累了一定的优质资源，但这些资源还需进一步整合。

(2) 人才培养质量标准体系还需进一步完善。

(二) 改进措施

(1) 通过校企共同编写教材、共同建设资源库和在线开放课程等途径，将企业、学校的教学资源有效整合，共同开发提升。

(2) 应针对现代学徒制特点，建立健全工学交替中不同阶段学徒培养质量、学习效果和师傅教学效果的质量监控及评价标准体系，校企联合提升学生(学徒)培养质量。

六、下一步计划

(1) 在三个试点专业率先开展 BIM 技术 1+X 职业技能等级证书试点，提升人才培养质量。

(2) 完善学分制管理和弹性学制，根据招生结构变化，探索现代学徒制模式下的分层分类培养。

(3) 优化人才培养方案和评价标准，总结形成现代学徒制试点经验，进行推广。

(撰稿：陕西铁路工程职业技术学院　赵东、宋德军)

陕西国防工业职业技术学院
现代学徒制试点验收总结报告

一、试点目标完成情况

我校汽车检测与维修技术专业于 2017 年获批国家第二批现代学徒制试点，现已通过验收。结合第二批现代学徒制试点单位 2018 年度检查意见表，我校汽车检测与维修技术专业现代学徒制试点主要开展了以下几项重点工作：

(1) 完成校企共建校内实训基地，包括戴姆勒铸星项目教育基地、巴斯夫喷涂实训基地、新能源实训基地，校外与企业共建 13 个校外实训基地；

(2) 完善优化《校企共建人才培养成本分担机制》，明确共建校企双方责任；

(3) 完善优化《招生招工一体化方案》，推进校企一体化育人的学徒制培养模式，明确学徒的企业员工和职业院校学生双重身份；

(4) 校、企、生签订三方协议，保证学徒知情权、保险和劳动报酬等权益；

(5) 引入德国奔驰螺旋递进式课程体系并本土化，使之推广应用；

(6) 校企共同建立第三方"多元多维度"教学质量考核体系，监督项目实施；

(7) 完善优化双导师团队的运行机制，明确双导师各项权利和义务；

(8) 优化现代学徒制试点工作企业师傅团队建设方案，保障校企双向挂职锻炼、横向课题开发、专业建设等项目顺利实施；

(9) 优化制定双导师的激励和奖惩制度，努力打造"四力综合型"项目教师。

基于以上重点工作内容，主要通过以下五个方面合理实施开展：校企协同育人长效机制，招生招工一体化模式，人才培养模式及一体化教学改革，校企互聘共用的师资队伍，现代学徒制管理制度等。

(一) 形成了"双元三联五融"校企协同育人长效机制

学校与德国戴姆勒大中华区投资有限公司国际知名企业的校企合作，签署了现代学徒制试点合作协议，双方进一步深化产教融合、校企合作，协同发展，探讨促进行业、企业参与职业教育人才培养全过程的方式方法，探讨推进工学结合、知行合一等技术技能人才培养的有效途径和成长通道，按照校企双元分工协作，实现了理论实践、教学做评、课堂工厂"三联通"，并在人才培养方案制订、课程标准

图1 校企合作启动仪式

开发、教学流程重构、课程结构再造、学习管理与评价五方面深度融合，形成了校企协同育人长效机制。校企合作启动仪式见图1。

1. 建立了招生招工机制

根据教育部《关于开展现代学徒制试点工作的意见》教职成〔2014〕9 号有关要求，即"招生即招工、入校即入厂、毕业即就业、校企联合培养"，经学校和西安利星行汽车销售集团公司研究，制定《陕国防职院现代学徒制招生招工管理办法》。明确学校、企业和学生三方的责任与权益，并且包括招考标准、录取条件、招考方式等具体招录细则。

2. 形成分段育人管理运行机制

对西区奔驰汽车销售公司岗位设置及岗位能力调研，确定学生人才培养目标，校企共同就现代学徒制分段育人工作制定《陕西国防职院现代学徒制分段育人制度》，制定了专业培养方案，实施分段轮岗培养模式，学徒在企业进行学习，以周为单位进行，在企业学习占比不少于总教学课时50%，见图2。

第一年为学徒准备期，学生在校培养，聘请企业员工授课，开展企业认知教育，企业设立助学金。

第二年为学徒期，共 1 个学年即 2 个学期，在校学习和在企业学习交替进行。学徒在企业主要完成岗位技术课程的学习，主要形式是"学徒轮岗"培训，分别在保养岗位、机修岗位、SA 接待岗位、配件岗位、钣金喷漆等岗位，完成各岗位所需的技术学习与技能训练，由企业师傅负责指导。

图 2　学徒企业学习

第三年为学徒顶岗实习。培养学生的综合能力即关键能力：知识能力、方法能力、社会能力；其中培养和提高学生的专业技能是核心目标，使学生的专业技能达到高级工的要求。

3．构建多方参与评价体系

学校、西区奔驰经销商和奔驰认证中心三方协同创新了人才培养的考核评价机制，坚持技能为本、能力为重，制定《陕西国防工业职业技术学院现代学徒制多元评价制度》。第三方 DSE 审核小组每年对学校进行一次审核，成绩合格方可允许参加奔驰保养技师 POC CMT 的认证证书考核，增强高职教育对奔驰西区经销商发展的人才支撑力，提升现代学徒制试点专业的核心竞争力。

4．共建共享实训基地

学校与现代学徒制合作企业共同建设了戴姆勒铸星教育实训基地和 8 个校外实训基地。双方依据共建共享共管的原则，在实训基地开展汽车维修中级工证书、奔驰 POCC MT 资格证书、维修电工证书的取证培训和生产性实践等活动。

5．形成了联合育人成本分担机制

企业与学校共同承担招生招工、专业建设、教材开发、师资队伍建设、实训基地建设等人才培养工作的成本。校企联合制定出《陕国防职院现代学徒制人才培养成本分担实施办法(试行)》。其主要职责是：

(1) 在现代学徒制领导小组的指导下，建立健全现代学徒制人才培养成本分摊机制。

(2) 确定校企各自承担的责任，提供设备和学习场所，配备专职师傅，共同制订人才培养方案，开发课程，共建实训基地，完成学徒培训的考核评估等。

（3）共同制订学徒培养的管理规定，保证企业师资、专业课程实施、实训的规范化、制度化。

（4）成立学校、企业、行业、学徒共同组成的现代学徒制督导组，共同监督学校、企业，对校企双方履行职责、承担成本进行评价。

（二）建成了"交互融合、五业贯通"的招生招工一体化模式

引入行业标准，实施"德能并重、工学结合"的现代学徒制人才培养模式改革，实现"校企双主体、师生双角色、课堂双场所、学业双考核、课程体系与工作过程、课程架构与工作内容交互融合"的协同育人新路径，实现产业、专业、职业、就业、创业"五业贯通"，打造创新驱动新动能。

1．建立制度，严控流程

校企共同制定《陕国防职院现代学徒制招生招工管理办法》。校企双方统筹协调，包括招考标准、录取条件、招考方式等具体招录细则。

2．联合制定方案，招生招工宣传

校企共建《现代学徒制试点招生招工一体化方案》，联合招生招工，在新生报到两周内在汽车相关专业中展开现代学徒制宣传报名工作，学生经家长同意后并且由家长(监护人)签字确认《现代学徒制知情同意书》后进行报名，见图3。

图3　校企共同招生招工

3．共同考核，组建试点班

试点班人数为 24～26 人，录取将经历初级面试、笔试、实操考试和最终面试四个环节，从语言表达能力、团队协作能力、解决问题能力、应变能力、责任心、主动性、精神状态等方面打分，为进入奔驰班学员建立档案。

4．签订协议，规范三方权利与责任

由学校、企业和学生签订《汽车检测与维修技术现代学徒制三方协议书》。学生拥有双身份，既是学校的在籍学生又是梅塞德斯-奔驰的准员工，由学校和戴姆勒铸星教育团队共同进行管理和培养，享受戴姆勒大中华区投资有限公司福利政策——汽车检测与维修技术项目星愿奖学金，见图4。

图4 学生赴北京领取奖学金

(三) 构建了"四方三阶"人才培养模式，实施一体化教学改革

形成了"四方三阶"现代学徒制工学交替人才培养模式，校企联合制定教学标准，探索信息化教学手段，开发了与德国螺旋上升"学习领域"一致的模块化课程体系，人才培养质量显著提升，先后获批省级教学资源库建设1项，校级精品在线开放课程6项，出版立体化工学结合教材7部。

1. 创新了人才培养模式

对区域行业(如汽车制造、汽车维修、汽车电子技术、汽车销售)的深入调研分析，根据企业对学生的综合素质要求，改革创新人才培养模式，最终形成"四方三阶"现代学徒制工学交替人才培养模式，该人才培养模式见图5。

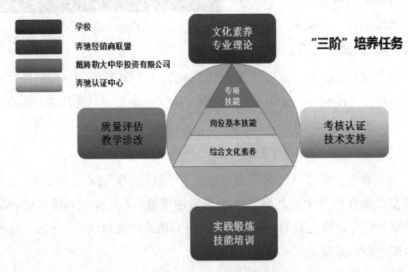

图5 "四方三阶"现代学徒制人才培养模式

"四方"即陕西国防工业职业技术学院、梅赛德斯-奔驰授权经销商联盟、戴姆勒铸星大中华投资有限公司和梅赛德斯-奔驰认证中心四方代表规划、实施、监督教育项目运行情况。具体任务见表1。

表1 "四方"戴姆勒铸星教育现代学徒制职责

	陕西国防工业职业技术学院	戴姆勒铸星教育团队	梅赛德斯-奔驰认证中心	梅赛德斯-奔驰授权经销商
导师	1. 提供遴选教师 2. 提供培训经费	1. 选拔教师 2. 监控教学质量 3. 协调教师培训和认证	1. 培训教师技能 2. 考核认证项目教师	1. 选拔企业导师 2. 提供新技术交流培训
学徒	1. 提供遴选学生 2. 培养学徒非技术能力和技术能力	1. 选拔戴姆勒学徒 2. 监控学徒学习质量和管理 3. 协调学徒等级认证与就业	考核认证学徒等级	1. 提供实习岗位和就业岗位 2. 指导和考核学徒实习
设备	1. 设备购置 2. 设备维护与使用	1. 提供设备购置标准 2. 提供教学用车、诊断仪器等		1. 提供部分专用设备,用于教学 2. 提供发动机、变速器等教学设备
管理	1. 学徒日常管理 2. 设备使用管理 3. 教师教学管理	1. 跟踪学徒制试点建设进展 2. 评估教学运行过程 3. 规划设计学徒制试点工作		1. 参与学徒制人才培养方案的制订 2. 企业实习学徒教学、安全方面管理

"三阶"即根据学生认知规律,将分为三个阶段即奔驰品牌综合文化素养阶段、奔驰保养技师岗位基本技能阶段和奔驰诊断技师专项技能训练阶段,由浅至深、由单项到综合科学地排列进行培养。学校和奔驰经销商将是主要的两个育人主体,三位项目教师(师傅)带学生(徒弟)进行专业技能培训学习。

2. 校企联合制定教学标准

校企联合制定试点专业的培养目标及培养规格,学徒就业面向与职业规格。双导师团队完成课程体系重构,教材和任务工单编写,培养出能够进行奔驰汽车维护、检修、故障诊断与修复及相关生产、技术管理等方面的工作,适应梅赛德斯-奔驰生产、建设、管理、服务第一线需要的高素质技能型人才。

3．校企共同重构课程体系

现代学徒制课程体系以能力培养为主，降低教学内容的理论深度，以实用为主，结构合理，编写采用模块化，与德国螺旋上升"学习领域"一致，项目组根据实际情况进行调节，将模块分为基础模块和拓宽加深模块，见图6。

学习情境	学习领域1 非技术及车型(66课时)	学习领域2 动力系统1(290课时)	学习领域2 动力系统2(162课时)	学习领域3 电气系统(126课时)	学习领域4 底盘(138课时)	学习领域5 保养基础知识(30课时)	学习领域6 保养实操(100课时)	学习领域7 新能源驱动技术(80课时)
1	公司介绍及产品	M272发动机介绍	发动机与传动系统之间的连接系统(离合器，液力变矩器，双离合器)	电气基础和线路图	车轮与轮胎	准备将新车交付客户PDI	完整的A保检查	高压电以及电流的危险与急救
2	编号系统	M272发动机缸体机构部件	手动变速箱	灯光照明系统	转向系统	确定保养范围	完整的B保检查	测量技术
3	软件系统	M272配气机构	自动变速箱(CVT仅限知识普及)	信号系统(喇叭，转向灯)	车轮悬架	保养用品&工具	保养系统重置	插电式混合动力车型认知(PHEV)
4	车型介绍	冷却系统	分器与差速器及4MATIC	舒适系统	四轮定位	车辆检查	更换机油	纯电动车型认知(BEV)
5	新功能介绍	润滑系统		空调系统	弹簧与减速系统(ABC.AIRMATIC)		更换气滤芯	驱动方案
6		废气排放系统		电源供应(蓄电池，发电系统，起动机)	制动系统		更换空调滤芯	驱动系统部件理论
7		燃油供给系统		安全系统			更换刹车油	车轮高压系统的安全功能，系统和组件
8		发动机的混合气制备与点火系统(重点讲解汽油机，介绍柴油)		车身网络系统			更换刹车盘片	高压动力电池充电系统
9		增压系统(废气涡轮增压，机械增压)		CL&DAS安全系统			更换火花塞	
10		发动机电子控制管理系统		媒乐通信系统TELEMATIC			更换防冻液	
11		新款发动机介绍					洁洗节气门	
12							润滑铰链	
13							润滑天窗	

■ 第一学期内容　　■ 第二学期内容　　■ 第三学期内容

图6　现代学徒制课程体系

4．校企联合开发教学内容和工单

获批省级教学资源库建设一项，"发动机电子控制技术""自动变速器构造与维修""汽车电器设备构造与维修"等六门课校级精品在线开放课程立项，共出版教材七部。

（四）"双驱四引、混编互聘"，打造高水平双师教学创新团队

实施师德师风、考评激励"双驱动"，建立了个人自评、学生测评、同事互评、企业参评、单位考评的五方评价体系，激发团队主动发展的内生动力；通过引进高层次人才、特殊技能人才、外籍教师、企业能工巧匠"四引进"，形成了一支国际水平的"双师型"教学创新团队。

1．校企共同建立双导师选拔培养机制

结合汽车学院、西区奔驰经销商、戴姆勒大中华总部和汽车工程学院实际情况，使企业导师培养工作更加科学化、规范化、专业化，制定《陕国防职院现代学徒制企业导师选聘制度》。严格执行"先认证、后教学"制度，项目企业导师须严格按照戴姆勒铸星教育

项目讲师认证培训的要求，参加培训并最终通过认证，取得戴姆勒铸星教育企业导师认证证书。

2．校、企、行三方组建双导师队伍

校内专职教师为 24 人，其中副高职称以上 5 人，中级 13 人，初级 6 人；年龄结构 50 岁以上的 4 人，40～50 岁的 5 人，30～40 岁的 15 人；学历结构：硕士 20 人，本科 4 人。主要参与企业科技研发和技术革新、青年教师培训、校企合作院校考核，校企合作方案的制订，员工技能比赛指导和取证培训。

企业聘请了 10 位兼职教师(胡奕、博雪妹、周传勇、齐石头、安红信、王晓华、贺信、王婷、李珂、萨巴(德国))。主要参与教学指导，督查，参与学生选拔、考核，企业文化宣传，大赛训练指导，学校实训室建设指导，人才培养方案指导，教材开发，共同授课，远程电话咨询指导，顶岗实习指导。

3．校企联合培养双导师队伍

我校现代学徒制试点项目建立了完整的师资培养体系，为学校导师分阶段提供系统性培训、认证考核以及后续辅导与技术进修。

国内培训：学校导师在梅赛德斯-奔驰培训中心学习奔驰汽车相关车辆技术和教育教学方法。企业锻炼：学校导师在梅赛德斯-奔驰经销商售后部门学习指定任务，提升动手能力及车辆诊断经验。

国外培训：学校导师在德国斯图加特埃斯林根继续教育学院，进行为期三周的培训。校内导师出国学习，见图 7。

图 7　校内导师出国学习

认证考核：学校导师考取维修保养 MT 资格认证证书之后方可进行现代学徒制教学工作。

从西安利星行奔驰汽车销售有限公司、西安新丰泰奔驰汽车销售有限公司等聘请 10 名高素质的企业导师，对选拔出来的人员进行教学能力培训，通过考核的企业导师方可在戴姆勒奔驰班任教。企业导师定期为学生举办讲座，提高学生对企业认识，见图 8。企业导师参与团队教研活动，参加本专业工作任务分析会，参与修

图 8　企业导师授课

订人才培养方案和课程标准制定，使本专业的课程体系和教学设计更适应企业发展对本专业人才培养的需求。

4. 校企共同落实考核激励政策

项目导师按照戴姆勒铸星教育项目考核办法执行；兼职企业导师由所在企业、陕西国防工业职业技术学院戴姆勒铸星教育项目组共同考核。项目企业导师，需不断巩固提升企业导师综合能力，每学期相互听课不少于 10 课时，每年企业锻炼时间不少于三周。

校企经过协商出台一系列企业导师激励办法，如：

(1) 项目企业导师授课的津贴发放标准；

(2) 兼职企业导师授课费用由陕西国防工业职业技术学院、兼职企业导师、兼职企业导师派出单位三方协商报学校领导审批确定；

(3) 编写教材、题库的酬劳标准：编写教材按照每千字 30～50 元支付，考试题库按照每千字 20～40 元支付；

(4) 考务酬劳按陕西国防工业职业技术学院考务酬劳标准发放。

(五) 建立体现现代学徒制特点的教学管理制度

1. 建立现代学徒制教学管理制度

学徒(学生)在学校期间实行班级管理为主、小组管理为辅，在企业期间实行小组管理为主、班级管理为辅的合作管理模式。为了提高教学质量，针对校企合作共建共管共享的实训基地，制定了一套教学管理制度。

2. 制定现代学徒制弹性学分制管理办法

学院根据学生(学徒)的所有学习内容均由可量化为学分的模块化课程体系和岗位技能训练项目组成，制定出《现代学徒制学分制和弹性学制管理办法(试行)》。主要包括：现代学徒制人才培养方案应明确各类课程的学分，科学合理设置在校修读与企业轮岗期间课程的学分比例。以现代学徒制人才培养方案规定的学习年限为参考，实行弹性学制，最长学习年限为 4 年。

3. 形成现代学徒制考核评价机制

现代学徒制试点项目制定了学校、西区奔驰经销商、戴姆勒铸星教育集团、奔驰培训中心四方深度参与的评价体系，明确各方职责、评价权重、评价方法等内容，保证现代学徒制中教育过程中学徒的质量。从反应层、学习层、行为层、绩效层 4 个方面制定的基于戴姆勒铸星教育项目的现代学徒制四方评价机制，该体系结合了理论考试与岗位考核的优点，引导学徒对课程考试重视及工作过程与工作绩效的关注，最终帮助学徒职业素质与竞争力的整体提升。在满意度评价和终结性考核的基础上，关注学徒工作过程的系统性及工作绩效的提升，更加契合学徒制人才培养模式；引导学校、西区奔驰经销商、戴姆勒铸星教育集团、奔驰培训中心四方组织参与评价，尤其将企业人才评价标准纳入评价体系中，有利于调动企业参与学生评价的积极性，并具有极高的操作性，体现了学徒制教育对企业效益提升的重要作用。

4．建立了现代学徒制质量监控制度

现代学徒制试点专业平台将实现"校内监控与校外监控"。西区梅赛德斯-奔驰经销商将参与课程实施过程的教学监控。聘请奔驰维修专家、售后服务经理与项目教师共同组建成立专业指导委员会和质量监督委员会，经销商派出维修技能专家全面参与制定质量监控标准，有效监控学生校内外教学和顶岗实习全过程。对教育教学质量将形成有效的监督、检查、评价与指导，强化教育教学管理，提高人才培养质量。

二、工作成效及创新点

（一）工作成效

1．创新人才培养模式，引领教学综合改革，形成学徒制试点改革"新范式"

通过调研分析，校企共同开发了基于能力培养的汽车检测与维修技术专业现代学徒制课程体系，校企共同制定课程标准，校企共同建立评价标准与体系。

实现专业设置与产业需求对接，课程内容与职业标准对接，教学过程与生产过程对接，毕业证书与职业资格证书对接，职业教育与终身学习对接的有效措施和手段。引进了德国最先进的汽车维修职教理念"胡格模式"，将专业技能与职业素养并重；引进德国的汽车维修行会的职业等级考评体系，严格把控教学质量关，做好考评质量监控体系，培养符合国际认证的汽车专业技术人才，开展教育教学以满足国际化大企业的用人标准和质量需求。

2．构建协同育人机制，深化国际交流合作，成为能工巧匠培育"新高地"

通过与戴姆勒奔驰合作，重点引进国外先进的职教理念和人才培养模式，按照国际化的人才质量标准，共同培养高端技术技能型人才。把工作重点放在引进德国先进的职业教育课程、教材、教学方法和国际职业资格标准和认证体系等方面，大力拓展毕业生到国际化高端企业就业的途径，走国际化职业教育标准道路。

在现代学徒制合作的辐射和引领下，我们又拓展了与比亚迪汽车有限公司开展精诚英才校企合作，与荷兰卡泰克公司开展汽车美容的国际合作。

3. 共建实践教学基地，提升人才培养质量，成为资源整合共享"推进器"

校企双方成立专门机构，共同建设戴姆勒铸星教育基地，指定专人协同负责进行项目的顶层设计与开发，以服务学生和辅助教师为双中心，规划设计学生职业生涯发展。按照学生成长成才路径，引导教师适度适时提供教学帮助；按照源于企业，高度概括，体现先进性、模拟性、开放性、综合性、层次性和生产性，服务于工学结合的人才培养模式和基本思路，设计建设实训基地。企业提供管理规范与技术标准，提炼经典典型案例，学校集合优势教学资源和教师队伍，开发设计课程与实训任务，将学校与企业软硬件资源整合，建设成为奔驰特色的汽车服务资源库，其中企业捐赠设备累计 500 万。累计培养学生 200 人进行实训与实操。参与项目的学生获各级各类大赛 15 项。获国家二等奖 1 项，三等奖 5 项，陕西省一等奖 1 项、二等奖 3 项、三等奖 5 项。

戴姆勒铸星教育基地为教育部认证的生产性实践基地，每年接待全国和西安市近 2000 多人次的学校教师参观和考查。

4. 搭建教师发展平台，形成高水平双师团队，成为引领职教改革"新引擎"

通过校企双方现代学徒制试点，搭建出一支高水平有特色互为补充的专兼教师队伍，进一步完善职业院校双师素质队伍建设。

(1) "六个共同"保证校企合作制定专业人才培养方案的实施(共同开发人才培养方案、共同编写教材、共同备课、共同授课、共同指导学生实践、共同评价人才培养质量)。

(2) "两结合"推进学生主体的校企合作教学过程(中外、校企专家相结合)

企业全程参与双导师育人的教学过程。把企业一线技术骨干请进学校，专业核心课程、实践教学环节中担任主讲或指导教师。学院教师和来自企业的中外专家一起共同备课、共同教学。

(3) "双导师""双评价"提高校企合作人才培养质量。对试点学生的评价注重教学实施过程中的考核，注重企业对人才培养质量的评价，聘请企业技术骨干参与试点班培养质量的考核与评价。企业配合学院积极开展满意度调查，跟踪实习生、毕业生的业绩表现，对人才培养的质量及问题及时进行反馈。对学生的评价采用学校和企业共同承担的"双导师""双评价"的评价方式。

（二）创新点

1. 形成了"四方三阶"现代学徒制育人模式

根据企业对学生的综合素质要求，改革创新人才培养模式，形成"四方三阶"现代学徒制工学交替人才培养模式。根据学生认知规律，由浅入深、由单项到综合科学地排列进行培养。注重学生素质、技能、能力的全面提升，满足岗位的职业资格证书要求，见图9。

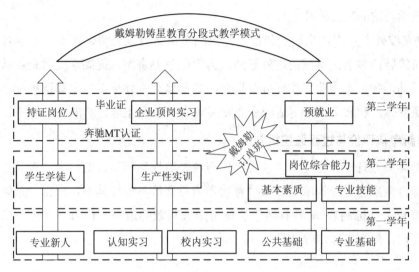

图 9 分段式教学模式

第一阶段：在学校，教师利用课堂把基础理论知识和专业素养，通过一定的多媒体手段设置情景和典型工作任务，让学生完成第一学年的文化课和专业基础课学习，让学生掌握专业所需各项基本技能。

第二阶段：在学校和企业，采取半工半读、工学交替的模式。教师利用课堂将专业技术知识传授给学生，通过一定的项目设置情景，让学生想办法解决教师传授与项目任务相融合的问题。确定专业教师作导师，下实习单位指导学生理论学习；同时实习单位选派技术人员作师傅，负责实习学生的岗位技能教授。

第三阶段：在企业，要真正为学生提供实训岗位和有经验的师傅，让岗位和师傅真正扮演各自的角色，发挥实际意义，完成专业技术和理论知识的融合。学生通过工作岗位，发现课堂专业基础知识应用在实际工作上的规律，企业师傅要充当学生的第二导师，传授学生课堂所学理论知识解决岗位实际问题的能力。

2. 打造"四力综合型"双师教师团队

(1) 建立机制，力推"四力综合型"项目教师。建立健全"四力综合型"项目教师的选拔、培养、考核、激励制度，形成现代学徒制教师管理机制。学院制定《2017—2019年度师资队伍建设及培训计划》《现代学徒制项目教师培养实施方案》《现代学徒制项目教师教学科研管理办法》《现代学徒制项目教师教育培训管理规定》《现代学徒制项目教师企业实践管理办法》《"四力综合型教师"认定标准和奖励方案》等规定，保证"四力综合型教师"培养的落地生根。

(2) 打造校内项目教师团队。戴姆勒大中华区投资有限公司来汽车工程学院进行考评，综合师资情况、实训室建设、场地规划、学校参与力度等，选出项目学校。戴姆勒大中华区投资从面试、理论考试、教学能力、实际操作四个方面进行考核，最终选出三名符合奔驰班教学要求的项目教师。

(3) 建立校外导师库。从西安利星行奔驰汽车销售有限公司、西安新丰泰奔驰汽车销售有限公司等聘请多名高素质的校外导师，为学生举办讲座，提高学生对企业认识，参与团队教研活动，参加本专业工作任务分析会，参与修订人才培养方案和课程标准制定，使本专业的课程体系和教学设计更适应企业发展对本专业人才培养的需求。

3. 创新考核评价与过程监控机制

戴姆勒铸星教育平台将建立"校内监控与校外监控"相结合的、由"教学过程质量监控和学生综合素质考评"构成的专业教育教学质量评价与监控体系，根据《戴姆勒现代学徒制教学督查考核机制》，对教育教学质量将形成有效的监督、检查、评价与指导，强化教育教学管理，提高人才培养质量。

三、资金到位及执行情况

开展现代学徒制试点工作各项资金使用情况见表 2。

表 2　现代学徒制资金情况表

支出项目	2017 年度（万元）	2018 年度（万元）	2019 年度（万元）	合计（万元）	实际投入（万元）	完成率
建立健全现代学徒制长效机制	6	2	1	9	12.5	135.1%
制定现代学徒制人才培养模式	10	10	5	25	35.6	
优化师资队伍	17	9	5	31	45.4	
建立现代学徒制学生管理平台	3	7	7	17	19.7	
改革教学质量监控体系与评价标准	3	3	2	8	10.5	
创建现代学徒制教学运行保障平台	5	4	1	10	11.4	
合计	44	35	21	100	135.1	

四、下阶段工作计划

(一) 增加成果辐射范围

2017 年被教育部确立为第二批现代学徒制试点，项目实施过程中以《现代学徒制试点工作案例分析》入选 2018 年戴姆勒项目年会研讨交流案例，2018 年、2019 年均在全省高职院校诊改教学工作会上交流汇报。以现代学徒制试点为基础，学院承担了 2017 年陕西省重点攻关项目《基于戴姆勒铸星教育项目的现代学徒制研究与实践》。汽车检测与维修技术专业现代学徒制试点项目受到政府、企业和学校高度关注，被《陕西日报》《西部网》《腾讯大秦网》《陕西三秦网》《安康新闻网》等多家官方媒体网站报道，产生了广泛的社会影响力，试点建设方案要进一步推广到省外院校借鉴。

（二）优化现代学徒制运行机制

为更好地提升人才培养质量，满足专业设置与汽车产业需求对接，课程内容与职业标准对接，教学过程与生产过程对接，毕业证书与职业资格证书对接，职业教育与终身学习对接，增强了学校服务经济社会发展的能力。学院、企业和认证中心需要进一步完善现代学徒制招生招工、双主体育人分担、企业导师激励、学徒制运行管理等各项制度和办法。

（撰稿：陕西国防工业职业技术学院　王明哲、张鑫、权春锋、冯帆）

陕西能源职业技术学院
现代学徒制试点验收总结报告

根据教育部《关于做好 2019 年现代学徒制试点年度检查和验收工作的通知》(教职成司函〔2019〕60 号)和陕西省教育厅《关于做好现代学徒制试点年检、验收及推广工作的通知》(陕教高办〔2019〕19 号)等文件要求，我校高度重视，认真组织、积极实施，顺利完成现代学徒制试点自检自查工作。现将相关情况汇报如下：

一、试点项目基本情况

2017 年 9 月，《教育部办公厅关于公布第二批现代学徒制试点和第一批试点年检结果的通知》(教职成厅函〔2017〕35 号)，我校被确定为"第二批现代学徒制试点单位"，试点专业为计算机网络技术和护理专业。

2018 年 8 月，根据陕西省教育厅《关于开展教育部现代学徒制试点调研工作的通知》和现代学徒制陕西调研组《关于做好教育部现代学徒制试点在陕高职院校现场调研准备工作的通知》要求，我校高度重视，认真对照教育部试点方案及备案审核任务书进行自检，撰写自检报告。

2018 年教育部反馈了年度检查意见，学校按照意见对问题和不足进行了梳理，并积极改进。新增《陕西能源职业技术学院现代学徒制试点校企人才培养成本分担管理办法》等规章制度 4 个，修订《陕西能源职业技术学院现代学徒制招生与招工管理办法(修订)》等规章制度 6 个，完善了招生招工一体化方案，细化了三方协议，明确学徒劳动报酬，保障学徒权益；针对试点专业的特点，修订人才培养方案，联合企业共同开发了融入国家职业资格标准的专业教学内容和特色教材，并应用于现代学徒制试点班教学中；以校院共建高水平校外实训基地为依托，建立附属医院，校企双方共建校内解剖实验室和医学基础实验室,为学生提供优质实习实训环境;校企共同建设了计算机网络技术专业校内企业导师工作室,该工作室提供 20 个工位,建设了校外学徒实训基地,基地提供 30 个工位,建设了校内智慧教室 1 个;不断完善学徒制双导师制度,经过与企业研讨,修订了《陕西能源职业技术学院现代学徒制"双导师"聘任管理和考核办法(修订)》《陕西能源职业技术学院现代学徒制"双导师"教师管理办法(修订)》,确定双导师职责、遴选标准、选拔方法、培养要求、考核评价及激励政策,规范了"双导师"在教学过程中的角色、职责、权利和带徒津贴,形成了校企互聘共用的管理机制。校企共建师资团队,护理专业聘请校内外 84 名中级以上职称人员担任导师,承担 25 门课程教学,计算机网络技术专业聘任导师 15 人为现代学徒制试点班授课,机电与信息工程学院组织教学竞赛,企业"师傅"参与,共同评教,促进教学质量;通过进修、培训,促进师资队伍教学能力提升,并将导师带徒纳入考核和晋升;依据现代学徒制教学实施的特点,采用"双导师"参与方式,完成实训课程;以"双导师"评分方式,给予学生实训成绩。整个过程不仅提高学生实际操作能力的同时也提高了企业"师傅"的授课经验。

经过两年的试点,我校以提高人才培养质量为核心,以校企双元主体、协同育人为着力点,初步建立了校企联合招生、联合培养、分工合作、协同育人的长效机制,并取得一定成效。

二、目标任务完成情况

截至目前,试点目标任务已经全部完成,累计招收学生(学徒)143 人,学校层面制订相关制度 24 个,联合企业开发人才培养方案 2 份,修订完善教学标准、核心课程标准 14 门、岗位标准和师傅标准等 20 部,联合开发校本教材 11 部,立项建设在线课程 3 门,累计投入经费 850.1 万元,其中学校投入 325.6 万元,企业累计投入 524.5 万元。

(一)建立了校企协同育人机制

1. 签订校企联合开展现代学徒制人才培养协议

2016 年 5 月学校与张家港市第六人民医院签订了陕西能源职业技术学院与张家港市第六人民医院非直属共建医学院附属医院战略合作协议书。2017 年 3 月,经双方商议从 2016 级入校学生开始成立 40 人护理专业现代学徒制试点班,双方签订陕西能源职业技术学院与张家港市第六人民医院关于护理专业实施"现代学徒制张家港班"(2016 级)合作教学备忘录。共同拟定 2017 级现代学徒制试点三方协议,学校、企业和 33 名学生(学徒)共同签订了三方协议,见图 1。

图1　现代学徒制签约、开班仪式

2017 年 6 月学校与武汉美斯坦福信息技术有限公司签署了"现代学徒制试点合作"框架协议，联合 12 家省内外 IT 企业组成企业联盟，签订合作协议，同时共同拟定 2017 级现代学徒制试点三方协议，学校、企业和 31 名学生(学徒)共同签订了三方协议。2018 年 1 月学校收到武汉美斯坦福信息技术有限公司更名公函，2018 年学校、企业和 39 名学生(学徒)共同签订了三方协议，见图 2。

图2　学校与武汉美斯坦福信息技术公司签约开班仪式

2. 组建现代学徒制试点管理机构

2017 年 6 月，学校与张家港市第六人民医院联合成立了护理专业现代学徒制试点校企联合领导小组。与武汉美斯坦福信息技术有限公司联合成立了计算机网络技术专业现代学徒制试点校企联合领导小组，并成立了护理现代学徒制试点建设委员会和计算机网络技术专业现代学徒制试点建设委员会。为确保现代学徒制试点工作顺利开展，全面推进现代学徒制工作，制定了《现代学徒制试点建设委员会章程》，明确了领导小组职责和现代学徒制试点建设委员会职责，规范了工作内容。两个二级学院分别成立了由企业(医院)人员及专业教师组成的现代学徒制试点专业工作小组。

3. 建立完整而有特色的制度体系

校企联合制定《陕西能源职业技术学院现代学徒制教学管理指导意见》等校级规章制度，形成了系统、特色的制度体系。结合试点需要及现代学徒制试点专业运行中存在的问题，修订了《陕西能源职业技术学院现代学徒制招生与招工管理办法(修订)》《陕西能源职业技术学院校企共建课程体系和开发教材实施方案(修订)》《陕西能源职业技术学院现代学徒制试点项目管理办法(修订)》《陕西能源职业技术学院现代学徒制"双导师"聘任管理和考核办法(修订)》《陕西能源职业技术学院现代学徒制"双导师"教师管理办法(修订)》《陕西能源职业技术学院学徒工伤保险制度(修订)》等 6 个校级制度，新增《现代学徒制试点建设委员会章程》《陕西能源职业技术学院现代学徒制试点校企人才培养成本分担管理办法》《陕西能源职业技术学院现代学徒制教学质量监控与评价管理办法(试行)》《陕西能源职业技术学院现代学徒制学徒(学生)管理办法(试行)》等 4 个校级制度。

4．对接岗位，校企联合科学制定培养方案

护理专业实施"三段制培养，双主体育人"人才培养模式，"渐进融入"式工学交替教学模式，根据临床护理工作岗位需求，校院共同确定了病房、急诊科、手术科、产房、母婴同室、新生儿科、重症医学科、血液透析室护理岗位。依据课程体系对接岗位工作任务，设置以工作过程为导向的模块化课程，构建了"理论+实践""教学内容+岗位需求""学校+医院"双线交织的课程体系，见图 3。

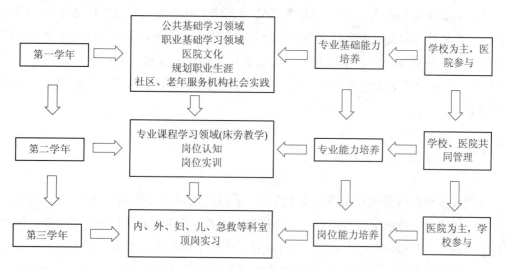

图 3 双线交织的课程体系

计算机网络技术专业以湖北美和易思教育科技有限公司为核心，联合 12 家省内外 IT 企业组成企业联盟，签订合作协议，形成"1+1+N"校企合作模式，确定了"双主体育人，多主体用人"人才培养模式，"岗位驱动技能、职责传递匠心"的教学模式。计算机网络技术专业建设研讨，明确了售前工程师、运维工程师、助理工程师、高级程序员、程序设计师 5 级递进的职业岗位。在职业能力分析基础上，以学生的可持续发展为出发点，遵循技能人才成长规律，将职业能力有机地转化到课程中去，确定课程门类和课程结构，构建了"串并双轨、工学交替、技岗同升"专业课程体系。

5．建立人才培养成本分担、利益共享机制

护理学院负责学徒第一年公共基础学习领域和职业基础学习领域的课程教学，完成学徒的基本知识和技能培养，以及学院每年向学徒第二、三学年在医院的岗位培养投入的教学运作费(按学徒数拨给医院)，2017—2018 学年学院投入 12.38 万元，其中包括课时费 5.04 万元、学徒活动经费 0.08 万元、管理费 0.26 万元、住宿费 2.6 万元、教学资源费 0.6 万元、往返交通费 2.8 万元、教研部工作补贴费 1 万元；医院负责实习实训基地建设、师资培训、课程开发、教材编写、学徒补助、奖学金等费用 126.4 万元。2018—2019 学年学院投入 11.27 万元，其中包括课时费 5.04 万元、学徒活动经费 0.07 万元、管理费 0.21 万元、住宿费 2.15 万元、教学资源费 0.5 万元、往返交通费 2.31 万元、教研部工作补贴费 1 万元等；医院负责实习实训基地建设、师资培训、课程开发、教材编写、学徒补助、奖学金等费用 119.8 万元。

机电与信息工程学院负责学徒公共课程模块的教学、课程开发和教材编写，完成学徒职业素质、人文素质和思想道德等方面的能力培养；学院每年向湖北美和易思教育科技有限公司投入教学运作费(按学徒数)2000 元/生，总计 14 万元/年，其中包括课时费 6.6 万元/年、学徒活动经费 1.68 万元/年、管理费 2.52 万元/年、教学资源费 3.2 万元/年等。湖北美和易思教育科技有限公司主要负责学徒专业技术知识课程模块和学徒职业发展规划课程模块的教学、师资培训及实训基地建设，并协助校方完成的课程开发和教材编写等，投入 278.3 万元，多用于主体企业负责学徒职业发展规划课程模块的教学，主要投入为支付学徒在岗期间的工资。

(二) 实现招生招工一体化

学校以多种形式开展校企(院)联合招生，采用"先招生后招工""同步招工招生"两种模式，通过学生自愿报名、企业面试、双向选择的形式录取。学校制定了《陕西能源职业技术学院现代学徒制招生与招工管理办法》，明确了招生招工对象、招生招工方式及学徒(学生)招录标准。在此基础上，护理学院和张家港第六人民医院制定了《现代学徒制护理专业招生与招工方案》；机电与信息工程学院和武汉美斯坦福信息技术有限公司制定了《计算机网络技术专业现代学徒制 2017 级招生招工方案》《计算机网络技术专业现代学徒制 2018 级招生招工方案》，并按照现代学徒制招工招生方案，制定招生简章，校企共同组织宣传，包括广告宣传、企业网站、学校网站、中学现场宣讲、学校和企业参观等，通过各种途径和形式，确保学生全面了解现代学徒制的特点和要求，了解企业和岗位，见图 4。

图4　校企联合招生

　　护理专业和计算机网络技术专业分别组织学生与师傅进行了拜师仪式，成立了护理现代学徒制试点班和计算机网络技术专业现代学徒制试点班，为现代学徒制试点专业学生建立了学生档案，制定了《现代学徒制试点专业(学生)学徒管理办法》《护理学院学徒管理办法》《机电与信息工程学院(学生)学徒管理办法》，明确了学生(学徒)双重身份，保障各方权益。医院为学徒发放补助，校企(院)分别为学徒购买保险。此外，医院设立了现代学徒制班奖学金，通过医院考核机制，表彰勤奋创新、技能突出的优秀学徒，见图5。

陕能职院医学院与张家港市第六人民医院

护理专业　"现代学徒制"张家港班

火热报名中……

　　满足高等医学教育改革与发展需要，培养符合21世纪我国医疗卫生事业发展需要的高等医学人才，充分发挥区域内医学教育资源优势，促进高等院校与综合性医院良性互动发展，为落实双方合作协议，陕西能源职业技术学院医学院(以下简称陕能职院医学院)决定与张家港市第六人民医院共建医学教研部，进一步开展紧密型的人才培养与医疗、教学和科研交流与合作，以提

图5　护理专业校企联合招生

(三) 完善了人才培养制度和标准

　　根据现代学徒制要求，校企联合共同参与完成前期调研报告、研制人才培养方案、设计教学内容、制定实施细则，开发基于岗位工作内容、"双证融通"的系列教材；制订专业教学标准、课程标准、岗位技术标准、师傅标准、质量监控标准等；建立教学运行与质

量监控体系、考核评价体系，形成多元教学组织管理与评价，全方位实现"双主体"育人。

护理专业现代学徒制工作小组定期召开会议，在分析岗位职业能力的基础之上，充分发挥医院的主导作用，修订现有的人才培养方案，形成了"三段制"双元育人人才培养方案。护理学院与张家港第六人民医院共同制定了《张家港现代学徒制试点班教学标准》《带教师傅选拔标准及工作职责》《护理岗位考核标准》《护理专业教学质量监控体系实施方案》；依据国家护士执业资格考试标准及现代学徒制教学内容的要求，建立了"内科护理""外科护理"等 8 门核心课程的课程标准。以基于工作过程为主线，以任务导向、项目驱动为模式，融入护士执业资格考试的标准，校院共同开发、编写及应用了《内科护理》《护理基本技术》《母婴护理及健康》等 5 门校本教材。

计算机网络技术专业以"能力核心、系统培养"为指导思想，按专业标准研制标准化流程，通过供需调研、职业能力分析、课程体系构建、标准编制等环节，学校与企业(医院)共同开发出了计算机网络技术(现代学徒制班)人才培养方案。机电与信息工程学院与武汉美斯坦福信息技术有限公司共同制定了《计算机网络技术现代学徒制试点专业教学质量评估体系》《实训教学质量监控标准及实施方案》，依据工信部 NCIE (全国信息化工程师岗位技能)的考试要求，完成"HTML""使用 C#语言进入编程世界""C#语言开发桌面应用程序""数据库技术""ASP.NET 开发 Web 应用程序""JAVA 面向对象程序设计"等 6 门专业课程标准制定，完成"网页制作(HTML + CSS)""使用 C#语言进入编程世界""使用 C#语言开发桌面应用程序""数据库技术""使用 ASP.NET 开发 Web 应用程序""Java 面向对象程序设计"6 门核心课程的教材建设。

(四)　建立了校企互聘共用的师资队伍

建立健全双导师的选拔、培养、考核、激励制度，校企双方共同制订双向挂职锻炼、横向联合技术研发的激励制度和考核奖惩制度。制定了《陕西能源职业技术学院现代学徒制"双导师"聘任管理和考核办法》《陕西能源职业技术学院现代学徒制兼职教师聘用及管理办法》，形成了校企互聘共用的管理机制。

学校分别与武汉美斯坦福信息技术有限公司、张家港第六人民医院联合成立"双师型"教师培养培训基地。依托培养培训基地，探索开发实践教学项目、共同研发产学合作项目，构建与企业(医院)合作共同提升专业教师实践能力、企业(医院)兼职教师教学能力的机制。聘任了张家港第六人民医院孙峰等 75 人、武汉美斯坦福信息科技有限公司李荣耀等 9 人，共计 84 人为我校兼职教师，见图 6。护理学院与张家港第六人民医院共同制定了骨干教师交流学习方案。

图 6　现代学徒制校企互聘"双导师"

(五) 建立了符合现代学徒制特点的管理制度

为加强现代学徒制管理，使现代学徒制成为培养技术技能人才的重要途径，我校制订了各专业通用的体现现代学徒制特点的管理制度 24 个，各专业也结合自身特点与合作企业共同制定一系列管理制度，具体如下：

1. 校企合作

《陕西能源职业技术学院现代学徒制试点项目管理办法(修订)》《现代学徒制试点校企人才培养成本分担管理办法》《校企共建课程体系和开发教材实施方案(修订)》《护理专业校院合作专业建设工作意见》《护理专业现代学徒制课程和教材开发基础方案》《计算机网络技术现代学徒制试点专业基于工作过程的课程体系及研发方案》《计算机网络技术专业现代学徒制招生招工方案》等。

2. 教学管理

《陕西能源职业技术学院现代学徒制教学指导意见》《陕西能源职业技术学院学分制管理规定》《现代学徒制试点建设委员会章程》《护理专业现代学徒制试点建设管理意见》《护理专业现代学徒制试点教学合作备忘录》《护理专业现代学徒制专业建设激励和考核管理办法(试行)》等。

3. 人员管理、考核

《现代学徒制"双导师"聘任管理和考核办法(修订)》《现代学徒制"双导师"教师管理办法(修订)》《护理专业现代学徒制双导师制度》《护理专业现代学徒制双导师双向挂职锻炼管理办法(试行)》《企业师傅标准》等。

4. 质量监控和多方评价

《现代学徒制教学质量监控与评价管理办法(试行)》《护理专业现代学徒制教学工作督导实施细则》《护理专业现代学徒制多方参与考核评价制度(试行)》《计算机网络技术专业现代学徒制质量监控标准及实施方案(试行)》《计算机网络技术现代学徒制试点专业教学质量评估体系》等。

5. 安全管理

《陕西能源职业技术学院学徒工伤保险制度(修订)》《陕西能源职业技术学院学徒工伤保险制度》《计算机网络技术现代学徒制试点专业学生(学徒)实习召回制度》等。

(六)其他情况

1. 形成典型案例,树立行业典范

在现代学徒制试点过程中,我院已取得良好业绩,形成了陕西能源职业技术学院护理专业"现代学徒制"典型案例,吸引主流媒体竞相报道。2018 年在《中国职业技术教育》杂志上以"三段制培养,双主体育人,全力推进护理专业现代学徒制试点工作"为标题进行了深度报道,为我院校企(院)合作树立了典范,见图 7。

图 7 学校"三段制培养、双主体育人"现代学徒制试点案例

2. 依托项目,提高学校品质

依托现代学徒制试点班项目,提高教学质量和管理效率,校企共建"互联网+"在线教育教学平台,实现教学资源共享。和武汉美斯坦福合作开发现代学徒制教学软件,应用

在现代学徒制试点班产生了良好的效果，见图8。

图8 校企共建"互联网+"在线教育教学平台

三、工作成效及创新点

（一）工作成效

1. 形成了"三段制培养，双主体育人"人才培养模式

校院深度融合，开设张家港市"现代学徒制"试点班，形成"三段制培养，双主体育人"人才培养模式。第一阶段为专业基础能力培养，在学校一年时间进行理论学习，完成公共基础学习领域和职业基础学习领域的课程，掌握专业所需基本知识和技能。聘请企业(医院)师傅讲授医院文化、介绍护理专业学生(学徒)就业岗位及规划职业生涯，假期在社区、老年服务机构实践锻炼，激发学生的职业感悟，形成职业意识；第二阶段为专业能力培养，学生(学徒)第二年进入医院学习，把专业课的学习过程移植到张家港市第六人民医院，在医院建立"院中校"，采用"床旁"教学方式(理论+实践)，上午学习专科护理知识，下午依照岗位的职业标准进行实践操练，医院即课堂，使学生能够及时将理论知识与临床实践相结合，专业技能的训练由在校内模拟实训室改在了真实的医疗环境中，教学过程对接工作过程，真正体现了教学内容与职业标准零距离接轨；第三阶段为岗位能力培养，学生(学徒)第三年全程在张家港第六人民医院完成 8~10 个月的顶岗实习，学校派送老师进行督导，通过"导师制""师带徒"的学习方式，实现临床内、外、妇、儿、急诊等科室的轮转，实现与临床护理工作岗位无缝对接。

2. 构建"1+1+N"校企合作模式

计算机网络技术专业积极探索校企"双主体"育人机制，构建完成"1+1+N"的校企合作模式，其中：第一个"1"是陕西能源职业技术学院，负责教育方向和基础教学；第二个"1"是美和易思教育科技有限公司，负责专业方向和专业基础教学；"N"指若干参与 IT 企业，负责职业方向和岗位教学。以武汉美斯坦福信息技术有限公司为核心形成企业联盟，2018 年联盟主要单位有：上海盘丝信息技术有限公司、闻泰科技股份有限公司、北京掌上先机网络科技有限公司、上海上业信息科技股份有限公司、上海哲凌科技有限公司、特力惠信息科技技术有限公司西安分公司、北京达安讯科技有限公司、上海捷艾特信息技术有限公司、上海希听信息科技有限公司、广东欧珀移动通信有限公司、优碧特软件(西安)有限公司等。截至 2019 年 7 月，联盟企业数已超过 20 家，2017 级学徒 31 人全部进入联盟企业进行第二阶段带薪学徒学习。

3．形成"5真"的教学模式

(1) "真实的企业环境"：校内实训基地按照真实 IT 企业的功能布局和风格进行实训环境设计，包括实训教室、实训工位和会议室三大功能区，让学员在实训的过程中感受到真实工作环境；

(2) "真实的实训项目"：根据培养计划和需求，遵守客户的保密法律要求，从企业项目及业务中挑选典型案例进行改造，保留关键的技术点，适合在短期内学生通过团队合作来完成；

(3) "真实的项目经理"：项目实战训练对师资的技术经验、项目管理经验和授课水平均具有很高的要求，合作企业导师均为企业技术主管或项目经理，参与了多个中、大型项目的开发，具有丰富的项目开发和团队管理的经验；

(4) "真实的工作压力"：在项目实战过程中，模拟客户代表给予项目组施加真实的项目压力，例如需求变更、新技术风险、工期变更、人员变动等问题时，让学徒(学生)来应对，从而培养学徒承受压力的能力，使其以后走上工作岗位可以从容应对各方面的压力而成为企业的栋梁；

(5) "真实的工作机会"：为了解决学生(学徒)的就业问题，根据企业需求对学生进行定向培养，使其符合企业的要求，同时注重对学员职业规划和职业道德方面的教育，有计划地组织企业联盟成员进行现场招聘和面试，满足学生就业需求。

4．开发具有特色的"招生招工"组班模式

计算机网络技术专业采取单招方式招生。采取"文化综合知识考试+专业基础考试与岗位技能测试"相结合的办法，单独组织考试和录取，其中岗位技能测试环节将全部邀请合作的行业企业代表全程参与，具体的技能测试成绩全部由行业企业代表认定。在统招学生进入订单班或单招学生录取入学后，学校、企业与学生三方签订学徒协议，明确学徒期限、应达到的要求和三方在学徒期间的权利义务；同时学校与企业签订合作协议，明确双方权利、义务与要求。

2017 年 9 月学院机电与信息工程学院与武汉美斯坦福信息技术有限公司在 2017 级计算机网络技术专业 9 个新生班中，开展现代学徒制人才培养讲座、宣传、调研，让学生及家长知晓和理解现代学徒制人才培养的优势、特点，从思想和行动上认可这种做法，积极参与。通过自愿申请、校企面试、签订协议等工作过程，选拔了 31 名学生组成了 2017 级计算机网络技术专业现代学徒制试点班。

2018 年 3 月校企共同招生，通过广泛宣传、提前告知、单独招生、校企面试、履行承诺、签订协议的"录取组班"方式，计划招生 40 人，实际招生 40 人，后因学生自身原因转走 1 人；目前 2018 级共 39 人。

5. 学生职业素养和专业技能大幅提升

近年来，学生参加技能大赛屡获大奖。先后在 2018 年中国软件杯大学生软件设计大赛国赛中荣获三等奖；2019 年陕西省高等职业院校技能大赛移动互联网应用软件开发赛项中荣获国赛三等奖、省赛二等奖，Web 应用软件开发赛项省赛三等奖；蓝桥杯大赛省赛中荣获一等奖 2 项、二等奖 1 项、三等奖 7 项；陕西省"互联网+"大学生创新创业大赛荣获校级团体一等奖、二等奖。在"现代学徒制"张家港班遴选的优秀学生参加全省、全国护士技能大赛，荣获 2018 年陕西省护理技能大赛一等奖；荣获 2018 年全国护理技能大赛三等奖。

（二）创新点

1. 人才培养模式创新

"现代学徒制"张家港班护理专业人才培养模式改革，打破传统医学的"2+1"模式，将在校三年学习分为三个一年，形成了"三段制培养，双主体育人"人才培养模式。教学工作分别在学校和医院进行，在校学习阶段主要完成人文素质、大类通用专业基础知识学习，形成专业基础能力培养；在医院学习阶段主要完成专用专业基础知识和岗位技能的学习和毕业顶岗实习，形成专业能力培养和岗位能力培养。以"师带徒"的教学模式，将教学过程融入真实行业环境和工作过程，学生能够及时将理论知识与临床实践相结合，专业技能的训练由在校内模拟实训室改在了真实的医疗环境中，真正体现技能训练与岗位需求零距离接轨，深化"引企入教"、推进校企协同育人系列改革，提升对接产业需求的高素质技术技能人才培养质量。

2. 以常见病发病周期灵活安排教学内容

学生(学徒)第二年进入医院学习，进行专业能力培养，让课堂进医院，建立院中校，采用"床旁"教学方式(理论+实践)，根据季节发病规律灵活调整授课内容，上午学习专科护理知识，下午依照岗位的职业标准把学徒分为四组进入相关科室进行实践操作，医院即课堂，使学徒能够及时将理论知识与临床实践相结合，专业技能的训练由在校内模拟实训室改在了真实的医疗环境中，教学过程对接工作过程，使教学内容与职业标准对接。

3. 特色课程创新

开设院区选修课，探索选择性课程改革。尊重兴趣选择，面向护理专业学生，开设岗位选修课程，包括医院规章制度与管理、医院文化、讲座、护理小发明、护理操作拓展训练等课程。选修课因材施教，增强教与学趣味性、针对性、有效性和精准性。改变课程单一化，在课程形式、内容与评价方面探索改革达到一定成效。

4. 对接标准，校企共研开发特色教材

学校骨干教师和合作企业专家组成研发团队，根据现代学徒制要求，校企联合共同参与，整合校企资源，开发基于岗位工作内容、"双证融通"的系列教材。护理专业以基于工作过程为主线，以任务导向、项目驱动为模式，融入护士执业资格考试的标准，校院共同开发、编写了《护理基本技术》《内科护理》《儿科护理》《母婴护理与健康》《急危重症护理》5门核心课程教材；计算机网络技术专业依据工信部NCIE（全国信息化工程师岗位技能）的考试要求，校院共同开发、完成了《网页制作（HTML+CSS）》《使用C#语言进入编程世界》《使用C#语言开发桌面应用程序》《数据库技术》《使用ASP.NET开发Web应用程序》《Java面向对象程序设计》6门核心课程教材建设，见图9。

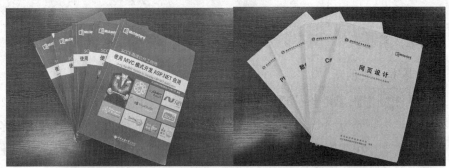

图9　校企共研开发的特色教材

四、资金到位和执行情况

根据我校现代学徒制试点建设任务书 2017—2019 年企业计划投入资金 155.0 万元，学校计划投入资金 375.0 万元用于现代学徒制试点建设。实际到位经费：企业经费投入 524.5 万元，学校经费投入 325.6 万元。其中，制定现代学徒制试点管理制度及人才培养方面企业投入经费 14.9 万元，学校投入经费 15.7 万元；招生招工宣传方面企业投入经费 24.8 万元，学校投入经费 20.6 万元；师资队伍建设方面企业投入经费 26.3 万元，学校投入经费 39.8 万元；校本教材方面企业投入经费 23.2 万元，学校投入经费 8.4 万元；实训基地建设方面企业投入经费 389.8 万元，学校投入经费 189.5 万元；资源库建设方面企业投入经费 45.5 万元，学校投入经费 51.6 万元。

五、存在问题和改进措施

(一) 存在问题

(1) 现代学徒制试点规模有待进一步扩大。目前，现代学徒制试点仅在我校 49 个专业中的 2 个专业开展，且仅有 4 个班次，现代学徒制办学规模还需要进一步扩大。由于学生和家长对于现代学徒制的认识不足，学生对于现代学徒制的热情不高，造成参与现代学徒制试点的学生数量不多，需要进一步改进。

(2) 产教融合、校企合作需要进一步深化。开展现代学徒制的核心是企业，企业的积极性直接影响到现代学徒制的成效。目前，相关专业的合作企业开展现代学徒制的主动性和积极性不高，学校与行业企业尚未形成命运共同体。

(二) 改进措施

(1) 在全校范围内开展现代学徒制试点，不断提高现代学徒制人才培养数量。重视招生宣传，邀请企业优秀员工和管理者与学生面对面进行交流，让学生了解企业的发展愿景和升职空间等；进校后邀请学生和家长到企业参观，让学生家长更多地了解企业。

(2) 多方努力共同构建校企命运共同体，不断提升现代学徒制人才培养质量。依托行业协会、职教集团、产教协同创新中心等平台，不断加强与企业的交流合作，努力形成校企命运共同体，让企业更加积极主动地参与到人才培养全过程。

六、下一步工作计划

认真贯彻教育部《关于全面推进现代学徒制工作的通知》(教职成厅函〔2019〕12 号)精神，总结我校现代学徒制试点工作经验，学习兄弟院校成功经验和典型案例，在我校全面推进现代学徒制工作。

(撰稿：陕西能源职业技术学院　姚少芳)

渭南职业技术学院
现代学徒制试点验收总结报告

　　渭南职业技术学院作为教育部第二批现代学徒制试点院校，全面贯彻落实试点工作部署和要求，以习近平新时代中国特色社会主义思想为指导，遵循党的教育方针，落实立德树人根本任务，深化产教融合、校院(医院)合作，健全德技并修、工学结合的育人机制，完善学校、医院、社会等多方参与的质量评价机制，深入推进培养模式、管理机制等改革，圆满完成了试点工作的各项目标任务。现将我校试点工作总结如下。

一、试点项目概况

　　2017 年上半年，学校启动现代学徒制试点工作，按照教育部学徒制试点工作部署，结合学校实际，经深入调研，与渭南市中医医院探索校院合作育人新模式，开展学生、学徒"医教融合"培养，并申报教育部第二批现代学徒制试点项目。2017 年 8 月，根据教育部办公厅《关于公布第二批现代学徒制试点的通知》(教职成厅函〔2017〕35 号)，我校获批第二批现代学徒制试点单位，中医学专业被确立为现代学徒制试点专业。

　　2017 年 9 月，学校与医院共同成立"现代学徒制项目建设指导委员会"，全面指导现代学徒制试点工作。

　　(1) 依照"先招生，后招徒"工作方案，通过签订《现代学徒制校院联合培养协议》《现代学徒制三方协议》等，遴选 2017 级中医学专业新生 30 名，组建"现代学徒试点班"，实现招生招徒一体化。

　　(2) 校院协同制订了《渭南职业技术学院中医学专业现代学徒制人才培养方案》，明确了人才培养规格、课程设置和教学内容等，适应技术进步和行业发展新要求，着力培养学生的专业精神、职业精神和工匠精神，扎实推进现代学徒制人才培养模式改革。

（3）强化标准意识、质量意识，建立《现代学徒制"双导师"管理与考核办法》等现代学徒制管理运行制度 15 项，形成中医临床专业教学、实训条件建设等标准 5 项，以制度和标准为基本依据办出水平、办出特色。

（4）以建设"名医专家工作室"为抓手，建立和推广现代学徒制"双导师"制度，校院设立"名医专家工作室" 12 个，汇集校内外专兼职教师 45 名，打造了专兼结合的双导师队伍。

（5）加强教学资源建设力度，建成综合实训中心 3 个、实训室 20 个，校院联合开发"中医内科学"等在线开放课程 7 门，校院合作共同开发现代学徒制教材 2 部，校内导师主编全国中医药行业高等职业教育"十三五"规划教材 3 部，构建形成共建共享的教学资源。

（6）建立工作平台，面向社会服务。与渭南市高新区白杨医院合作组建了"渭南职业技术学院中医专家工作室"，有 10 名学徒制导师带领学徒进驻白杨医院，面向社会开展临床诊疗服务，组织义诊活动 30 余次，接诊病人 2 万人次。

（7）加大资金支持力度。自试点工作启动以来，资金计划投入 100 万元，实际投入 253.1 万元，超额完成资金投入任务。同时给予政策倾斜，保障试点工作顺利进行。

学校以试点项目为契机，探索形成了与现代学徒制相适应的教学管理与运行机制，搭建了学校、医疗机构"双主体"育人平台，完善了校内外"双导师"制度体系，落实学生、学徒"双身份"，强化了学校、医院实训实习"双基地"建设，创新了人才培养模式，加强了学生职业素养和专业技术积累，提高了人才培养质量，提升了服务区域经济社会发展的能力和水平。通过 2 年试点，设置验收要点 23 个，完成 23 个，完成率为 100%。

二、试点目标完成情况

（一）构建校院协同育人机制

学校积极探索学徒制人才培养机制，充分发挥学校和医院各自优势，统筹利用校院双方教学资源，建立成本分担机制，初步形成了学校与医院分工协作、联合培养的协同育人机制。

1. 全面筛选重点选拔，择优选取合作单位

根据试点工作《任务书》项目建设目标，结合学校实际，以满足城乡基层对技术技能

中医人才的需求为出发点，以提高渭南地区城乡基层人民群众健康水平为宗旨，以"专业对口，设施先进，关系密切，当地知名"为原则，经广泛调研和深入沟通，最终确立渭南市中医医院为我校现代学徒制试点合作单位。渭南市中医医院是一家中医综合性三级公立医院，科室设置齐全，医疗设备先进，是渭南当地中医医疗行业的领头羊。该院与我校深度合作多年，校院双方长期开展教学、科研合作，为开展现代学徒制试点项目奠定了坚实基础。

2. 成立组织建立制度，保证实施各负其责

学校和渭南市中医医院共同成立"现代学徒制项目建设指导委员会"，由学校党委书记、校长、渭南市中医医院院长任主任委员。指导委员会下设现代学徒制办公室，由学校医学院院长任主任，负责现代学徒制项目方案制订、制度建设等相关工作。校院联合制订双导师管理、学徒管理、教学管理、岗位培养、质量评价与监控制度 15 项，形成《现代学徒制制度汇编》，从各个方面规范现代学徒制人才培养全过程，保障各个环节统一连贯顺利运行，为现代学徒制导师团队建设、校院之间人员互聘共用、双向挂职锻炼、横向联合技术研发和专业建设等现代学徒制试点工作提供制度遵循。

3. 校企签订合作协议，明确各方责任义务

学校与渭南市中医医院共同签订《现代学徒制校院联合培养协议》，以中医学专业临床医疗岗位作为试点岗位，在渭南市中医医院急诊科、内科二病区、内科五病区、针灸科、妇科等五个科室工作岗位进行试点，建立校企分工合作、协同育人、共同发展的长效机制，见图 1。校院协商制订了《渭南职业技术学院中医学专业现代学徒制人才培养方案》，明确学校、医院双方培养职责，创新校内教师、医院师傅联合传授人才培养新模式，建立"政府、医疗机构、学校"三元合一的学生实习管理体系，打通"学生→学徒→准员工→员工"四位一体的实践能力提升全过程。

4. 制订成本分担标准，校企协同培养人才

依据校院联合培养协议，在学徒培养过程中，校院双方共同投入，形成学徒培养的成本分担机制。在授课及实训方面，学校负责学徒在校公共课、基础课程、专业理论、校内实践教学以及完成学徒的基本技能训练等；医院负责部分校内实训、医院文化教育、岗位培养、技能竞赛指导、职业资格辅导等，同时医院负责学徒岗位核心能力培养，通过分组轮岗、轮流跟师、门诊住院部交替、分阶段岗位考核等方式，实现学徒在岗培养、在岗成才。在薪酬待遇方面，学校承担医院兼职教师(师傅)课时费用，以及学徒岗位实习费用、实习保险费用；医院承担医院师傅工资、保险及岗位带徒费用。校内实训基地和科室由双方共建共享。

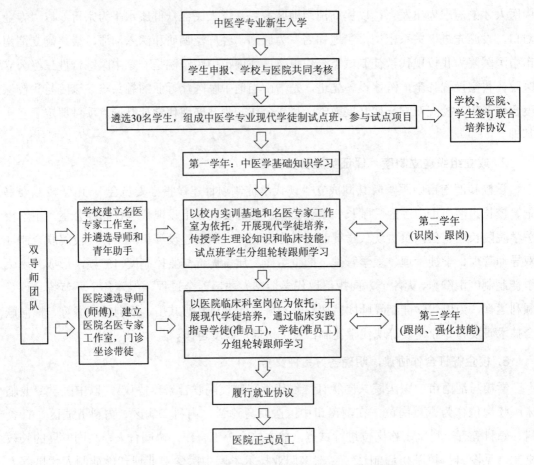

图 1　中医学专业现代学徒制试点项目培养路线图

（二）实施招生招徒一体化

学校与医院通过共同制订招生招徒工作方案、签订联合培养协议和三方协议，确定培养岗位和学徒权益，有效保障了学徒学员的双重身份。

1. 建立制度，严格程序

学校与医院共同制订《招生与招徒管理办法》，以公开、公平、公正为基本原则，以《现代学徒制校院联合培养协议》为基本遵循，在学生进校后，按照"宣讲动员→学生申请→班级推荐→测试面试"基本流程，规范和严格执行现代学徒试点班级招生招徒程序。

2. 共同面试，组建班级

根据《现代学徒制试点招生招徒管理办法》，"先招生，后招徒"，校院共同参与，组建面试工作小组，按照渭南市医疗行业单位引进人才面试办法，经严格测试和面试，从2017 级中医学专业学生中择优遴选出 30 名学生，组建"现代学徒试点班"，选派专职班主任负责学徒日常管理。2017 年 10 月，为试点班学生举行拜师仪式，通过拜师仪式明确师徒关系、双方职责，为开展人才精准培养打牢了坚实基础。

3. 签订合同，保障权益

为联合培养现代学徒，学校与医院、学徒共同签订《现代学徒制三方协议》，确定了"医教融合，分段共育"工学结合人才培养模式，明确了学校、医院、学徒三方权责，有效保障了学生学徒的双重身份及学徒应该享有的权益。

4. 明确岗位，细化分工

依据《现代学徒制三方协议》，进一步明确中医学专业试点岗位为临床医疗岗位，并在试点过程中，结合医院特点，具体落实在急诊科、内科二病区、内科五病区、针灸科、妇科等五个科室工作岗位进行试点，不断探索和建立试点工作适应岗位群，细化每个岗位的技能要求和培养方案，明确导师分工及岗位培养内容。

（三）建立人才培养制度和标准

人才培养方案和标准建设是实施现代学徒制育人的关键，学校按照"专业设置与行业需求对接、专业课程与职业标准对接、教学过程与实践过程对接"的要求，体现"工学结合、岗位成才"培养理念，建立了融入国家职业资格标准的中医学现代学徒制专业教学标准。

1. 对接岗位，研制培养方案

坚持人才培养规格与岗位任职要求对接，学校与医院根据急诊、内科、妇科、针灸推拿等岗位特点和要求，按照"合作共赢、职责共担"的原则，在充分调研论证的基础上，学校专业教师与医院医师共同研究确定专业定位、人才培养目标、培养规格等，联合制订《中医学专业现代学徒制人才培养方案》，推进学校教育与岗位培养相结合，实行工学交替的学习模式和岗位培养模式。

2. 对接行业，制订专业教学标准

以"能力衔接、系统培养"为指导思想，根据中医药行业和医院对人才培养的需求，对接岗位职业能力，体现现代学徒双重身份、双元育人、在岗培养、岗位成才的重要特征，学校和医院在广泛调研的基础上，共同制定中医学专业现代学徒制教学标准，在职业面向、培养目标、培养规格、课程设置、师资队伍、教学设施、教学资源和教学评价等方面做出明确规定。

3. 对接工作过程，构建课程体系

以供需调研为基础，以职业能力分析为重要依据，关注学生的认知规律，尤其是职业

生涯发展要求，以职业能力培养为目标，将工作领域的典型工作任务和职业能力要求转化为学习领域的课程，使课程与职业能力有机衔接，明确中医学专业现代学徒应该具备的中医诊疗能力、西医诊疗能力、初级卫生保健能力和中医人文素养，学校和医院共同构建基于典型工作过程的中医学专业课程体系，见图2。

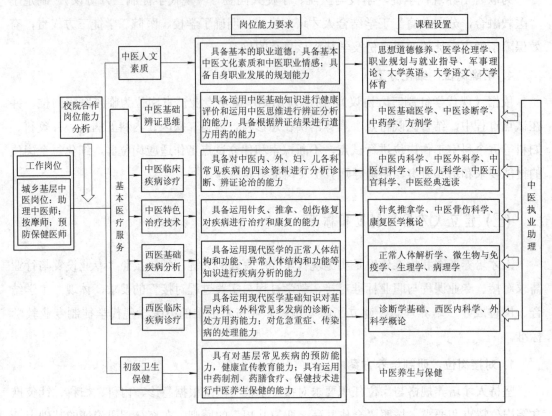

图2　中医学专业现代学徒制课程体系构建示意图

4. 对接执业标准，开发教学内容

学校坚持标准引领，基本遵循中医学专业现代学徒制教学标准，融入国家执业助理中医师考核标准，制订中医学专业现代学徒制岗位标准，结合岗位特点和专业人才培养需要，开发中医学专业教学内容。以第一课堂职业技能教育为主，补充第二课堂职业素养教育及课外专业能力教育，实施案例教学、情境教学等教学方法，运用信息化教学手段，将医院文化、科室文化融入到课堂，推动课堂教学改革，促进学徒岗位成才。制定了"中医基础理论""中医诊断学""方剂学""中药学""针灸推拿学""中医内科学""中医妇科学"等7门核心课程标准，建成了上述7门课程的在线开放课程，构建了中医学专业现代学徒制课程体系，见图2，编写出版了《中医养生与保健》《实用传统康复治疗技术》《中医儿科学》《中医方剂学》《针灸推拿学》等5本教材。

(四) 建设校院互聘共用的师资队伍

校院合作，积极完善双导师制度，建立健全双导师的选拔、培养、考核、激励制度，明确双导师的职责和待遇，开展校院双向锻炼，联合开展技术研发和服务。

1. 立足教学需要，构建现代学徒制双导师制度

结合中医诊疗、针灸推拿等岗位要求，以校院分工合作、双主体协同育人、职责共担、共同发展的长效机制为着力点，制订了《带教师傅选拔标准及工作职责》，建立了互聘共用、双向挂职锻炼、横向联合技术研发的双导师制度，导师团队汇集知名专家、教授、渭南市名中医、教学名师、渭南市优秀青年中医师等行业精英，组建了一支 45 人的导师团队。导师团队见表 1、表 2。

表 1　现代学徒制试点项目暨名医专家工作室校内导师一览表

序号	名称	领头人	副导师	青年助手	学科特色
第一工作室	吕选民工作室	吕选民	张海峡	张英杰、王艳杰	推拿、针灸、养生保健
第二工作室	王小民工作室	王小民	胡昌珍	王红鸽、阴小爱	外科、骨科、中医诊断
第三工作室	曹西军工作室	曹西军	林寅淞	张晶晶、姚肖君	针灸、推拿、适宜技术
第四工作室	孟陆亮工作室	孟陆亮	李红刚	孙晓盈、杨　涛	儿科、内科、老年病
第五工作室	徐虎军工作室	徐虎军	李永新	冯兴志、李　浩	中医脉学、肾脏内科
第六工作室	张重州工作室	张重州	张文信	侯养彪、李　菲	中医妇科、中医骨伤科

表 2　现代学徒制试点项目暨名医专家工作室医院导师一览表

序号	名称	领头人	青年助手	学科特色
第一工作室	梁保才工作室	梁保才	王　焦	心脑科、脾胃病
第二工作室	李天佑工作室	李天佑	史会平	急诊内科、疑难病
第三工作室	齐绒芳工作室	齐绒芳	李　洁	呼吸科、心肾内科病
第四工作室	王亚新工作室	王亚新	卢　颖	针灸科、颈肩腰腿病
第五工作室	亢　丽工作室	亢　丽	马红萍	妇产科、新生儿病
第六工作室	李清林工作室	李清林	王稳平	老年病、内分泌疾病

2. 建立健全制度，加强校院师资培养

在管理机制上，校院制订了《渭南职业技术学院兼职教师管理办法》《渭南职业技术学院大师专家工作室管理办法》《现代学徒制"双导师"管理与考核办法》等制度，明确了校内导师、医院导师的培养、考核、管理办法，双导师培养坚持校院"共同培养、互聘共用、双向流动"的原则，先后选派 26 人次参加现代学徒制相关培训。

3. 互聘共享师资，校院实现多领域合作共赢

医院聘任学校导师为坐诊专家，门诊坐诊，带徒带教；学校聘任医院医师为兼职教师，承担理论和实践教学，带教带徒。学校选派 7 名骨干教师到医院挂职锻炼。医院先后有 6 名导师来学校进行学术讲座。学校和医院共同参与教科研项目 2 项，共同编写出版教材 2 部。校院导师共同带徒参加扶贫义诊活动。校院导师共同开展院内制剂研发，共享科研成果。

(五) 建立基于临床诊疗过程的实践教学运行管理制度

学校根据现代学徒制培养特点，探索满足现代学徒培养要求的教学运行与管理制度。

1. 统筹兼顾，建立健全教学管理制度

学校切实规范现代学徒制运行过程，提高运行效率，构建了学校、医院两级管理制度，联合修订了与现代学徒制相适应的教学管理制度，制订出台了《渭南职业技术学院学分制实施细则》《渭南市中医医院现代学徒制学生学徒管理规定》等制度，校院共同负责学徒试点班管理，学校以公共课程及专业基础知识学习管理为主，医院以岗位实践管理为核心，融合中医文化、医院人文教育。专业主干课程、临床技能课程具体由学校教务处和医院医教科统一安排，医学院和医院临床科室组织实施，构建了学校、医院、专业三位一体的运行管理机制。

2. 质量监控，多元评价，保证学徒岗位成才

校院共同制订了《现代学徒制质量监控实施方案》，出台了《现代学徒制教学质量监控标准》，完善了《现代学徒制学生(学徒)培养质量监控评价指标》，从学生(学徒)综合素质、专业能力、毕业生就业质量、社会满意度、突出成绩奖励等五个方面全程监控。

制订实施《现代学徒制学生(学徒)学业考核与成绩评定办法》《现代学徒制学生(学徒)工学交替岗位技能训练和跟岗实习学业考核办法》《现代学徒制校内导师与兼职教师课堂教学质量评价办法》等，基于岗位技能标准，兼顾技能和业绩考核，将教师评价、师傅评价、医院评价相结合，构建由学生、医院、学校和行业多方参与的质量评价体系，规范学徒考核评价工作，科学反应学徒学业和实践能力及水平，保证学徒岗位成才。

(六) 提升社会服务能力

1. 扶贫济困，对口支援

与渭南市高新区白杨医院合作组建了"渭南职业技术学院中医专家工作室"，以工作室为依托，参加白杨卫生院扶贫医疗队，定期下乡到村，为辖区 500 多贫困户送医送药，

并提供医疗保健咨询，协助解决辖区 6.5 万名群众就医保健问题。

2. 学以致用，服务基层

试点班学徒利用专业知识，在导师带领下利用假期、双休日等，深入街道、社区、乡村等单位，开展中医传统医疗和健康咨询义诊 30 余次，接诊病人 2 万人次。

3. 搭建平台，服务社会

与陕西利君现代中药有限公司合作建立"利君-渭职院中医药专家工作站"，10 名学徒导师进站提供人才和技术支撑，开展技术服务和制剂研究，服务区域经济社会发展需要。

4. 承担社会培训，开展医学科普宣传教育

自现代学徒制项目实施建成共享性实训基地以来，以双导师团队为骨干，2017 年承担了陕西省中医药管理局"西医师学习中医培训"项目，培训学员 270 人。以医学专业校内实训基地为依托、以中医药文化馆为开放平台，以《渭南医药》杂志为窗口，面向渭南及周边地区，开展医学科普教育、中医药文化宣传教育等形式多样的教育宣传活动，年均接待参观人数 2000 人次。

现代学徒制的实施提升了学校和渭南市中医医院的社会服务能力，促进了中医学专业建设，完善了学生的实习管理体系。在渭南市卫计局主导下，我校与渭南市中医医院、渭南市中心医院、渭南市第二医院、陕西省荣誉军人康复医院、渭南市妇幼保健医院等 14 家二级甲等以上医院签订学生实习合作协议，形成了"政府、医疗机构、学校"三元合一的学生实习管理体系。

三、工作成效及创新点

(一) 工作成效

1. 构建了基于中医学专业现代学徒制的"医教融合，分段共育"人才培养模式，建立了"学生→学徒→准员工→员工"四位一体的实践能力提升过程

将"双导师""双主体""双身份""医教协同""岗位培养"等理念融入现代学徒制人才培养方案，将医院和学校更紧密地结合在一起，使学校和医院资源共享，分工协作，发挥各自优势，共同培育高素质学徒。经过试点实践，"医教融合，分段共育"的培养模式，使学徒、学校、医院三方都受益。

"医教融合"是指以人才培养为核心，在医院和学校深度合作、相互融合、协同育人的基础上，学校理论教学和医院临床实践深度结合的培养模式。"分段共育"是指将三年学徒培养分成三个阶段，由学校和医院共同培养，实现学校和医院双主体培养。具体分为

三个阶段，其中：第一阶段(学生身份)为通用能力培养(第 1、2、3 学期)。主要完成通识课和中医基础课学习任务，重点为基础理论与诊断技能训练，初步培养中医职业情感和职业道德，通过校内实训基地了解医院工作环境，了解中医诊疗工作流程。第二阶段(学徒身份)为职业能力培养(第 4 学期)。通过专业课、临床课学习见习，由医院导师团队授课和带教，采取工学结合的方式跟师学习，重点是培养学生的初步临床实践能力。根据学生职业取向和中医学专业岗位需求，通过医院见习和临床带教，对学生按不同职业方向进行能力培养。第三阶段(准员工身份)为职业能力强化(第 5、6 学期)。以在医院跟师学习、跟岗实习的方式进行，重点提升临床综合诊疗能力。毕业后(员工身份)为执业技能继续强化(毕业后 1~2 年内)。重点是考取中医助理执业医师资格证书。

在校内培养过程中，依托课堂、实训基地、卫生院，将理论授课与实训、见习交叉进行。学徒进入医院培养后，主要采取上午查房、带教、示教、病例讨论，下午课堂集中授课，课外在线自学的方式进行教学。第 5、6 学期完全转入 5 个临床科室实习，在工作岗位上边干边学、跟岗跟师、轮转培养。门诊跟师和病房跟岗交叉进行，整个过程体现了工学交替的学徒制教学和培养模式，实践教学有序提升，临床技能层层推进，形成了"学生→学徒→准员工→员工"四位一体的实践能力提升过程。"医教融合，分段共育"现代学徒培养模式示意图见图3。

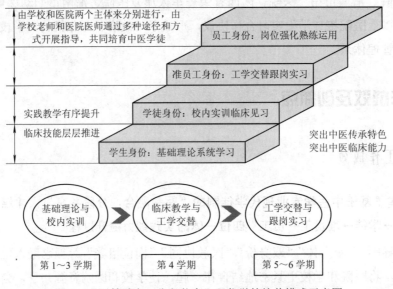

图3   "医教融合，分段共育"现代学徒培养模式示意图

2. 制定了中医专业现代学徒制培养标准

与医院专业技术人员共同研究，引入职业资格标准和行业技术标准，将静态的知识技能转化设计为业务实习实践，研制形成中医专业现代学徒制培养标准 5 项，包括《现代学徒制中医学专业教学标准》《现代学徒制中医学专业核心课程标准》《现代学徒制中医临床

岗位标准》《现代学徒制中医实训条件建设标准》《现代学徒制导师选拔标准》。

3. 建立了一支"名医+名师"领衔校院互聘共用的师资队伍

"名医+名师"的有机结合,将医院和学校的优质教学资源充分挖掘出来,使学徒能够得到更高水平的执业经验和知识体验,能与名家成为良师益友,无疑为学徒的职业生涯点亮了一盏指路明灯。学校和医院共同建立了一支互聘互用、双向任职、横向联合技术研发的师资队伍,目前有 45 名成员组成,其中包括渭南市名中医 3 名,中级以上执业医师 25 名,名医专家工作室领头人 12 名,骨干教师 20 名。汇集了知名专家、教授、教学名师、渭南市名中医、渭南市优秀青年中医师等行业精英。

4. 建成了共享型教学资源

学校和医院共同规划实训基地建设,建成省内一流的中医综合实训中心和中药综合实训中心。中医综合实训中心占地面积 800 m^2,扩建针灸、推拿、康复等 10 个实训室,新增实训设备 40 台套;中药综合实训中心占地面积为 1461.6 m^2,新增中药调剂、中药炮制、中药制剂等 10 个实训室。目前中医学专业实训室达到 20 个。在医院改扩建急诊科等 5 个临床科室,校院共建名医专家工作室 12 个,联合开发中医内科学等在线开放课程 7 门,形成共享型教学资源。

5. 提高了人才培养质量

近几年来,学生职业素养和专业技能大幅提升,学徒参加职业技能大赛成绩显著,屡次获奖。其中学徒秦浩鹏参加"慧医谷"杯全国大学生中医临床能力大赛,在"中药知识与技能"以满分获得初赛单项第一名,在"门诊常见病证接诊"复赛中以最高分获得全国唯一单项奖。

学校和医院联合探索 1+X 证书教育,共同建立了理论测试、技能测试、临床考核试题库。对考核合格的学徒,除颁发毕业证书外,还颁发"渭南职业技术学院中医现代学徒出师证书"。鼓励学徒考取按摩师证、急救员证等技能证书,帮助学徒就业就职。三年来,举办了 3 期按摩师、急救员培训,所有学徒均获得按摩师证、急救员证,职业技能获得显著提升。

以服务为宗旨,学以致用,通过面向基层开展各种形式的义诊活动,培养学徒执业理念和吃苦耐劳的奉献精神,提升了现代学徒服务社会的能力,在医院组织的各项活动中,学徒的表现受到广泛好评。

(二) 创新点

1. 建立了"临床科室+名医专家工作室"为主导的现代学徒在岗培养机制

在"分段共育"第二、第三阶段,以渭南市中医医院急诊科、内科二病区、内科五病区、针灸科、妇科等 5 个临床科室为依托，以医院 6 个"名医专家工作室"为重点，开展学徒跟师学习，实现门诊、住院部岗位交替轮换，相互衔接培养，为学徒培养营造了良好的实习实践环境，助力学徒在岗学习、在岗成才。名医专家工作室的职责和任务见图 4。

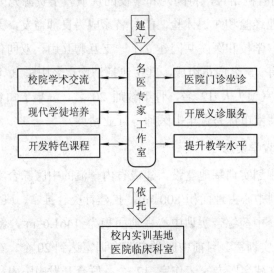

图 4　名医专家工作室职责和任务

学校 6 个名医专家工作室以校内实训基地为依托，由医学院统一管理，设主任和教学秘书各 1 名，每个工作室都配备 1 名导师助手，负责日常协调和管理。名医专家工作室长期向学生学徒开放，学生学徒在校学习期间，能经常参加名医专家工作室举办的学术讲座和义诊交流活动。名医专家工作室成为学生学徒的"第二课堂"，按要求每周活动一次，每月活动 4 次，30 名学徒每 6 人一组，被分为 5 组，分别进入 6 个工作室，在每个工作室跟师学习 3 个月，按预先顺序依次轮换。导师根据各自的专业特长自主选择活动主题，向学生学徒传授中医文化、专业知识、操作技能、疾病诊疗经验，教授学习方法和技巧，答疑解惑，以各种形式带徒帮徒，促进学徒成长，见表 3。

表 3　校内名医专家工作室学生跟师学习轮转一览表

工作室名称	2017 年 9～11 月	2017 年 12 月 2018 年 1 月、3 月	2018 年 4～6 月	2018 年 7 月 9～10 月	2018 年 11～12 月 2019 年 1 月
吕选民工作室	第一组学生		第五组学生	第四组学生	第三组学生
王小民工作室	第二组学生	第一组学生		第五组学生	第四组学生
曹西军工作室	第三组学生	第二组学生	第一组学生		第五组学生
孟陆亮工作室	第四组学生	第三组学生	第二组学生	第一组学生	
徐虎军工作室	第五组学生	第四组学生	第三组学生	第二组学生	第一组学生
张重州工作室		第五组学生	第四组学生	第三组学生	第二组学生

医院 6 个名医专家工作室以临床科室为依托，全部设在门诊部，由医院医教科统一管

理，设教学秘书 1 名，每个工作室亦配备 1 名导师助手，协助工作室领头人在医院门诊坐诊带徒。工作室领头人都是医疗行业内某一领域的专家或名中医，有一定社会影响力和患者群，每周都会在预定的时间坐诊出诊，为学徒跟师学习创造了条件。双导师带徒期间学徒主要在医院进行专业临床课程、岗位技能课程学习，主要采取上午坐诊带教、查房示教、病例讨论，下午课堂集中授课，课外在线自学的方式进行教学。学徒门诊跟师轮转情况见表 4 和图 5。

表 4　医院名医专家工作室学徒门诊跟师学习轮转一览表

工作室名称	2019 年 3～4 月	2019 年 5～6 月	2019 年 7～8 月	2019 年 9～10 月	2019 年 11～12 月
梁保才工作室	第一组学徒		第五组学徒	第四组学徒	第三组学徒
李天佑工作室	第二组学徒	第一组学徒		第五组学徒	第四组学徒
齐绒芳工作室	第三组学徒	第二组学徒	第一组学徒		第五组学徒
王亚新工作室	第四组学徒	第三组学徒	第二组学徒	第一组学徒	
亢丽工作室	第五组学徒	第四组学徒	第三组学徒	第二组学徒	第一组学徒
李清林工作室		第五组学徒	第四组学徒	第三组学徒	第二组学徒

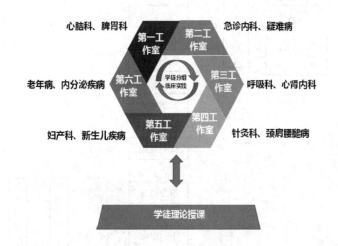

图 5　学徒门诊跟师流程图

学徒第 5、第 6 学期完全进入试点科室诊疗岗位进行实习阶段的在岗培养。采取门诊跟师学习与住院部跟岗实践交叉进行的方法，边干边学、轮转培养。以诊疗岗位(病房)的工作过程为主要学习内容，采取上午查房、带教、示教、操作，在病区主治医师的带领下，完成对住院病人的日常诊治工作；下午病例讨论、集中指导，课外在线自学的方式进行教学，在工作岗位上边干边学、跟岗跟师、轮转培养。每个诊疗岗位跟师学习 1 个月。整个过程体现了工学交替的学徒制教学和培养模式。病房工作过程及岗位跟师学习见表 5

和图6。

表5　医院学徒住院部病房跟师学习轮转一览表

科室名称	2019年 7~8月	2019年 9~10月	2019年 11~12月	2020年 1~2月	2020年 3~4月
急诊科	第一组学徒	第五组学徒	第四组学徒	第三组学徒	第二组学徒
针灸科	第二组学徒	第一组学徒	第五组学徒	第四组学徒	第三组学徒
内科二病区	第三组学徒	第二组学徒	第一组学徒	第五组学徒	第四组学徒
内科五病区	第四组学徒	第三组学徒	第二组学徒	第一组学徒	第五组学徒
妇　科	第五组学徒	第四组学徒	第三组学徒	第二组学徒	第一组学徒

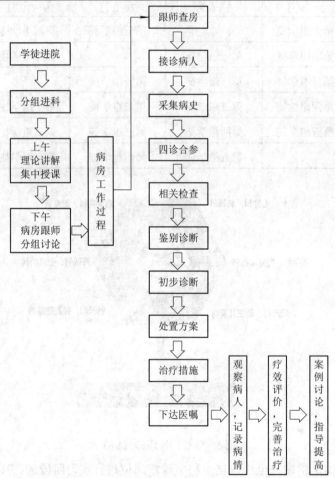

图6　现代学徒制临床科室岗位培养跟师学习流程图

2. 实现了人才培养和岗位需求的无缝对接

学校充分利用医院的优质资源,把学校的课堂延伸到医院,创新"校院合一,医教融合"的中医学专业现代学徒制教学模式,基于基层医疗机构中医人力资源需求,面向临床岗位(群),分析基层中医岗位工作任务及职业能力要求,共同打造双师团队、教学资源、实训基地等优质资源，共建共享共用，凸显集群优势。校院紧贴行业需求、岗位要求，实行工学结合，使学徒在医院临床情境中完成专业课程的学习实践、熟练掌握职业技能的同时，临床思维能力得到全面训练，救死扶伤、人文关怀等职业素养显著提高。

3. 传承和弘扬了中医文化

学校和医院以传承和弘扬中医文化为己任，学校遵循"以文化人、知行合一"的教育理念，通过在医院开展每 2 周一次的"健康大讲堂"与人文素质教育活动，突出中医文化教育，培养中医大学生的审美修养、职业道德与人文精神，弘扬中医文化。逐步形成了"校园文化+医院文化"相互融合的学徒管理机制。

学徒的管理是学徒制实施过程中的一大难题。校园有校园文化，注重素质教育。医院有医院文化，注重爱岗敬业。科室有科室文化，注重团结协作。校院、医院、科室，各自都有不同的规章制度和纪律约束，除制订《现代学徒制学徒管理办法》《现代学徒制科室管理规定》等制度外，根据不同的培养场所，开展学徒试点班主题班会、学习经验交流会、知识竞赛、岗位练兵、义诊活动等特色活动，将规章制度和纪律约束融入到各种文化活动中，促进学徒养成自律敬业、自我管理的习惯，提升学徒职业素质、职业能力。

四、资金预算和执行情况

近年学校先后投入 1448 万元用于中医学专业建设，在此基础上开展中医学专业现代学徒制试点，资金预算 100 万元，实际投入 253.1 万元，其中学校投入 208.1 万元，医院投入 45 万元。上述资金分别应用于校企协同育人机制、招生招徒一体化、人才培养制度和标准、校企互聘共用的师资队伍、现代学徒制管理制度、校内外导师带徒带教等方面建设支出。资金预算与执行情况见表 6。

表 6 中医学专业现代学徒制试点项目资金预算与执行情况表

序号	支出项目	计划投入资金(万元)			实际投入资金(万元)		
		小计	企业投入(万元)	学校投入(万元)	小计	企业投入(万元)	学校投入(万元)
1	校企协同育人机制	4	1	3	16.2	1.2	15
2	招生招徒一体化	36	2	34	30.6	2.1	28.5
3	人才培养制度和标准	10	2	8	57.8	3.2	54.6
4	校企互聘共用的师资队伍	36	2	34	41.4	5.4	36
5	体现现代学徒制特点的管理制度	10	2	8	19.1	2.1	17
6	其他	4	1	3	88	31	57
	合 计	100	10	90	253.1	45	208.1

五、存在的问题

(一) 教学标准和管理制度还需进一步完善

科学合理的教学标准和教学管理制度是现代学徒制试点工作的重要前提和保障。学校针对试点工作任务要求，探索创新与深入改革相结合，建立了相应的教学标准和管理制度，但还未涵盖所有专业相关课程，实行弹性学制或学分制仍需进一步探索，不断完善教学管理与运行机制。

(二) 医疗行业任职门槛高，学徒学历还需进一步提升

随着社会的不断发展进步，医疗行业任职门槛越来越高，学工交替的学徒在职业素养和技能上虽有明显提高，但学历硬杠杆仍是短板，学徒还需不断提高自身学历水平。

(三) 医学专业人才培养周期长，试点期限较短

医学专业人才培养周期长这是不争事实，要培养适应医药卫生事业发展需要的，具有宽厚扎实理论知识基础的，有熟练临床工作能力和较好的临床科研工作能力的，同时具有较强的创新精神和实践能力的高素质专门人才，试点期限相对不足。

六、改进措施及建议

(1) 不断完善与现代学徒制相适应的教学标准和管理制度。

学校将继续坚持标准引领，严格以中医执业助理医师准入标准，不断完善教学标准。同时，重视深化改革，建立健全与现代学徒制相适应的管理和运行机制，双促进，双提高。

(2) 建议允许已取得现代学徒制出师证书的学徒，优先参加"3+2"助理医师规范化培训，或免试升本学习，以此扩大现代学徒制的影响力和吸引力。

(3) 建议适当延长医学类专业试点年限。

七、下一阶段工作计划

(一) 进一步完善现代学徒制管理制度

(1) 健全与现代学徒制相适应的教学管理制度，完善学分制管理办法和弹性学制管理

办法。

(2) 创新考核评价制度，根据教学环节校院分工组织考核评价，将临床科室的岗位考核纳入学徒总评成绩。

(3) 完善定期检查反馈等教学质量监控机制。

(4) 强化信息化平台在质量监控中的基础作用，加强考勤考核管理，加强校、院、徒三方沟通，特别是加强整改平台的应用，完善预警功能，提升现代学徒制试点工作运行管理信息化水平。

(二) 编制推广方案，扎实做好推广工作

进一步加强与省内各大医院的合作，争取与更多医院签订现代学徒制合作培养协议，扩大现代学徒制培养规模和层次。总结经验，编制推广方案，在我校其他专业大力推广现代学徒制人才培养模式，使现代学徒制成为我校人才培养的主要形式。

(三) 加强现代学徒制的理论研究

进一步加强现代学徒制试点工作理论研究，总结现代学徒制试点改革成果，力争培育一批优秀教学成果，形成与区域经济社会发展需求相适应，校企双主体育人成效显著，广受医院和社会欢迎的区域现代学徒制培养模式和体系。

(撰稿：渭南职业技术学院 赵新平、孟陆亮)

西安铁路职业技术学院
现代学徒制试点验收总结报告

西安铁路职业技术学院创建于 1956 年，由隶属于原铁道部的西安铁路运输学校和西安铁路运输职工大学合并组建而成，作为西安市轨道交通职业教育集团的牵头单位，拥有 60 年轨道交通行业办学积淀。2017 年，根据教育部《关于公布第二批现代学徒制试点和第一批试点年度检查结果的通知》(教职成厅函〔2017〕35 号)文件，学院正式立项成为教育部第二批现代学徒制试点单位。

学院充分发挥轨道交通办学优势，以城市轨道交通运营管理专业为基础，与西安地铁运营分公司合作，联合开展现代学徒制试点。试点建设开展两年以来，城市轨道交通运营管理试点专业共招生 3 个学徒制班级，参与学生(学徒)101 人，培养出了一批与企业岗位需求相适应的高水平学生(学徒)，试点开展成效受到政府、社会、职教界、企业的高度关注。

2018 年，学院顺利完成了现代学徒制试点年检，根据专家反馈的《2018 年度检查意见表》提出的 7 点问题，制定了整改方案，从共建人才培养成本分担机制、保障学生(学徒)劳动报酬权益、完善人才培养方案、双导师制度、激励奖惩制度、考核评价制度等方面入手，进一步完善了现代学徒制试点，推动了现代学徒制试点工作取得显著成效。

按照《关于做好 2019 年现代学徒制试点年度检查和验收工作的通知》(教职成司函〔2019〕60 号)等文件精神，学院对照教育部第二批现代学徒制试点申报备案任务书、2018 年度检查意见表，撰写了项目验收总结报告。报告从试点组织与实施情况、项目任务完成情况、工作成效及创新点、资金到位和执行情况、主要问题及改进措施以及下一步工作计划共六个方面进行总结。

一、试点组织与实施情况

2017 年，学院立项为教育部第二批现代学徒制试点单位。两年来，根据批复的任务书，学院领导高度重视，组织实施有序，任务推进顺利，校企双主体共同完成了现代学徒制试点任务，实现了预期的试点目标。

（一）系统谋划试点实施方案，整体布局试点工作

学院结合办学特色与育人实际，认真遴选了轨道交通类专业和企业，确定了校企合作基础较深厚、专业建设成效较显著、人才培养水平较高的城市轨道交通运营管理作为试点专业，以及合作时间较长、发展前景较好、用人需求较大的西安地铁运营分公司作为试点合作企业，从试点目标、试点任务、进度安排、配套政策、保障条件等方面，顶层谋划了现代学徒制试点实施方案，制定了试点任务书，明确了各项任务目标的分工、要求、时间节点等，并通过教育部备案。在实施方案和任务书的牵引下，试点工作明确了开展目标、开展方向，划清了相关利益者的职责权利，做到了政策到位、经费到位、各项配套措施到位，实现了从试点专业到合作企业，从工作任务到阶段性成果，从制度设计到试点实践的整体设计、系统谋划，有力保障了现代学徒制试点的进度与质量。

（二）成立两级试点工作组织机构，层层落实试点任务

学院成立了现代学徒制试点工作领导小组，作为现代学徒制试点开展的顶层机构，由校企共同组成，负责现代学徒制试点工作的顶层规划、统筹协调。现代学徒制试点工作领导小组下设办公室，负责学院层面试点工作的整体推进和日常管理。

城市轨道交通运营管理试点专业成立了试点专业指导委员会，由校企共同组成，具体负责制定人才培养方案、组建双导师教学团队、构建课程体系、开发课程标准、按计划推进现代学徒制试点专业对应工作等方面的任务。

通过组建两级试点工作组织机构，既明确了各自的职责，又分层落实了试点任务，为圆满取得试点成效提供了组织保障。

（三）统筹设计试点制度，全面保障试点质量

按照《教育部关于开展现代学徒制试点工作的意见》(教职成〔2014〕9 号)等文件的基本要求，以推进产教融合、适应需求、提高人才培养质量为目标，坚持校企共同制定、

育人中心、系统化设计、学生(学徒)合法权益优先等原则，学院从管理模式、成本分担、师资队伍、教学环境、考核评价、质量监控等方面，设计并践行了 10 项管理制度，逐步形成了由各方参与、利益兼顾的制度体系。已运行的制度覆盖了人才培养的各个环节，保障了现代学徒制试点的规范性，使校企合作从被动转向主动，合作方式从松散转到紧密，合作发展从解决当前问题转向着眼于未来发展，实现了现代学徒制人才培养内涵的巩固与升华。

(四) 专项配套试点经费，助力项目改革进度

学院为现代学徒制试点设立专项资金，确保试点工作平稳有效推进，保证试点专业有充足的日常教学管理经费，保障试点专业教学改革的进度与成效。

企业明确人才培养主体职责，加大资金投入力度，为现代学徒制企业导师带徒、导师激励、校企教学环境共建、教学科研开展等工作充分支持，保障试点工作有效开展。

同时，学院充分利用省市两级政府支持各高职院校现代学徒制试点的系列政策，积极争取中央、省相关建设项目资金，为现代学徒制试点建设注入活力。

(五) 过程监控试点成效，全程把控建设动态

学院建立了项目院级年度检查制度：试点第一阶段(2017—2018 年)，试点工作各负责部门按照实施方案和任务书认真推进试点工作，于 2018 年 6 月由各部门汇报试点工作推进情况；7、8 月，由省教育厅专家进校进行试点专项检查，按照国、省要求完成试点年检；试点第二阶段(2018—2019 年)，各部门按照实施方案和任务书，对照年检意见表，推进、完善试点工作，2019 年 6 月进行试点工作汇报和任务盘点，为试点迎接省级、国家级验收做好了充分准备。

试点工作开展期间，学院紧密依托校、省、国三级监督机制，确保按期完成年度试点任务。

二、项目任务完成情况

(一) 校企协同育人机制方面

为系统规划学院现代学徒制试点工作，学院周密考虑、详细规划，制定了《西安铁路职业技术学院现代学徒制试点实施方案》和《试点工作任务书》，明确了现代学徒制的推进原则、预期目标及任务分工，为现代学徒制的正式开展夯实基础。在实施方案的基础

上，以"校企共赢、学生(学徒)受益"为宗旨，互利共赢、协同发展为目标扎实推进现代学徒制。

学院与西安地铁运营分公司达成了合作共识，共同起草、签订了《城市轨道交通运营管理专业现代学徒制人才培养协议书》，对校企合作内容、工作职责、双方权利与义务等内容做了明确规定。

城市轨道交通运营管理专业现代学徒制人才培养协议书签订现场见图1。

图1　城市轨道交通运营管理专业现代学徒制人才培养协议书签订现场

学院和西安地铁运营分公司共同成立了现代学徒制试点工作领导小组，全面负责学院现代学徒制试点工作的实施推进。领导小组由学院党委书记施利民、院长田和平和西安地铁运营分公司总经理刘峻峰担任组长，学院副院长安学武、西安地铁运营分公司人力资源部部长尚志坚担任副组长，学院教务处、招生就业办公室、交通运输学院、西安地铁运营分公司职能部门相关负责人组成。领导小组下设办公室，负责日常事务。办公室成员包括学院教务处、招生就业办公室、交通运输学院、西安地铁运营分公司人力资源部相关教师及工作人员等。

在现代学徒制试点工作领导小组的牵头下，学院联合企业召开了现代学徒制试点工作领导小组会议暨校企共同管理体系研讨会，明确了试点工作的工作原则、工作目标和工作方向，明确了校企各相关部门的责任分工，对进一步开展现代学徒制试点工作做了统一部署，同时对加强校企联合、共建现代学徒制校企共同管理体系做了深入探讨和规划，制定了《现代学徒制校企共同管理体系建设方案(试行)》，推动校企建立以试点工作领导小组为核心、以管理制度为依托的共同管理体系，保障现代学徒制试点工作在校企的共同努力和督促下有序开展，见图2。

图2　校企共同召开现代学徒制试点工作领导小组会议暨校企共同管理体系研讨会

　　现代学徒制试点工作领导小组已成为现代学徒制试点工作的长效机制。现代学徒制试点工作领导小组不定期组织相关活动，分别在 2018 年 6 月和 2019 年 6 月召开了现代学徒制试点工作推进会议和现代学徒制试点验收工作校企推进会，对学年内试点工作开展情况、开展成果、存在问题进行进一步梳理总结，并分别针对年度检查、试点验收工作进行部署分工，进一步发挥了试点工作领导小组的核心作用，保障了现代学徒制试点工作的高效开展，见图3。

图3　现代学徒制试点工作领导小组召开现代学徒制试点推进工作会议

　　在现代学徒制试点工作领导小组的带领下，校企进一步加强资源共享，共同推进了信号系统、综合监控系统、AFC 实训设备、FAS 实训设备、屏蔽门系统、综合练兵场等实训条件建设，学院出台了《校外实践教学基地建设与管理办法》，助推实训条件建设实现高水平、规范化。

　　为进一步明确校企在现代学徒制人才培养中的主体地位和责任，校企联合制定了《现代学徒制人才培养成本分担指导意见(试行)》，确定了学校、企业、政府、学生(学徒)作为人才培养成本分担中的四个主体，划分了各主体在现代学徒制人才培养中承担成本的方式和途径，突出了各主体尤其是学校和企业在现代学徒制人才培养中的责任和地位，推动建立了长效、稳定的校企协同育人机制。

（二）招生招工一体化方面

为了有效实现现代学徒制"招生即招工"，在现代学徒制试点工作领导小组的领导和校企共同协作下，出台并逐步完善了《现代学徒制招生招工一体化方案(修订)》，明确了招生招工工作的基本原则、校企双方的职责以及招生招工的具体实施过程等。

根据《校企联合招生招工一体化方案(修订)》的规定，采取"先招生，后招工"的模式，学院组织西安地铁运营分公司在城市轨道交通运营管理专业的大一学生中开展企业面试，按照企业招工计划遴选了 71 名学生(学徒)，组成城市轨道交通运营管理现代学徒制试点班 X1901、X1902 班，并举行了试点班揭牌仪式，见图 4、图 5。

图 4　2019 届现代学徒制试点班面试现场　　　　图 5　2019 届现代学徒制试点班揭牌仪式

仪式现场，校企还组织西安地铁运营分公司 8 位现代学徒制企业师傅代表和城市轨道交通运营管理现代学徒制试点班 71 名学生(学徒)举行了隆重的拜师仪式，见图 6。随后，学院、西安地铁运营分公司与全部 71 名学生(学徒)签订了三方协议，见图 7。

图 6　2019 届现代学徒制试点班拜师现场　　　　图 7　2020 届现代学徒制试点班签约现场

试点过程中，校企始终全力保障学生(学徒)的双重身份。作为学院的在校生，学院为学生(学徒)发放奖学金、购买在校生保险；作为企业的员工，企业为学生(学徒)发放工资、缴纳"五险一金"，校企共同保障学生(学徒)合法权益。

截至目前，城市轨道交通运营管理专业现代学徒制试点班共招生(招工)两届，组班三个，招收、培养学生(学徒)101 人。其中 2019 届试点班学生(学徒)已顺利完成所有校企课程和校企联合考核评价，正式进入企业就业。2020 届试点班学生(学徒)已进入岗位训练课程阶段，2021 届现代学徒制试点班招生(招工)工作也已在有序筹备。

(三) 人才培养制度和标准方面

为进一步推进现代学徒制试点专业建设，学院会同企业成立了城市轨道交通运营管理专业现代学徒制试点专业指导委员会，并召开了专业指导委员会成立大会和城市轨道交通运营管理专业现代学徒制人才培养方案审定会，对专业建设内容作了解析和分工，并针对人才培养方案修订展开了探讨，见图8。

图 8　校企共同召开城市轨道交通运营管理专业现代学徒制人才培养方案审定会

根据会议精神和确定的方向思路，专业建设委员会通过校企共同调研与梳理，制定了《城市轨道交通运营管理专业现代学徒制试点工作实施方案》，并融合职业资格标准以及企业员工培训中与等级认定有关的内容，逐步完善了城市轨道交通运营管理专业现代学徒制人才培养方案，确立了"五双并举，岗位递进"的现代学徒制人才培养模式，并重点紧扣"五双并举"中的"课程双体系"开展课程建设。

针对现阶段人才培养中普遍存在的课程与教学实际脱节等问题，试点专业加强校企融合，教师、师傅携手联动，积极开发符合行业职业标准和企业生产实际的专业课程。

目前，试点专业初步开发了现代学徒制站务员岗位课程、现代学徒制行车值班员岗位课程、现代学徒制客运值班员岗位课程、现代学徒制值班站长岗位课程等四个试点专业岗位企业课程。根据知识体系相互支撑、技能体系相互渗透的原则整合校企课程体系，对原有的课程体系进行修正和论证，确定了现代学徒制专业教学标准，城市轨道交通安全管理、城市轨道交通车站机电设备、城市轨道交通通信信号设备等 32 个课程标准，完善了现代学徒制质量监控标准、企业师傅标准以及站务员、行车值班员、客运值班员、值班站长四个学徒岗位的岗位标准，见图9。

城轨运营专业现代学徒制课程双体系	
职业素质养成课程	**学徒个人职业发展课程**
设备类课程 / 专业技术技能基础课程（工学结合）	岗位技术技能课程（课岗一体） / 站务员课程
行车类课程	行车/值班员课程
客运及服务类课程	客运值班员课程
安全及应急类课程	值班站长课程
专业课程题库	岗位培训题库
城轨运营专业教学资源库/混合式智慧教室	
在线课程、在线直播、远程指导、校企评价	
结对师徒 | 在线师徒 | 学生师徒	

图9 试点专业现代学徒制课程双体系结构图

（四）校企互聘共用的师资队伍方面

为了进一步加强现代学徒制师资队伍建设，学院和西安地铁运营分公司共同制定并逐步完善了《现代学徒制双导师队伍建设方案(修订)》，出台了《西安铁路职业技术学院现代学徒制双导师选拔、考核、奖惩办法(试行)》，明确了双导师的职责、遴选条件、聘任过程、管理流程、培养过程、考核评价等，见图10。

为提升双导师队伍的业务能力和综合素养，学院先后派出 5 批双导师队伍骨干成员参加了在长沙举办的"全国现代学徒制试点工作培训班"、在武汉举办的"全国职业院校现代学徒制与专业及课程建设培训班"、在青岛举办的"职业院校现代学徒制下的工学情境教学与职业能力课程建设

图10 企业导师指导学徒进行岗位训练

高级研修班"、在南宁举办的"全国现代学制工作(第二期)培训班"、在西安举办的"陕西省现代学徒制专题报告会暨试点工作研讨会"，共计参培 17 人次，学习了兄弟院校在现代学徒制试点工作推进过程中的先进校企合作理念和总结经验，用于指导学院现代学徒制试点工作的开展和推进。

为保障双导师的劳动报酬，校企共同承担课酬成本，为学校导师和企业导师按时发放了津贴，保障了双导师的合法利益，调动了双导师的工作热情。

学院修订完善了《教师到行业企业参加实践锻炼管理办法(试行)》《横向课题管理办法》《专业技术职务聘任办法(试行)》等制度，企业出台了《员工培训管理办法》，共建双导师激励机制，促进双导师队伍水平有效提高。

试点专业现有双导师 34 人，其中学校导师 14 人、企业导师 20 人。学校导师均具有本科及以上学历，具备较丰富的专业知识和良好的教学能力，并具有企业实践锻炼的经验；企业导师均具有中级及以上职业技术资格和较丰富的工作经验，具备良好的职业技能水平和职业素养，为企业优秀的技能人才。

(五) 体现现代学徒制特点的管理制度方面

在现代学徒制试点工作领导小组的领导下，结合学院现代学徒制试点工作实际情况，校企共同出台了 10 项管理制度，见表 1。其中包括《现代学徒制双导师选拔、考核、奖惩办法(试行)》《现代学徒制教学管理实施办法(试行)》《现代学徒制学徒管理办法(试行)》《现代学徒制学分绩点管理指导意见(试行)》《现代学徒制学分管理办法(试行)》《现代学徒制学徒考核评价办法(试行)》《现代学徒制人才培养成本分担指导意见(试行)》等 7 项基础性制度，以及《现代学徒制校企共同管理体系建设方案(修订)》《现代学徒制质量评价体系建设方案(试行)》《现代学徒制双导师队伍建设方案(修订)》等 3 项机制体制建设方案。

表 1   学院现代学徒制管理制度一览表

序号	管理制度名称
1	现代学徒制双导师选拔、考核、奖惩办法(试行)
2	现代学徒制教学管理实施办法(试行)
3	现代学徒制学徒管理办法(试行)
4	现代学徒制学分绩点管理指导意见(试行)
5	现代学徒制学分管理办法(试行)
6	现代学徒制学徒考核评价办法(试行)
7	现代学徒制人才培养成本分担指导意见(试行)
8	现代学徒制校企共同管理体系建设方案(修订)
9	现代学徒制质量评价体系建设方案(试行)
10	现代学徒制双导师队伍建设方案(修订)

根据现行制度，校企共同加强现代学徒制培养过程的全过程管理。严格双导师选拔培养，加强教学督导力度；严格学生(学徒)身份管理，建立学生(学徒)身份动态机制；严格学生(学徒)在校、在企期间的班主任跟随机制，有效保障学生(学徒)的个人安全；严格学

生(学徒)考核评价，加强现代学徒制人才培养质量追踪。

此外，学院还购买了现代学徒制管理软件和实践教学管理系统，并在试点专业范围内进行了试用，通过试用过程中的问题反馈进行了进一步完善。现代学徒制管理软件具备部门及用户管理、校区管理、合作企业、学徒合同、招生招工、培养模式、在线考勤、技能认证、就业跟踪、学徒人才测评等模块，较为全面地覆盖了现代学徒制试点工作运行管理与质量监控的全过程，见图 11。实践教学管理系统包括学生实习、实训教学、毕业论文设计、技能竞赛等管理模块，并具备 GPS 定位功能，能够实时、系统地对学生(学徒)在企业开展实践锻炼的过程进行管理与追踪。双平台并行，有效保障了现代学徒制培养工作的稳定开展和学生(学徒)学习情况、成长情况的可靠追踪。

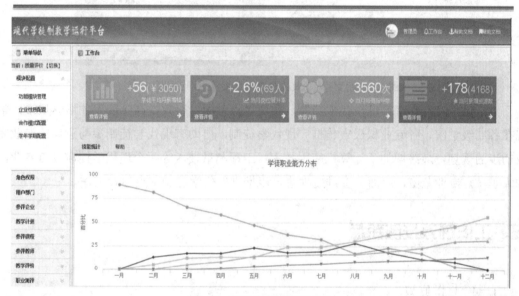

图 11 现代学徒制管理软件

根据 2019 年分别在企业和学生(学徒)间开展的关于现代学徒制管理制度实施情况的问卷调查，现代学徒制管理制度的实施情况和整体管理水平在企业以及学生(学徒)中获得了普遍的认可。

(六) 其他方面

为了推进现代学徒制试点工作实践的进一步发展，学院与企业合作，积极开展现代学徒制校企合作理论研究。

校企共同完成了教学成果"轨道交通类高职院校'工学五融入'校企协同育人体系的研究与实践"，获陕西省教学成果奖一等奖；完成了陕西省高等教育教学改革重点研究项目"基于'现代学徒制'理念的高职院校顶岗实习模式探索与研究"，以优秀结题，并出版相关专著一本；申报了省级课题"城市轨道交通运营管理专业现代学徒制人才培养机制研究"并顺利结题，见图12。

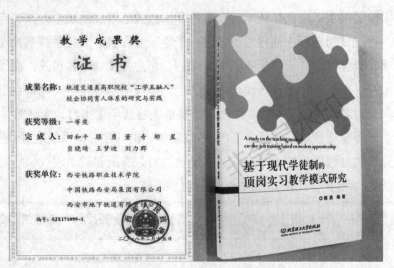

图12 现代学徒制及校企协同育人体系理论研究成果

为了进一步在学院推进现代学徒制，实现以点带面，有效提高学院人才培养质量，学院在各二级学院、各专业积极宣传推广现代学徒制，协助有现代学徒制参与意向的专业完成初步的规划，最终增加了计算机应用技术、工程测量技术等两个现代学徒制试点专业，加大了试点专业范围，全面、多维度地进一步推进现代学徒制试点建设工作。

三、工作成效及创新点

（一）工作成效

1. 加深了校企合作的深度与广度

学校充分利用自身行业优势，整合行业资源，通过现代学徒制试点工作，与西安地铁运营分公司深度合作，以人才培养为纽带，建立了校企联合招生招工、教育教学、师资建设、成本分担等一系列制度，形成了稳定的合作机制，较好地解决了长期以来校企合作"剃头挑子一头热"的瓶颈。

2. 培养了高素质技术技能人才

项目实施以来，试点专业以现代学徒制试点班为龙头，带动专业人才培养工作，为行业企业培养了高素质技术技能人才百余人，涌现出一批岗位能力、职业素养双优的优秀学生(学徒)。

2019 年，学院在企业开展学生(学徒)质量追踪调查，以调查问卷的形式，针对 2019届、2020 届城市轨道交通运营管理现代学徒制试点班学生(学徒)的在企情况，在企业参与现代学徒制培养的各级人员中进行匿名调查。调查共发出问卷 30 份，回收 20 份，有效问卷 20 份。统计结果显示：受调查人员对学生(学徒)的技能水平、文化水平、职业精神、知识结构、现代学徒制学生(学徒)的质量等满意度均为 80%，对学生(学徒)的实操水平的满意度为 75%，对学生(学徒)的学习能力、团队精神、表达能力的满意度为 90%，对学生(学徒)的组织管理能力满意度为 65%，对学生(学徒)的技术创新水平的满意度为 55%，愿意企业继续接收现代学徒制学生(学徒)的为 100%。

【案例一】 王哲犇，来自交通运输学院城市轨道交通运营管理现代学徒制试点班 X1902 班，2018 年 8 月被分配到西安地铁北大街站进行站务员岗位的岗位训练。参加岗位训练伊始，她便对自己提出要求——牢记使命，不忘初心，用心服务，用爱守护。外表温柔、感情细腻的她在地铁服务中，始终用自己的精心和细致，践行着"地铁所至，爱心相随"的服务理念，为每位乘客的安全出行保驾护航。由于出色的表现，她于 2018 年 12 月被西安地铁评为"学徒标兵"，见图 13。

图 13　"学徒标兵"—王哲犇

【案例二】 尹航，来自交通运输学院城市轨道交通运营管理现代学徒制试点班 X1901 班，2018 年 8 月被先后分配到西安地铁北大街站、钟楼站、北客站等车站的站务员岗位进行岗位训练。作为一名中共预备党员，他在岗位训练期间一直以党员的标准严格要求自己，立足本职，爱岗敬业，积极发挥党员的先锋模范作用。他严谨踏实的工作作风和服务态度受到师傅、车站领导和乘客的高度赞扬，也让他的岗位训练生活充满了自信和蓬勃朝气，在自己的岗位上表现出色，见图 14。

图 14　出色的岗位学徒—尹航

3. 提高了专业建设总体水平

通过现代学徒制试点建设，城市轨道交通运营管理试点专业发展形成了基于现代学徒制的高质量发展理念和体系。

通过开展试点，试点专业构建了一个点线面有机结合的递进式推进学生(学徒)学习课程体系，实现了人才培养目标与职业标准、课程体系与岗位技能要求、教学资源与实际工程项目、教学过程与企业工作实践的有效对接。根据企业岗位课程，开发了站务员、值班员、值班站长一日作业虚拟仿真实训系统，充分满足了学生(学徒)学习岗位技能的认知和实践需求。

结合学徒制双课程体系的实践教学需求，试点专业面向企业，建设了调度中心和行车理实一体化实训室，实践项目满足学生(学徒)面对的企业岗位条件。针对西安地铁学生(学徒)分散在各个车站的实际情况，利用网络课堂等技术，建设实现了现代学徒制混合式实训室，方便学校导师和企业导师的双向授课及专业实践技术指导。

同时，试点专业建立了一支专业扎实、实践经验丰富的双导师队伍，学校导师和企业导师在自身已经具备较高的执业技能、良好的道德素养基础上，通过学徒制人才培养试点过程，有效掌握了包括教育目的、师徒关系观及技能学习规律等内容在内的教育学基本知识，把自身所掌握的技能有条理、有逻辑地传授给学生(学徒)，实现了学生(学徒)培养从非结构化发展到结构化发展的转变。

4. 产生了积极广泛的社会影响

学院现代学徒制试点开展效果良好，试点工作成果显著，获得了企业、行业、职业院校和社会各级的一致好评。

在 2019 年所做的现代学徒制管理制度、现代学徒制双导师队伍、现代学徒制学徒质量三批问卷调查中，企业各级、学生(学徒)均对学院现代学徒制试点工作给予了高度认可。

西安日报、西安教育电视台等主流媒体多次对学院人才培养模式改革工作及成效作专题报道。

省内多个高职院校多次与学院交流现代学徒制理论成果和试点成果，对学院现代学徒制工作表示高度认可，学院现代学徒制理论成果先后被陕西国防工业职业技术学院、陕西铁路工程职业技术学院、咸阳职业技术学院、陕西工业职业技术学院采纳并应用。

(二) 创新点

为统一规划，统筹发展，结合城市轨道交通运营管理专业所自有的生产管理性质和现代学徒制试点专业建设需求，试点专业提出了"五双并举，岗位递进"的现代学徒制人才培养模式，融教学为一体，促校企共育人。该模式的具体内涵是：

"五双并举"，即在积极推行现代学徒制"校企双主体、学生双身份、教学双导师、评价双标准"的基础上，加入"课程双体系"建设思路，建立具有现代学徒制特色的课程体系。

"课程双体系"即将企业劳动制度中职业培训体系和学校学历教育制度中教育体系结合起来，形成双体系课程教学，专业教学体系和岗位培训体系内容相互印证，优势互补，工学结合"双向"对接，构建"学历教育—职业培训融合"模块化课程体系。

"岗位递进"，即"岗位化(群)递进式"模式，以职业动态发展为需求，按照适用职业岗位群的职业能力要求开发和整合课程体系及课程内容。"岗位递进"注重岗位能力和专业综合能力的培养，非常适合类似城市轨道交通运营管理专业等管理元素比重较多、晋升体系比较明显的专业，构建类似企业需求的岗位课程体系。目前，专业团队已经结合企业技能认证标准，分析工作任务，依据该岗位所需要的专业和基础能力，开发了站务员(站台岗、站厅岗、票务岗)、值班员(客运值班员、行车值班员)、值班站长等岗位递进课程，制定了相关课程标准，结合现代学徒制试点班制作了系列岗位"一日作业"课程资源。

四、资金到位和执行情况

校企现代学徒制试点资金按照计划全部到位。具体支出情况见表2。

表2　现代学徒制试点支出情况汇总表

序号	支出项目	具体子项目	企业投入资金(万元)	学校投入资金(万元)	投入总资金(万元)
1	校企合作项目开发	现代学徒制课程资源开发	0	60.6	60.6
2	学生(学徒)权益保障	学生(学徒)保险	57.85	8.08	65.93
		学生(学徒)工资	311.06	0	311.06
		学生(学徒)奖学金	0	5.4	5.4
3	师资队伍建设	学校导师津贴	0	50.4	50.4
		企业导师津贴	17.04	24	41.04
		全国现代学徒制试点工作培训班	0	2.38	2.38
		全国职业院校现代学徒制与专业及课程建设培训班	0	1.59	1.59
		广州地铁学院师资培训	0	21.4	21.4
		职业院校现代学徒制下的工学情境教学与职业能力课程建设高级研修班	0	6.4	6.4
		全国现代学制工作(第二期)培训班	0	2.38	2.38
4	教学管理体系建设	管理体系建设调研	0	2.8	2.8
		现代学徒制管理软件	0	34	34
		实践教学管理系统	0	21.85	21.85

续表

序号	支出项目	具体子项目	企业投入资金(万元)	学校投入资金(万元)	投入总资金(万元)
5	实践教学条件建设	现代学徒制混合式教学实训室	0	40	40
		针对学徒制试点企业的调度中心改造与建设	0	80	80
		针对学徒制试点企业的行车理实一体化教室建设	0	149.5	149.5
		地铁信号系统设备	1198	0	1198
		地铁综合监控系统设备	804	0	804
		地铁 AFC 实训设备	448	0	448
		地铁 FAS 实训设备	412	0	412
		地铁屏蔽门系统设备	298	0	298
		地铁综合演兵场设备	589	0	589
总　计			4134.95	510.78	4645.73

五、主要问题及改进措施

(一) 主要问题

1. 社会对于现代学徒制的保障机制尚不完善

现代学徒制人才培养模式在我国还处于试点阶段，国家和部分地方政府的相关保障措施与制度不完善，对学校、企业和学生(学徒)的合法权益保障不到位。

2. 政策上对企业的激励和优惠尚不健全

现代学徒制人才培养模式的有效推进离不开企业的积极参与，现代学徒制成功的关键也主要在于参与企业能否保持很高的参与热情和积极性。现阶段国家及地方政府对于企业参与现代学徒制缺乏一定的激励和优惠政策，一定程度上影响了企业参与的积极性。

(二) 改进措施

1. 需要政府在保障制度层面上的大力支持

我国政府应该借鉴德国、澳大利亚、英国等实施现代学徒制的国家，制定相关方面的规章制度，并且在制定过程中做到权衡各方利益，组成专门的委员会，让参与企业、高职院校、学生(学徒)、行业机构都参与到规章的制定中来。同时，法律法规以及优惠政策应该落到实处，具有可操作性。比如在制定对参与企业的优惠政策时要具体，不能只提到给予税收优惠，要把如何优惠及优惠力度写清楚，便于操作，更对参与企业有激励作用。

2. 政府成立推行现代学徒制的专门机构，加强行业协调

目前，国家还尚未建立起政府层面的校企合作管理机构，无法充分调动参与企业的积极性。国家要建立起相应的校企合作管理机构，专门负责解决现代学徒制人才培养模式推进过程中遇到的各种问题，协调参与企业、学校、学生(学徒)等各方利益关系。

六、下一步工作计划

(一) 进一步推广现代学徒制典型经验

学院将在现代学徒制试点验收的基础上，全面总结试点工作经验，归纳试点工作中的创新点、亮点和有效措施，形成典型案例，在学院网站、各类媒体上积极宣传推广，提高各专业、企业、社会各界对现代学徒制人才培养的认识度和认可度，进一步扩大现代学徒制人才培养范围。

(二) 继续推进现代学徒制工作全面开展

根据《教育部办公厅关于全面推进现代学徒制工作的通知》(教职成厅函〔2019〕12号)文件要求，学院将继续开展现代学徒制工作，不仅全力保障现有城市轨道交通运营管理专业现代学徒制工作的持续开展，也将进一步推进计算机技术、工程测量技术等新增现代学徒制专业的人才培养工作，并将现代学徒制工作在全校范围内全面推广铺开，探索各专业适用的、更加成熟的现代学徒制配套机制，形成具有学院特色的现代学徒制人才培养模式。

(撰稿：西安铁路职业技术学院　滕勇、邹星)

陕西邮电职业技术学院
现代学徒制试点验收总结报告

一、试点概况

依据《教育部办公厅关于公布第二批现代学徒制试点和第一批试点年度检查结果的通知》(教职成厅函〔2017〕35 号)，我院被立项为第二批现代学徒制试点单位。在教育部《关于开展现代学徒制试点工作的意见》(教职成〔2014〕9 号)《关于开展现代学徒制试点工作的通知》(教职成司函〔2015〕2 号)文件的指导下，学院确定了软件技术、物流管理、移动通信技术专业实施现代学徒制人才培养试点。

学院试点专业与企业共同围绕培养高素质技术技能人才目标，立足人才培养全过程，在招生环节，设计实施了校企联合一体化招生招工，实现了学生学徒双身份；在师资方面，积极构建双导师制度，实现校企协同育人；在教学资源方面，校企统筹共建了校内实训中心和企业实习岗位，实施一体化培养；在培养方式方面，校企共同聚焦"素质教育不断线、能力提升不断线"，共同打造拥有"下得去、留得住"的职业精神和"用得上、干得好"的技能水平的优秀学徒。

二、试点目标完成情况

在教育部、省教育厅、上级主管部门的指导和大力支持下，学院对照《现代学徒制试点实施方案及任务书》及《第二批现代学徒制试点单位 2018 年度检查意见表》的目标要求，扎实推进，完成了全部建设任务，并在招生招工一体化、育人机制、运行管理等方面不断进行探索与实践，积极构建"招生招工一体、校企共育、校企共管、校企共建、校企共评"的邮电学徒制。对照任务书建设内容，学院目标任务完成情况见表1。

表 1 现代学徒制试点任务完成情况表

建设内容	预 期 目 标	完成情况
校企协同育人机制	制订《陕西邮电职业技术学院现代学徒制管理办法》《现代学徒制弹性学制学籍管理办法》《现代学徒制师资建设与管理办法》《基于现代学徒制试点人才培养实践基地建设和管理办法》《现代学徒制学业评定改革办法》《现代学徒制教学运行与质量监控评价办法》《校企联合招生管理办法》《校企人员互聘管理办法》《现代学徒制试点专业人才培养方案管理办法》《现代学徒制管理办法》 修订《教师企业实践实施细则》《学生企业实习实施细则》	完成
招生招工一体化	开展"先招生后招工"试点，组建学徒制试点班实施培养，试点班人数达到 150 人	完成
人才培养制度和标准	制订物流管理专业、移动通信技术专业、软件技术专业现代学徒人才培养方案；制订物流管理专业、移动通信技术专业、软件技术专业现代学徒制课程标准	完成
校企互聘共用的师资队伍	建设校企互聘共用的师资队伍，各试点专业按照 1∶5 的师生比例配备企业导师	完成
体现现代学徒制特点的管理制度	基于工作岗位制订以育人为目标的学徒考核评价标准	完成
其他	完善制度建设，将现代学徒制试点成果在相关专业进行推广	完成

三、主要建设成效及创新点

(一) 现代学徒制试点项目的建设成效

校企双方针对人才培养过程中，普遍存在的缺乏长效机制、稳定性不足、可持续发展动力不强的问题，不断完善以"学校主导、校企协同"为特色的现代学徒制人才培养模式。有效解决了在学徒培养过程中，各相关方权益保障难、教学组织水平低、课程体系不完善、企业师傅积极性不高等难题，使得参与专业的人才培养质量显著提升，合作企业的后备人才队伍得以稳定，实现了企业、学校、学生三方共赢。

1. 注重顶层设计，形成双主体育人机制

2015 年 9 月以来，学院先后印发《陕西邮电职业技术学院现代学徒制试点工作实施方案》《陕西邮电职业技术学院现代学徒制双导师队伍建设指导意见》《现代学徒制教学管理办法(试行)》《现代学徒制学徒学生管理办法(试行)》，不断完善顶层设计，推动了试点工作从粗放型实践向集约化创新研究转型；从简单岗位轮训向机制完善、内涵充实转型；从关注顶岗实习向注重培养过程的系统育人转型；从重视岗位适应向岗位胜任转型，促进了教学与实践的深度融合，见表2。

表2　现代学徒制试点制度建设情况一览表

序号	制度名称
1	陕西邮电职业技术学院现代学徒制管理办法
2	现代学徒制教学管理办法
3	现代学徒制学徒学生管理办法
4	现代学徒制人才培养实践基地建设和管理办法
5	现代学徒制学生(学徒)学业考核与成绩评定办法
6	工学交替岗位技能训练和跟岗顶岗实习学业考核办法
7	现代学徒制人才培养质量监控实施方案
8	现代学徒制双导师队伍建设指导意见
9	现代学徒制学分制和弹性学制管理办法
10	校企联合招生招工管理办法
11	陕西邮电职业技术学院教师企业实践实施细则
12	陕西邮电职业技术学院学生实习实施细则

同时，各试点专业也在实践中不断细化完善适合本专业特点的现代学徒制制度，如《现代学徒制教学管理实施办法》《现代学徒制双导师队伍建设指导意见(试行)》《校企联合招生招工管理办法》《现代学徒制试点班级学生赴企业跟岗实习管理办法》《现代学徒制班级教师岗位职责》等制度，见图1。

图1　现代学徒制部分制度

2. 推进了现代学徒制项目招生招工一体化

学徒制试点工作原计划招生招工150人,结果实际招生招工达153人(即2017年招生招工55人,2018年招生招工98人)。圆满完成招工招生指标,见表3。2019年从综合评价阶段全面实施招生招工一体化。同时,我院在招生招工工作中不断总结不断改进,完成了从"先招生再招工"到"招工招生一体化"的转变。

表3 招生招工人数情况表

建设专业	合作企业	拟招生人数	实际招生人数		
			2017年	2018年	合计
物流管理	西安华讯得贸易有限公司 (京东物流西北区域分公司)	50	26	24	50
软件技术	陕西文都智链计算机科技有限公司 武汉厚溥教育科技有限公司	50	15	37	52
移动通信技术	西安云火网络科技有限公司 西安众森通信有限公司 杭州友华设计院	50	14	37	51
总计		150	55	98	153

(1) 积极开展企业调研,开展招工招生工作。学院各试点专业从具有紧密校企合作关系的企业中遴选出一批资质较好、实力较强、适合开展现代学徒制合作的企业,逐一进行走访,宣传介绍现代学徒制政策,征询合作意向,了解企业对学徒制员工的期望和定制需求。并与企业共同探讨现代学徒制校企合作方式的可行性、校企投入资金比及预期可实现的人才培养规格等问题,以学院与企业多年的就业合作积淀为基础,以优质的人才培养质量为核心,赢得了多家企业的积极响应。学院物流管理、软件技术、移动通信技术专业先后与京东物流西北区域分公司、西安云火网络科技有限公司、西安众森通信有限公司、杭州友华设计院、陕西文都智链计算机科技有限公司、武汉厚溥教育科技有限公司达成合作意向,签订现代学徒制校企联合培养、联合招生协议,开展招工招生工作,见图2。

图2 现代学徒制联合培养签约仪式

（2）"先招生、再招工"，探索招生招工工作。结合学院实际情况，经研究决定，首先探索实施"先招生、再招工"，进行首批学徒制招工工作；在积累前期经验的基础上全面推进"招生招工一体化"工作。

根据企业岗位用人需求和学生自愿就业原则，通过企业宣讲学徒制合作政策，明确学徒制学员培养方向和职业发展定位，引导学生报名。各合作企业进行现场面试，考核学生价值观、职业规划、沟通表达力、形象气质等基本素养，同时参照学生岗位理论学习成绩确定学徒制班学员。2017—2018 年现代学徒制试点班共招工 153 名，其中物流管理专业招工 50 名、软件技术专业招工 52 名、移动通信技术专业招工 51 名，任务完成率 102%，见图 3。

图 3　"现代学徒制"招工、组班

（3）全面推进"招生招工一体化"工作。通过全面总结"先招生，再招工"工作经验，我院在陕西省高职院校综合评价招生政策的基础上，把握机会、校企同步，在 2019 年全面开展招生招工一体化工作。

招生招工前，校企双方首先就招生招工计划、培养形式、实施细节、招生招工标准进行了认真的研讨，印制各试点专业"现代学徒制招生简章"，并根据企业岗位能力要求，制定符合专业和企业特点的"招生招工考核细则"。

学院及部分企业组成多个招生宣传小组前往省内各个地区的高中和职中，进行现代学徒制招生宣传，保证了招生宣传工作企业全程参与。学生来校面试期间，各企业主动派出资深专家参与面试，一方面向学生继续宣传"现代学徒制"班的学习形式、就业优势，吸引学生加入"现代学徒制"班；另外一方面通过面试将前期有意向加入学徒制班的学生进一步遴选，将素质高、符合企业预期的学生纳入学徒制班，见图 4。实际实施过程中，考生更为全面地了解了专业内涵和就业导向，明显提升了专业社会影响，同时对企业也收到了良好的宣传效果，实现了现代学徒制校企共赢的局面。

图4　"现代学徒制"招生招工宣传、面试

2019 年现代学徒制"招生招工一体化"试点班拟招工 130 名，其中物流管理专业招工 20 名、软件技术专业招工 80 名、移动通信技术专业招工 30 名。

（4）签订学校、企业、学生三方协议。为保障学生合法权益，试点专业在完成招生招工后，及时签订学校、企业、学生三方协议，明确学徒的双重身份，约定学徒的保险、劳动报酬等各项权益，使学生和家长放心，见图5。

图5　学校、企业、学生签订三方协议

3. 立足岗位，实现校企协同育人

结合典型岗位，完成现代学徒制人才培养方案的制订及课程体系和课程标准的制定。各专业经过多次深度调研和研讨，根据企业生产经营活动规律，从职业岗位需求出发，融合岗位职业资格标准，校企共同构建了在校和在岗学习紧密衔接的课程体系，并根据不同阶段的培养特点和要求，共同制订了现代学徒制人才培养方案。

（1）立足岗位特色，构建校企分段的人才培养方案。为做好现代学徒制人才培养方案制定工作，各试点专业分别成立了专业建设专家咨询委员会，委员会由校企相关人员组成，开展了大量的调研和研讨工作。按照遵循高职人才成长一般规律、适应企业生产经营活动特点、强化企业育人主体、充分利用校企资源优势等原则，校企共同对试点专业的人才培养方案进行了统筹设计，见表 4。按照"素质教育不断线，能力提升不断线"的思路，在校进行文化素质、专业知识培养和基本技能训练，在企业提升岗位技能，全面促进专业能力和职业素养交叉融合，系统构建了试点专业的人才培养方案，见图 6。

表 4　众森通信核心岗位标准分析(对接移动通信技术专业)

岗位	岗位标准			
	准备阶段	阶段 1	阶段 2	阶段 3
移动调测与工程督导	熟悉移动通信技术及移动通信系统的性能和工作原理	具有移动通信设备与系统的运行、检测能力	具有移动通信设备与系统的运行、检测、维护排除故障能力	指导移动通信工程安装施工能力
无线网络优化	熟悉无线技术及移动通信系统的性能和工作原理	具有无线设备的维护及检测	具有无线数据分析能力	初步网络优化能力
室内分布技术勘察与设计	掌握室内分布技术原理	具有勘察设计及制图能力	具有布线设计及规划能力	掌握室内分布技术勘察设计能力

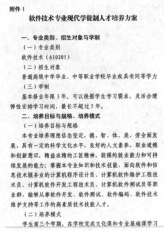
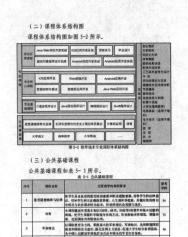

图 6　制定现代学徒制人才培养方案

(2) 对接岗位技能，重构课程体系，引入企业课程。针对学徒典型就业岗位所需岗位技能，在学徒制人才培养方案框架下，校企双方积极重构课程体系，引入企业课程，将企业文化、质量标准、企业管理等渗透到教学过程中。

在课程体系构建时，按照学生职业发展"从简单到复杂、从单一到综合"的特点，校企双方将学习空间细分为"学校、实训基地、企业"三类，学生通过循环交替在不同学习空间学习相应课程，达到对不同岗位工作内容和工作过程的深入学习和实践。

在具体课程规划时，首先认真分析不同岗位需要的核心技能，通过匹配相应的专业基础课和岗位实践课程支撑核心技能，从而实现支撑企业岗位对人才的需求。在学校，学生主要完成必备的文化素质、专业基础和专业理论学习；在实训基地，学生通过真实的生产环境，获得操作技能；在企业，学生通过岗位实践，通过师傅指导，边工作边学习，全面提升岗位技能和职业素养，见表5、表6、表7。

表5 移动通信技术现代学徒制班开设课程与企业课程置换安排

课程	课时	课程内容	企业培训内容	培训安排	指导教师
基站建设与维护	120	LTE 基站安装与维护	移动通信督导与调测： 1. 基站开站调测 2. 基站维护和故障解决	4 周	曹思佳(企业) 张帆(学校)
移动无线网络优化	120	无线网络测试与分析	移动通信网络优化： 1. 无线数据测量 2. 无线数据分析	4 周	赵兴(企业) 惠聪(学校)
综合布线设计	60	线路施工与设计	通信室内分布系统勘察与设计： 1. 室内线路布放设计 2. 勘察设计工程	2 周	王技东(企业) 崔孝科(学校)

表6 软件技术专业现代学徒制班开设课程与企业课程置换安排

课程	课时	课程内容	企业培训内容	培训安排	指导教师
Web 前端开发	60	索引、函数、触发器、师徒、存储过程等	MYSQL 数据库	2 周	张敏(企业) 袁少兵(学校)
Web 前端开发	60	Xml 解析、dom 解析	XML/DOM	2 周	张敏(企业) 袁少兵(学校)
Java Web 应用开发	120	JSP 对象应用	JSP 对象	4 周	张敏(企业) 梁静(学校)
Java Web 应用开发	60	移动终端开发	安卓开发	2 周	张敏(企业) 袁少兵(学校)
Web 应用综合项目开发实战	120	管理系统	项目开发	4 周	张敏(企业) 梁静(学校)

表7 物流管理专业现代学徒制开设课程与企业课程置换安排

课程	课时	课程内容	企业培训内容	培训安排	指导教师
邮政速递服务管理	40	快递网络建设 快递业务推广 快递客户服务 快递转运中心	京东派业务处理 京东快递业务 京东配送中心运营	2 周	杨振林(企业) 屈波(学校)
物流金融	40	物流金融业务形式 物流金融营销 物流金融模式	京东数科业务	2 周	白光泽(企业) 张芬(学校)
货物学	40	品类管理 条码技术 货物存储技术	京东仓产品品类、存储、上架、理货、盘点、包装管理	2 周	张存、任阳(企业) 王欣(学校)

依据工作内容，联合开发教学资源。根据校企合作制定的人才培养方案及开发的学徒制课程需要，发挥各自优势建设教学资源。学校选聘优秀师资承担学徒制班教学，发挥双方优势，开发数字化教学资源和现代学徒制教材，为学生夯实专业基础保驾护航，见图7。选聘企业骨干教师到学校兼职授课，满足岗位技能培养需求。共同编写学徒制教材 5本，引入企业现代学徒制教学平台 1 个(物流管理专业)，开发现代学徒制在线开放课程一门(移动通信技术专业)，见图8。

图 7　校企共同开发现代学徒制教材

图 8　校企导师共同完成教学任务

(3) 协同育人，培养"掌握专业技能，具有职业精神"的学徒。学习企业岗位技能，培养职业精神。根据校企合作协议和人才培养方案，学徒制试点班学员进入企业进行学习，企业1:5配备实训指导师傅，见图9。企业参与教学过程设计，在教学内容的开发与编排上以职业领域分析为基础，紧扣学生就业岗位和职业成长规律，以完成典型岗位工作任务所需要的职业能力、知识、素质为依据，帮助学生获得最受企业关注的工作过程知识和基本工作经验。着力培养符合企业文化标准，具有"爱岗敬业""吃苦耐劳"精神的合格学徒，见图10。

图9 学徒拜师仪式

图10 企业讲师在企业开展教学

学生(学徒)双向管理。部分试点企业管理者常年住校参与试点专业教学与管理。学校专设企业管理办公室，企业派驻专职辅导员，管理试点班日常事务，协调教学资源，校企联手策划丰富多彩的特色活动，落实全方位的学徒制人才培养，见表8、表9、表10。

表8 物流管理专业现代学徒制合作企业策划活动表

活动名称	内 容	备注
京东企业宣讲	企业进校园召开宣讲会，PPT 宣讲	2018 年 5 月
代属业务推广	京东人员进校园推广新业务	2018 年 11 月
京东俱乐部	通过学生社团推广京东业务，赞助校园活动，高校社团学生交流、优秀学生参观总部	2018 年 12 月
京东无人机展示	陕邮技能节展示京东无人机	2018 年 12 月
京东商业挑战赛	京东线下宣讲线上平台开放 学生注册实战	2019 年 4 月

表9 移动通信技术专业现代学徒制合作企业策划活动表

活动名称	内　容	备注
云火网络科技有限公司企业招生宣讲	宣讲企业文化、5G 的发展进程	2018 年 12 月
众森通信网络有限公司企业宣讲	宣讲岗位工种类别，测试工具的使用	2019 年 3 月
企业专家(严志海)进校园新业务宣讲	宣讲移动专业岗位技能要求及工匠精神	2019 年 6 月

表10 "厚薄班"企业派驻学校专职辅导员名单

序号	姓名	性别	职称	管理班级
1	刘强美	女	工程师	软件 1833
2	马东旭	男	工程师	软件 1834
3	范雪	女	工程师	软件 1835

4. 校企共建实训基地

为促进实践教学和技能培养，校企双方共建生产型实训基地，将实训基地作为学生学习的重要空间。目前共建成实训基地 5 个，物流管理专业建成京东前置实训室、京东派运营基地、智慧快递实训室，移动通信技术专业建成 4G 全网建设实训室，软件技术专业建成 IOS 实训基地 1 个。

物流管理专业与京东联合建成企业前置实训室的面积为 100 平方米，依据京东仓储业务流程设计，可实现 30 人同时进行基本拣货、打包、复核，完成一体化等岗位前置培训，见表 11。目前已完成岗前前置培训三期逾 200 人次，完成企业课程讲座 4 次，完成陕西省智慧物流作业方案设计与实施大赛赛前培训等工作。实训室建设包含快递模拟软件、快递平台及操作设备、快递运营中心。其中无人机项目将在校内完成对无人机投递基础理论培训、校外培训和认证培训，将与京东西北飞服中心合作开展。为加强学徒制学生在校实践环节，实现校企融合，京东公司在学院设立京东校园派。2019 年初京东派正式运营，学院选派学徒制班优秀学生参与京东派运营，试营业期月收入上千元。

表11 物流管理专业校企共建实训室一览表

实训室名称	功能	面积(m²)	建设方式
京东前置实训室	企业文化展示 京东学徒班课堂 京东岗位培训 技能大赛赛前辅导	100	学校提供场地 企业提供设备、建设方案、软件
京东派	快递业务受理 智慧快递末端业务 快递业务教学	30	学校提供场地 企业提供设备、建设方案、软件
快递实训中心	快递业务处理 无人机 冷链课程体系	50	学校建设 与企业合作开发无人机课程

5. 企业精神进校园

将企业文化活动纳入培养方案，按照方案开展企业文化讲堂、企业经理人讲座等系列活动，使学生感受了企业人文关怀，融入了企业文化，增强了学生的企业归属感，见图11。

图 11　企业文化讲座和特色活动

6. 打造双导师教学团队，形成师傅管理激励机制

学徒制试点以来，学院以工学结合理念为指导，推行双导师制，形成双导师教学团队。打破原有教学模式，实施学校与企业管理人员双向挂职锻炼，提高专业教师的实践能力和教学水平，推动专业教师与企业共同开展技术研发，及时完善和更新相关理论知识。

(1) 企业导师的选聘。学院与合作企业制订《陕西邮电职业技术学院现代学徒制双导师队伍建设指导意见》，明确双导师的职责与待遇，建立带徒津贴标准，从合作企业中选拔优秀高技能人才担任师傅，明确企业师傅的聘任条件、工作职责、待遇、聘用与考核，建立企业兼职教师资源库，同时建立实习师傅人才库，保障实习现代学徒制教学工作质量，见图12。

陕西邮电职业技术学院学徒制"友华班"
导师工资一览表

姓名	校内（外）	工资/月	备注
张帆	校内	1000	
崔孝科	校内	1000	
胡斌	校外	1000	
边宝平	校外	1000	

陕西邮电职业技术学院学徒制"众森班"
导师工资一览表

姓名	校内（外）	工资/月	备注
王欢	校内	1000	
孙婷	校内	1000	
惠聪	校内	1000	
朱军红	校外	1000	
严嘉	校外	1000	

图 12　学院为企业人员颁发聘书及发放补贴

（2）校内导师企业挂职锻炼。学院各试点专业均选派多名骨干教师到企业提升技能，进行现场实训，并以"指导师傅"的身份现场教学并协助学徒管理，见图 13。

图 13　学院教师参加企业培训

（二）现代学徒制试点的创新点

1. 形成了现代学徒制运行的长效机制

校企共同成立现代学徒制领导小组，进行顶层设计、统筹规划，构建"人才共育、过程共管、资源共享、权责共担"的管理运行机制。各专业与合作企业共同组建育人团队，负责现代学徒制实施过程管理，有效保障了人才培养质量。

学院与企业联合制定了《陕西邮电职业技术学院现代学徒制管理办法》《现代学徒制教学管理办法》《现代学徒制学徒学生管理办法》《现代学徒制人才培养实践基地建设和管理办法》《现代学徒制人才培养质量监控实施方案》《现代学徒制双导师队伍建设指导意见》《现代学徒制学分制和弹性学制管理办法》《校企联合招生招工管理办法》等制度，保障了学徒培养过重的有序推进和科学管理，充分调动了学校、企业、教师、师傅、学生积极参与的主动性。同时，构建了多方参与的教学质量评价体系，形成了学生自我评价、学校评价、企业评价的多方面综合评价，科学评估学徒培养效果。

建立了校企共担的人才培养经费保障机制，学校主要承担现代学徒制试点工作中的招生招工宣传、制度体系建设、实训基地建设、人才培养模式改革、课程体系建设、师资队伍建设等；企业主要承担学徒工资、师傅补贴、学徒食宿等有力地保障了试点工作地长效运行。

2. 建立了双主体协同育人机制

试点专业与合作企业依据《现代学徒制试点实施方案及任务书》，联合企业确定典型工作岗位，开展现代学徒制试点工作。试点过程中，明确校企双方职责、分工，推进校企紧密合作、协同育人。学校教师与企业有关人员共同设计试点专业人才培养方案，共同开发岗位职业标准 14 个，共同制订专业教学标准 3 个、课程标准 15 门、企业师傅标准 5 个、质量监控标准 3 个，见表 12。在校企双方的共同努力下，目前已开发多个基于工作内容的专业课程及相关的教材、鉴定标准、题库，使工作内容、职业资格标准融入专业教学内容和教材，将企业标准与教学要求紧密结合，促进学生职业能力的提升。

表 12　校企共同制定标准一览表

专业名称	岗位职业标准	专业教学标准	课程标准	企业师傅标准	质量监控标准
物流管理	7	1	5	2	1
软件技术	5	1	7	1	1
移动通信技术	2	1	3	2	1

3. 建立了"招生招工一体化"运行模式

招生前，校企双方首先就招生方式、招生计划、培养形式、实施细节、招生招工标准进行了认真的研讨，签订了《联合培养协议》，校企双方根据岗位能力要求，针对学生/学徒在沟通能力、专业感知、职业意愿等方面定制了《学生/学徒面试考评标准》等。学生报到后，校企双方共同组织宣讲会，企业人力资源部进行招工宣讲，共同招收现代学徒制学员，初步实现了招生招工一体化，形成并完善了招生招工管理制度。形成了学院前期宣传，后期企业赴学院进行现代学徒制招生招工宣讲，校企共同组织面试、笔试，考核选拔组建了现代学徒制班的招生招工一体化运行模式。

4. 双师合作，校企育人师资优良

以工学结合理念为指导，推行教学双导师制。在现代学徒制探索中，校企共同建立人才资源库，针对不同岗位、不同专业需求，分别建立了一支高质量、高水平的"师傅团队"和"教师团队"，共同进行有效管理。另外，企业主动配合，满足学校有计划派出教师参与企业实践，提升师资队伍建设水平，保障试点有效推进。各专业在《陕西邮电职业技术学院现代学徒制双导师队伍建设指导意见》的指导下，制定符合专业和企业特色的企业导师管理办法，明确企业导师聘任条件、工作职责、待遇、聘用与考核，选聘在企业一线岗位工作的工程师、技术骨干和技术能手等担任企业导师；从专业教学队伍中，选取专业理论扎实、责任心强、具备双师素质的专业骨干教师，担任学徒校内导师，每人负责指导 3～5 名学生。由企业导师和校内导师共同建成现代学徒班专业教学团队，持续推进选聘技术能手到学校兼职和骨干教师到企业培训，不断提升教学团队教学能力和专业技能。

5. 校企七共同，融合育人才

在现代学徒制试点过程中，各专业始终坚持"七个共同"，即：共同制定人才培养方案，共同开发课程，共同编写教材，共同建设实训基地，共同培养师资，共同实施教学，共同进行学生评价。"七个共同"保证了校企双方在教学、科研、技术服务等方面进行有效合作，实现深度融合，建立职业教育人才培养新模式，提升人才培养质量。截至目前，共同编写教材 5 本，新建实训室 5 个。企业捐赠实验实训设备资产 30 余万元。

四、资金到位及使用情况

1. 学院资金到位情况

学院原计划建设总投入经费 150 万元，支持物流管理、软件技术、移动通信技术专业的招生、校企协同培养、专兼职师资队伍、实训基地、教学运行与管理等方面的现代学徒制试点工作，截至目前实际资金投入 196.4 万元，完成预算总数的 130.9%，见表 13。

表 13　学院资金到位情况表

建设专业	校方计划投入资金(万元)	校方实际已投入资金(万元)	完成总预算比率
物流管理	50	61	122%
移动通信技术	50	51.4	102.8%
软件技术	50	84	168%
总计	150	196.4	130.9%

2. 企业资金到位情况

企业方面原计划资助经费 150 万，支持现代学徒制试点班。合作企业通过捐助实训设备，承担现代学徒企业培训费用、学徒工资、商业保险及相关管理费用等方式，实际投入资金 259.16 万元，达预算总数的 172.8%，见表 14。

表 14　企业资金到位情况表

建设专业	企业计划投入资金(万元)	企业实际已投入资金(万元)	完成总预算比率
物流管理	50	96	192%
移动通信技术	50	53.9	107.8%
软件技术	50	109.26	218%
总计	150	259.16	172.8%

3. 各项建设任务资金使用情况

试点任务实施以来各项建设任务资金使用总数达 455.56 万元，经费在招生招工一体化、校企协同培养、专兼师资队伍建设、实训基地、教学运行与管理等五方面的使用情况见表 15。

表 15　现代学徒制试点项目——资金使用情况表

建设任务	支出项目	经费来源(学校)	经费来源(企业)	合计(万元)
招生招工一体化	招生宣传	20	10	30
校企协同培养	学徒工资	0	140.8	140.8
	学徒保险	2.6	3.86	6.46
	课程开发	13.1	1	14.1
	标准制定	3.1	0.1	3.2
	企业技术服务	3	9.8	12.8
	其他活动	1.2	0.6	1.8
专兼师资队伍建设	学校教师费用	12	0	12
	企业兼职师傅费用	0	8	8
实训基地	实训基地建设	125	85	210
教学运行与管理	教学管理	15.8	0	15.8
	其他	0.6	0	0
合　计		196.4	259.16	455.56

五、存在主要问题及改进措施

（一）社会对现代学徒制认识深度不够，部分学生不愿提前锁定就业岗位

部分家长对于现代学徒制缺乏认识和理解，希望子女毕业时具备更多选择机会。因此，在试点组班的过程中，同学们对试点工作认识还存在思想顾虑，认为现代学徒制班级限制了将来毕业找工作的灵活性。

需要进一步通过校企合作，强化对学生和学生家长的沟通、宣传，加强正面引导，扩大影响，营造氛围，提高社会对现代学徒制的认识，消除学生和家长的疑虑。

（二）成本增加，投入较大

现代学徒制"工学交替"的教学模式，增加了学校教学投入成本和管理成本，也增大了学生安全风险和企业的用工成本及风险，从而导致校外学徒的实习组织难度增加、风险成本加重。

希望能够完善配套政策，落实配套资金，对实施现代学徒制的学校加大专项经费投入，对参与现代学徒制的企业进行税收减免等政策，落实企业成本补偿，调动企业支持、参与现代学徒制人才培养工作的积极性，增强校企合作的力度、广度和深度。

六、下一步工作计划

(1) 在目前试点实践的基础上，下一步在学校范围内开展通信技术、数字媒体应用技术等专业的学徒制培养工作，扩大现代学徒制试点范围，发挥企业在现代学徒制试点中的主体地位，扩大现代学徒制学生的培养规模，提高人才培养质量。

(2) 总结凝练经验成效，固化已经形成的良好工作机制，向兄弟院校宣传推广。

(3) 依托现有的 3+2 中高职衔接模式，积极探索中高职一体化现代学徒制。

（撰稿：陕西邮电职业技术学院　惠亚爱、张浩、刘恒祥）

西安职业技术学院
现代学徒制试点验收总结报告

现代学徒制试点工作是全面贯彻党的教育方针，落实立德树人根本任务，深化产教融合、校企合作，健全德技并修、工学结合的重要育人举措。依据《教育部办公厅关于做好2017年度现代学徒制试点工作的通知》(教职成厅函〔2017〕17号)，西安职业技术学院动漫制作技术专业被立项为第二批现代学徒制试点项目，2017年9月起按教育部相关文件，学校全面组织实施了现代学徒制人才培养试点工作。根据教育部《关于做好2019年现代学徒制试点年度检查和验收工作的通知》(教职成司函〔2019〕60号)要求，我校认真对照任务书对试点工作进行全面自查，形成验收总结报告，现就目标和任务完成情况、工作成效及创新点、资金到位和执行情况、存在问题、改进措施及建议以及下一阶段工作计划等报告如下。

一、项目基本情况

批准文号：教职成厅函〔2017〕35号

建设时间：2017年9月—2019年8月

试点专业：动漫制作技术专业(普通专科、学制三年)

建设目标：坚持育人为本、德育为先，创新我院招生制度、教育教学管理制度和人才培养模式；形成校企分工合作、协同育人、共同发展的长效机制；学校教育资源与企业培训资源对接、学校教育项目与企业生产项目融合、学校教师与企业师傅深度融合；围绕满足企业需求的技术技能人才培养，深化产教融合的专业建设模式、工学结合人才培养模式、教学做一体化教学模式改革，探索职业教育现代学徒制。

合作企业：西安新昆信息科技有限公司

二、目标和任务完成情况

自 2017 年 8 月立项建设以来，学校严格依据《现代学徒制试点实施方案及任务书》，积极联合西安新昆信息科技有限公司(以下简称新昆公司)、西安爱克斯未来文化科技有限公司、西安索尔软件科技有限公司等企业深入开展现代学徒制试点及推广工作。其中重点合作企业新昆公司，是首批国家认定集文化创意与科技创新相结合的动漫企业。校企双方从构建校企协同育人机制、积极推进招生与招工一体化、深化工学结合人才培养模式改革、加强专兼结合师资队伍建设、形成与现代学徒制相适应的教学管理与运行机制以及开展特色任务及成果推广等方面进行统筹规划，积极推进全面实施。2017—2018、2018—2019 两个年度任务全部完成；学校对中期检查中专家提出的 7 项意见建议进行了改进完善，完成 100%。

(一) 构建校企协同育人机制

目标：

(1) 与合作企业签订《联合进行现代学徒制试点协议书》。

(2) 校企共建人才培养成本分担机制。

(3) 校企双方实习实训场所和实习岗位共享共同建设情况。

任务完成度：100%

具体做法：

(1) 学校成立了现代学徒制专项工作领导小组。由院长任组长，主管教学、校企合作的副院长和动漫软件与教育学院负责人任副组长，成员包括教务处、人事处、招生就业处等部门负责人，全面指导协调现代学徒制试点的各项工作。

(2) 我校"引企驻校"，企业在校内为学生(学徒)提供真实性生产岗位。新昆公司将设计部、产品研发部、项目制作部等核心生产部门建在我校，与我校深度融合为一个校企共同体，双方签订了《联合进行现代学徒制试点协议书》，协议明确校企双方职责、分工，明确校企联合招生、分段育人、多方参与评价的双主体育人。

(3) 完善人才培养成本分担机制。我校 2010 年 5 月起与新昆公司专业共建，2017 年又同西安新昆信息科技有限公司签订了《联合进行现代学徒制试点协议书》，见图 1，明确了学费校企 8∶2 分成比例。协议规定了动漫制作技术专业学生在学徒期间参与完成企业项目制作，企业根据《西安新昆信息科技有限公司现代学徒制学生(学徒)薪资制度方案》为学生发放津贴。校企双方根据《西安职业技术学院(现代学徒制试点)企业导师津贴标准与发放办法》《西安新昆现代学徒制班导师考核及津贴发放制度》等制度为企业导师发放奖励性津贴。新昆公司也投入资金共建动画工场，在学生(学徒)培养过程中安排了 15 名企业工程师担任师博，带领学生(学徒)完成了唐昭陵、陕西历史博物馆、延安红色旅游等商业项目任务。

图 1 联合进行现代学徒制试点协议书

(4) 充分利用我校为西安动漫职教集团理事长单位的优势，校企双方签订《校企共建动画工场协议书》，创建兼具专业人才培养、师资培训、产品技术研发和就业创业孵化等功能为一体的校企合作立体平台——"动画工场"，新昆公司按照企业环境进行对教室及办公场所进行改造，在校内建设设计部、制作部，并投资购买相关专业软件，真正实现以共同利益为纽带的引企驻校，达到实习实训场所共建共享。

（二）积极推进招生与招工一体化

目标：

(1) 签订学校、企业、学生三方协议。

(2) 学徒的企业员工和职业院校学生双重身份。

(3) 学徒知情权、保险、劳动报酬等保障权益。

(4) 校企双主体责任及分工。

(5) 招生招工一体化方案制定情况。

任务完成度：100%

具体做法：

(1) 针对学校、企业、学生三方协议，学生(学徒)双重身份，保障学徒权益三个方面目标。我校按照双向选择原则，在动漫制作技术专业 2017 级自愿报名参加学徒班学生中，由校企根据学生(学徒)选拔标准选拔出 20 名优秀学生组建现代学徒制试点班。于 2017 年 12 月 20 日举行了拜师仪式，见图 2，同时签订了学校、企业、学生(学徒)三方协议，明确学生(学徒)的双重身份。为保障学生(学徒)的知情权、保险、劳动报酬等各项权益，制定《西安新昆信息科技有限公司现代学徒制学生(学徒)薪资制度方案》《西安新昆信息科技有限公司学生(学徒)工作考勤及劳动纪律管理规定》等制度，使学生(学徒)和家长放心。并在 2018 级动漫制作技术专业选拔学生 20 人，进行现代学徒制试点班精准培养。

图 2　现代学徒制班拜师仪式

(2) 针对校企双主体责任及分工、招生招工一体化方案制定两方面目标。校企共同研制并实施《西安职业技术学院(现代学徒制试点)现代学徒制招生招工方案》，建立了规范的院校招生录取和企业用工程序，做到"五明确"，即明确双方职责和分工的基础上确定双方权益、保证学徒在岗的权益；明确校企共同研制、实施招生招工方案；明确规范职业院校招生录取和企业用工程序；明确学徒的企业员工和职业院校学生双重身份；明确学徒保险和待遇落实情况。

(三) 深化工学结合人才培养模式改革

目标：

(1) 校企共同设计人才培养方案。

(2) 校企共同制定专业教学标准、课程标准、岗位标准、企业师博标准、质量监控标准及相应实施方案。

(3) 基于工作内容的专业课程标准和基于典型工作任务的专业课程体系。

(4) 融入国家职业资格标准的专业教学内容开发情况。

(5) 融入国家职业资格标准的教材编写情况。

任务完成度：100%

具体做法：

(1) 校企共同确定人才培养方案。学校与新昆公司联合进行动漫制作技术专业调研论证，定位动漫制作技术专业人才培养目标，确定了平面设计师岗、UI 设计师岗、动画设计师岗、后期栏包岗。2017 年 9 月，学校教务处研究通过了《2017 年现代学徒制专业人才培养方案(动漫制作技术)》，2019 年 7 月，学校召开党委会审议通过了《2019 年现代学徒制专业人才培养方案(动漫制作技术)》，见图 3，并以党委文件下发。

（此页无正文）

中共西安职业技术学院委员会
2019 年 7 月 10 日

中共西安职业技术学院委员会文件

西职院党发〔2019〕40 号

中共西安职业技术学院委员会
关于印发《2019 年现代学徒制专业人才培养
方案（动漫制作技术）》的通知

各二级学院、各处室：

为贯彻落实《教育部关于职业院校专业人才培养方案制订与实施工作的指导意见》（教职成厅函〔2019〕13 号）的文件精神，进一步推进学院现代学徒制工作，经学院党委会研究通过，现将《2019 年现代学徒制专业人才培养方案（动漫制作技术）》印发给你们，请遵照执行。

附件：2019 年现代学徒制专业人才培养方案（动漫制作技术）

-2-

-1-

图 3 西职院党发〔2019〕40 号文件

(2) 针对校企共同制定专业教学标准、课程标准、岗位标准、企业师博标准、质量监控标准及相应实施方案，基于工作内容的专业课程标准和基于典型工作任务的专业课程体系两方面目标。校企共同制定了《西安职业技术学院(现代学徒制试点)人才培养方案制定指导意见》《西安职业技术学院(现代学徒制试点)人才培养质量监控实施方案》等文件。职教专家、企业与学校、教师与师傅共同参与下，按照"企业用人需求与岗位资格标准"来设置课程，确定教学标准、课程标准、岗位标准、企业师傅标准、质量监控标准及相应实施方案，建成"公共课程＋核心课程＋教学项目"为主要特征的适合学徒制的专业课程体系。

(3) 针对融入国家职业资格标准的专业教学内容开发、教材开发这两个目标，校企共建 10 门在线课程，并开发《交互设计模块》《影视后期模块》2 本现代学徒制校本教材，见图 4。校企共建 3DS MAX、POP 海报设计、交互设计、动画分镜头设计、二维动画模块、影视后期模块、动画运动规律、三维动画设计与制作、广告设计、就业能力专项实训等在线课程。

图 4　现代学徒制校本教材

(四) 加强专兼结合师资队伍建设

目标：

(1) 双导师的选拔、培养和激励制度。

(2) 双导师的职责和待遇、合作企业选拔优秀高技能人才担任师傅，享受相应的带徒津贴情况。

(3) 校企双方共同制定双向挂职锻炼、横向联合技术开发、专业建设的激励制度和奖罚制度。

(4) 校企双方将导师带徒工作纳入考核和晋升情况。

任务完成度：100%

具体做法：

(1) 我校制定《西安职业技术学院(现代学徒制试点)双导师管理与考核办法》《西安职业技术学院(现代学徒制试点)企业导师津贴标准与发放办法》，明确了双导师的选拔、培养和激励制度。

(2) 针对双导师的职责和待遇、合作企业选拔优秀高技能人才担任师傅，享受相应的带徒津贴，校企双方共同制定双向挂职锻炼、横向联合技术开发、专业建设的激励制度和奖罚制度这两方面目标。我校制定了《西安职业技术学院(现代学徒制试点)校企人员互聘管理办法》《西安职业技术学院(现代学徒制试点)教师企业实践锻炼管理办法》，与企业导师签订《企业导师聘任合同》，为企业导师发放聘书，新昆公司为校内导师发放聘书。实现了校企双导师双向挂职锻炼，横向联合技术开发、专业建设的激励制度和奖罚制度。

(3) 为调动双导师参与现代学徒制的相关工作的积极性，我校和新昆公司针对双导师的职责和待遇制定了《西安职业技术学院(现代学徒制试点)双导师管理与考核办法》《西安职业技术学院(现代学徒制试点)企业导师津贴标准与方法办法》《西安新昆现代学徒制班导师考核及津贴发放制度》，使企业优秀高技能人才通过担任师傅，师傅承担的教学任务纳入考核，并享受相应的带徒津贴，我校将指导教师的企业实践和技术服务纳入教师考核并作为晋升专业技术职务的重要依据。

(五) 形成与现代学徒制相适应的教学管理与运行机制

目标：

(1) 教学管理制度情况。

(2) 学分制制定情况。

(3) 多方参与的考核评价制度制订情况。

(4) 质量监控制度的制定情况。

任务完成度：100%

具体做法：

(1) 我校将现代学徒制试点工作纳入学院党委及有关部门领导工作目标管理，作为绩效考核重要内容。校企联合实施学生学徒双向育人教学管理，制定了一整套教学质量管理制度和各教学环节的质量标准(规范)，明确现代学徒制学分制管理办法、实习管理办法。学校印发了现代学徒制试点项目有关制度，合计 12 项，并制成《现代学徒制制度汇编》，见表 1、图 5。

表 1 西安职业技术学院现代学徒制制度列表

序号	名　　称	发文单位
1	西安职业技术学院(现代学徒制试点)招生与招工方案	西安职业技术学院
2	西安职业技术学院(现代学徒制试点)学生(学徒)管理办法(试行)	西安职业技术学院
3	西安职业技术学院(现代学徒制试点)学分制和弹性学制管理办法	西安职业技术学院
4	西安职业技术学院(现代学徒制试点)学分认定和互换管理办法	西安职业技术学院
5	西安职业技术学院(现代学徒制试点)学生(学徒)学业考核与成绩评定办法	西安职业技术学院
6	西安职业技术学院(现代学徒制试点)人才培养方案制定指导意见	西安职业技术学院
7	西安职业技术学院(现代学徒制试点)人才培养质量监控实施方案	西安职业技术学院
8	西安职业技术学院(现代学徒制试点)"双导师"管理与考核办法	西安职业技术学院

续表

序号	名　　称	发文单位
9	西安职业技术学院(现代学徒制试点)企业师傅津贴标准与发放办法	西安职业技术学院
10	西安职业技术学院(现代学徒制试点)校企人员互聘管理办法	西安职业技术学院
11	西安职业技术学院(现代学徒制试点)教师企业实践锻炼管理办法	西安职业技术学院
12	西安职业技术学院现代学徒制专业遴选办法	西安职业技术学院
13	西安新昆现代学徒制班导师考核及津贴发放制度	新昆公司
14	西安新昆信息科技有限公司现代学徒制学生(学徒)薪资制度方案	新昆公司
15	西安新昆学生(学徒)工作考勤及劳动纪律管理规定	新昆公司

图 5　现代学徒制制度汇编

(2) 学生(学徒)双向育人教学过程,打破传统教学时间、地点限制,灵活安排授课时间和地点,采用工学交替的模式进行教学。以学分为纽带,实行学分制,制订了《西安职业技术学院(现代学徒制试点)学分制和弹性学制管理办法》《西安职业技术学院(现代学徒制试点)学分认定和互换管理办法》,初步建立了具有学校特色的学分制理论框架和具体操作模式,使学分制运行有规章可循,高起点、高标准、规范化运行。

(3) 针对多方参与的考核评价制度的制定、质量监控制度的制定这两个目标。校企双方共同制定《西安职业技术学院(现代学徒制试点)人才培养质量监控》,并邀请陕西省动漫游戏行业协会作为第三方参与考核评价。2019 年 5 月我校委托陕西省动漫游戏行业协会制定现代学徒制班学生(学徒)质量评估的实施方案,并出具《西安职业技术学院动漫制作技术专业现代学徒制班学生(学徒)质量评估报告》,见图 6。经校企共同考评合格的学徒,将获得相应的学历证书和职业资格证书并取得企业入职资格。

西安职业技术学院
动漫制作技术专业现代学徒制班
学生（学徒）质量评估报告

受西安职业技术学院委托，现对动漫制作技术专业2017级现代学徒制试点班20名学生（学徒）开展质量评估。评估遵循客观性、导向性、专业性、适用性与可操作性原则。

本次评估由协会命题小组针对平面设计岗位、UI设计岗位、动画设计岗位与后期栏包岗位四个岗位制定测评内容，测评主要考察学生的岗位技能、岗位素养以及创新创意能力。

20名学生（学徒）全部参加测评，各岗位测评结果60分以上人数为20人，表明100%学生（学徒）都达到各个岗位的基本要求。同时此次测评根据学生（学徒）结果针对学生各岗位能力掌握情况提出指导意见。

具体测评数据如下：

图6　第三方质量评估报告

(六) 特色任务、经验分享及成果推广

目标：

(1) 提炼体现专业特色的专业精神文化，开展职业化校园文化建设。

(2) 交流分享现代学徒制经验，在一定范围进行成果推广。

任务完成度：100%

具体做法：

(1) 新昆公司已进驻学校长达 10 年，已经形成了你中有我、我中有你的一个紧密融合的办学共同体。学校在招生、校园开放日、运动会、教学、就业的过程中，随时能看到企业员工的身影。企业在研发、沙龙、党建活动、行业竞赛等方面，也随时能看到学校教师和学生的身影。新昆公司编制了具有我院特色的现代学徒制企业手册，校企文化互融。通过每月开展"企业讲坛""毕业生讲坛"，进行设计大赛暨交互设计作品展，开展手抄报展，以及校企协作举办每年一度的动漫艺术节，引领学生成长，在校园感受职业氛围。2019 年新昆公司又入驻我校一号教学楼，办学共同体更加融合。

(2) 2018 年底，全国现代学徒制工作专家指导委员会下达了《第二批现代学徒制试点单位 2018 年度检查意见表》，学校对中期检查中专家提出的 7 项意见建议全面进行了改进完善。2019 年 3 月 10 日至 15 日，我校现代学徒制试点项目教学团队一行四人前往江西泰豪动漫职业学院、广东科学技术职业学院、清远职业技术学院、广东建设职业技术学院等院校进行现代学徒制专项学习、交流和分享。2019 年 7 月 11 日，在西安市教育局职业院校动漫专业教师企业实践及创新能力培训班做了现代学徒制专题报告。2019 年 7 月，我校和西安索尔软件科技有限公司签署了联合开展现代学徒制育人的协议，将在 2019 级软件技术专业学生中实施现代学徒制项目。

三、工作成效及创新点

（一）工作成效

1. 探索出"一融双育三维四进阶"的人才培养模式

学校高度重视在现代学徒制试点工作过程中的经验总结和成果凝炼，初步形成了"一融双育三维四进阶"的人才培养模式。其中，"一融"指我校与新昆公司真正融合为一个校企共同体，学校提供场地，企业提供设施及技术，双方互聘师资，引企驻校，学生学费校企八二分成。"双育"指校企双主体共同培育双重身份的学生(学徒)。"三维"指对学生(学徒)重点从知识、能力、素质三个维度进行培养。"四进阶"指学生(学徒)、师资、专业、企业综合实力等四个方面得到进阶提升，一进阶是学生(学徒)的专业技能水平明显提升，适应岗位工作的实践能力得以增强；二进阶是建设了一支协作良好、互补性强的"双导师"教学团队；三进阶是动漫制作技术专业在两年建设期中，先后取得了陕西省一流专业建设项目、陕西省专业综合改革试点项目(优秀结题)、西安市重点扶持专业、教育部高等职业教育创新发展行动计划(2015—2018 年)骨干专业等称号，见图 7；四进阶是新昆公司承担了国家文物局 2017 及 2018 年度"互联网+中华文明"示范项目，获陕西省宣传思想文化工作创新二等奖，企业规模和效益稳步提升。

中华人民共和国教育部

教职成函〔2019〕10 号

教育部关于公布《高等职业教育创新发展行动计划(2015—2018 年)》项目认定结果的通知

各省、自治区、直辖市教育厅(教委)，新疆生产建设兵团教育局：
根据教育部办公厅关于开展《高等职业教育创新发展行动计划(2015—2018 年)》项目认定的通知(教职成厅函〔2019〕8 号)，经各地和有关行业职业教育教学指导委员会推荐及公示，现将认定的骨干专业、生产性实训基地、优质专科高等职业院校、"双师型"教师培养培训基地、虚拟仿真实训中心、协同创新中心、技能大师工作室等项目名单予以公布。

附件：《高等职业教育创新发展行动计划(2015—2018 年)》项目认定名单(排序不分先后)

2019 年 7 月 1 日

2736	渭南职业技术学院	护理
2737	西安电力高等专科学校	发电厂及电力系统
2738	西安航空职业技术学院	电气自动化技术
2739	西安航空职业技术学院	软件技术
2740	西安航空职业技术学院	飞机机电设备维修
2741	西安航空职业技术学院	飞行器制造技术
2742	西安航空职业技术学院	机械设计与制造
2743	西安航空职业技术学院	空中乘务
2744	西安航空职业技术学院	机电一体化技术
2745	西安铁路职业技术学院	铁道供电技术
2746	西安铁路职业技术学院	铁道交通运营管理
2747	西安铁路职业技术学院	铁道机车
2748	西安医学高等专科学校	药学
2749	西安职业技术学院	动漫制作技术
2750	咸阳职业技术学院	护理
2751	咸阳职业技术学院	学前教育
2752	咸阳职业技术学院	计算机应用技术
2753	延安职业技术学院	石油化工技术
2754	延安职业技术学院	航海技术
2755	杨凌职业技术学院	园艺技术
2756	杨凌职业技术学院	水利工程
2757	杨凌职业技术学院	农业生物技术
2758	杨凌职业技术学院	建筑工程技术
2759	杨凌职业技术学院	药品经营与管理
2760	杨凌职业技术学院	水利水电建筑工程
2761	杨凌职业技术学院	畜牧兽医
2762	杨凌职业技术学院	园林工程技术
2763	杨凌职业技术学院	电子商务

66

图 7　教育部高等职业教育创新发展行动计(2015—2018 年)认定骨干专业

2. 校企共建了以岗位能力为导向的教学体系

首先校企共同确定了以岗位能力为导向的课程体系。按照岗位需求情况，通过分析工作岗位的能力需求，设置了平面设计、UI 设计、动漫制作、后期栏包四大类岗位课程模块。学生(学徒)入岗的第一学期(即入学第二学期)以平面设计师岗为主，开设设计基础模块、艺术基础模块、平面设计课程模块。第二学期增设 UI 设计师岗、动画设计师岗，配备动漫基础模块、二维动画模块、交互设计模块。第三学期增设后期栏包岗，配备三维动画模块、影视后期模块。第四、五学期实行定岗制，配备课程就业能力专项训练。第六学期实行准员工就业，进行岗位考核。

其次校企共同确定了以岗位能力为导向的教学运行模式。第一学年，学生(学徒)双重身份在校学习文化基础模块和学科基础模块，依托校内教师工作室、实训基地训练职业技能模块，由学校和企业工程师采取"4+1"模式授课，使学生(学徒)学会岗位需要的基本技能。即 4 天学习专业技能，1 天和师傅跟岗实习。第二学年，学生(学徒)双重身份在校学习技能模块，由学校和企业工程师采取"2+3""1+4"模式授课，使学生(学徒)学会岗位需要的核心技能，即 2 天或 1 天学习专业技能，3 天或 4 天和师傅跟岗实习。第三学年，准员工身份顶岗实习，企业根据岗位轮训情况和技能特长安排实习岗位，培养学生(学徒)的技能专长，优秀学生(学徒)进入企业项目部，在师傅指导下进行项目创作。

最后校企共同确定了以岗位能力为导向的教学质量监控体系。校企双方共同制定《西安职业技术学院(现代学徒制试点)人才培养质量监控》，2019 年 5 月我校委托陕西省动漫游戏行业协会作为第三方参与考核评价，制定现代学徒制班学生(学徒)质量评估的实施方案，并出具《西安职业技术学院动漫制作技术专业现代学徒制班学生(学徒)质量评估报告》。

3. 升级打造了服务区域文化创意产业人才培养平台——动画工场

我校与新昆公司共同创建了兼具专业人才培养、师资培训、产品技术研发和就业创业孵化等功能为一体的校企合作立体平台——动画工场，目前动画工场已经成为西北地区最大的动漫制作实训基地。2019 年 7 月，动画工场被教育部高等职业教育创新发展行动计划(2015—2018 年)确定为国家级生产性实训基地，见图8。

4. 提升了教师的教学能力和实践水平

探索"教学做一体化"的教学模式，把实践教学平台放到企业，放到生产现场，现场实践理论的讲授让企业技术人员、专家和任课教师一道共同参与完成，这样通过现场的教学与实训，采用了与以往课堂抽象教学效果截然不同的直观演示，学生的理论知识与实践动手能力有了一个质的飞跃。同时，企业技术人员的讲授既弥补了任课教师实践技能的不足，又充实了动漫专业课程的教师队伍。

中华人民共和国教育部

教职成函〔2019〕10 号

教育部关于公布《高等职业教育创新发展行动计划（2015—2018 年）》项目认定结果的通知

各省、自治区、直辖市教育厅（教委），新疆生产建设兵团教育局：

根据《教育部办公厅关于开展〈高等职业教育创新发展行动计划（2015—2018 年）〉项目认定的通知》（教职成厅函〔2019〕8号），经各地和有关行业职业教育教学指导委员会推荐和公示，现将认定的骨干专业、生产性实训基地、优质专科高等职业院校、"双师型"教师培养培训基地、虚拟仿真实训中心、协同创新中心、技能大师工作室等项目名单予以公布。

附件：《高等职业教育创新发展行动计划（2015—2018 年）》项目认定名单（排序不分先后）

2019 年 7 月 1 日

1050	陕西国防工业职业技术学院	数控生产性实训基地
1051	陕西国防工业职业技术学院	统一融合移动业务生产性实训基地
1052	陕西国防工业职业技术学院	基于戴姆勒铸星教育生产性实训基地
1053	陕西航空职业技术学院	无人机装调实训基地
1054	陕西机电职业技术学院	智慧工厂生产性实训基地
1055	陕西交通职业技术学院	汽车检测与维修技术校企共建生产性实训基地
1056	陕西交通职业技术学院	校企共建道路桥梁工程技术生产性实训基地
1057	陕西交通职业技术学院	城市轨道交通专业群实训基地
1058	陕西能源职业技术学院	口腔医学技术实训基地
1059	陕西青年职业学院	采编与制作实训基地
1060	陕西铁路工程职业技术学院	建筑施工实训基地
1061	陕西铁路工程职业技术学院	土木类检测综合实训基地
1062	陕西铁路工程职业技术学院	高速铁路实训基地
1063	陕西艺术职业学院	"长恨歌"生产性实训基地
1064	陕西艺术职业学院	表演艺术生产性实训基地
1065	陕西职业技术学院	雕塑艺术实训中心
1066	陕西职业技术学院	SMT 表面组装技术实训基地
1067	陕西职业技术学院	会计专业校企共建实训基地
1068	陕西职业技术学院	怡亚通创业工厂
1069	商洛职业技术学院	汽车检测与维修生产性实训基地
1070	渭南职业技术学院	护理校企共建生产性实训基地
1071	渭南职业技术学院	学前教育校企共建生产性实训基地
1072	西安电力高等专科学校	输配电实训基地
1073	西安航空职业技术学院	航空制造工程中心
1074	西安航空职业技术学院	联想服务生产性实训基地
1075	西安航空职业技术学院	无人机应用技术实训基地
1076	西安航空职业技术学院	摄影测量与遥感生产性实训基地
1077	西安铁路职业技术学院	铁道机车生产性实训基地
1078	西安铁路职业技术学院	铁道交通运营管理专业生产性实训基地
1079	西安铁路职业技术学院	高速铁路信号控制系统校企共建生产性实训基地
1080	西安职业技术学院	动画工场
1081	咸阳职业技术学院	厚溥 IT 软件技术生产性实训基地

96

图 8　教育部高等职业教育创新发展行动计划(2015—2018 年)认定结果

从 2017 年起，学院导师先后 12 人次在新昆公司进行了企业锻炼，掌握了动漫行业的前沿技术，2017 年动漫导师团队同新昆公司三维研发组合作开发了 VR 粒子仿真世界系统，此套系统辅助校内导师在 2017 年全国信息化教学设计大赛中，获得陕西省一等奖、全国一等奖。2018 年动漫导师团队同新昆公司合作完成的文创产品，荣获陕西职业学校创新创效创业大赛铜奖；由动漫导师团队同新昆平面组导师共同提出的"摄影服务项目"，荣获第四届"互联网+"大学生创新创业大赛陕西赛区省级复赛铜赛。2018 年新昆UI 组导师协同校内导师共同开发了"玩转排版系统"，此套系统辅助校内导师参加职业院校教师能力大赛，荣获陕西省一等奖、全国三等奖荣誉。

近年教学团队承担各级科研、教研项目见表 2。

表 2　近年教学团队承担各级科研、教研项目一览表

序号	项目名称	项目级别	项目来源
1	长安工匠精神深耕与创新传承弘扬	省级	2019 年度西安市社会科学规划基金课题
2	西部设计类高职专业现代学徒制的实践困境与对策研究	省级	陕西省职业技术教育学会 2019 年度职业教育研究课题
3	基于"校企联动教学徒、一心八坊强服务"的动漫制作技术创一流专业研究	省级	陕西省职业技术教育学会 2019 年度职业教育研究课题
4	高职现代学徒制校企合作运营机制的研究与实践	校级	西安职业技术学院 2019 年度现代学徒制专项课题

续表

序号	项 目 名 称	项目级别	项 目 来 源
5	关于构建高职院校产学研协同创新团队的模式研究——以新媒体艺术设计为例	校级	西安职业技术学院 2019 年度科技项目
6	现代学徒制下高职院校艺术设计类教师工作室发展方式的研究与实践	校级	西安职业技术学院 2017 年度科技项目
7	以"教师工作室"为核心的现代学徒制教学模式研究与实践	校级	西安职业技术学院 2017 年度教学改革研究项目
8	高职院校设计类专业学生创新能力培养研究与实践	校级	西安职业技术学院 2017 年度教学改革研究项目

近年教学团队数学申请知识产权项目见表 3。

表 3　近年教学团队申请知识产权项目一览表

序号	名 称	类型	成果人
1	一种多功能衣柜	实用新型	黄晟
2	包装瓶(百花蜜)	外观设计	黄晟
3	一种平面设计用组合画板	实用新型	李硕
4	一种 3D 动画演示装置	实用新型	杜媛

近年教学团队教学竞赛获奖情况见表 4。

表 4　近年教学团队教学竞赛获奖情况一览表

序号	比 赛 名 称	参赛教师	获奖等级	级别
1	2017 年全国信息化教学设计大赛	杜媛	一等奖	国家级
2	2018 年全国职业院校技能大赛职业院校教学能力比赛	李硕	三等奖	国家级
3	2017 年全国高校课件大赛三等奖	杜媛	三等奖	国家级
4	2018 年陕西省职业院校技能大赛职业院校教学能力比赛	李雅楠	一等奖	省级
5	2018 年全国高校微课大赛陕西省赛区	杜媛	三等奖	省级

（二）创新点

1. 孵化成立了"九坊一心"教师工作室

在现代学徒制项目的带动引领下，以师徒制实践教学平台打造全新人才培养模式为出发点，培育产教融合型创新团队，成立极创意(手工绘制)工作坊、海绵映像工作坊、长安工匠文化创意中心等 9 个工作坊及长安工匠文化创意中心(简称"九坊一心")，开展集社会服务、带徒传技、技术研发、技艺传承、辐射引领，见表 5。

表5　"九坊一心"教师工作室开展社会服务一览表

序号	项目名称	负责人
1	西安市周至县同力村扶贫农产品包装设计项目	黄晟
2	西安市周至县同力村乡村美化工程	黄晟
3	宝鸡市陇县三成村乡村美化工程	黄晟
4	西安市周至县广济镇民情图绘制项目	李硕
5	西安市源森科技展会设计项目	李硕
6	渥太华大学 TECHNOlogies for MIcrobiome Science and Engineering 实验室 VI 设计项目	杜媛
7	西安铁路职业技术学院电气工程学院学生跟班实习成果宣传册制作项目	杜媛
8	宁夏如闻酒庄有限公司红酒宣传册项目	吴鹏
9	宁夏如闻酒庄有限公司红酒包装项目	吴鹏
10	CHARLINEE 店面室内设计项目	王豫倩

2. 推进"课程思政"，把思政元素融入到学生(学徒)培育环节

由新昆公司承办的全国首个"互联网+文物教育"平台于 2018 年 5 月启动，学生(学徒)在项目启动前、项目运行中全程参与，平台利用动漫、游戏、VR/AR 技术虚拟历史场景等新形式、新技术，提供文物全息欣赏、虚拟触摸和历史事件沉浸式体验，激发学生对文物历史的兴趣爱好，坚定了学生(学徒)文化自信。

2019 年 5 月，新昆公司具体承办的全国首个 5G "互联网+革命文物"平台上线，学生(学徒)在平台建设过程中，以大量的"AR+红色教育""VR+红色教育""红色动画、互动游戏""互联网+革命文物"等红色题材的项目为学习案例，在学习过程中接受了红色教育，传承红色基因，弘扬革命精神，见图9。

图9　学生(学徒)作品红色动画《延安那些事》

四、资金到位和执行情况

(一) 资金到位情况

试点任务实施以来，学校为现代学徒制试点项目投入资金 364.878 万元，主要用于企业办学分成(43.56 万元)、课程开发(122.28 万元)、教师队伍建设(22.488 万元)、动画工场建设(169.25 万元)及其他(7.3 万元)等，见表 6。

表6　学校资金到位情况

校方计划投入资金(万元)	校方实际投入资金(万元)	达总预算比率(%)
156	364.878	233.9

新昆公司作为现代学徒制合作企业，原计划投入资金 26 万元，支持现代学徒制试点班。主要用于企业兼职教师、学徒工资、企业奖学金、动画工场建设以及相关管理费用。实际投入资金 52.457 万元，达预算总数的 202%，见表 7。

表7　企业资金到位情况

企业计划投入资金(万元)	企业实际投入资金(万元)	达总预算比率(%)
26	52.457	202

(二) 各项建设任务资金使用情况

在项目执行过程中，校企多渠道、多途径筹措经费，保证试点工作资金需要，建立严格的项目资金管理制度和监控制度，加强专项经费使用的监督和管理，实行单独核算、专款专用、专账管理，确保专项资金使用的严肃性和合理性，使资金的使用发挥最大效益，见表 8。

表8　各项建设任务资金使用情况

建设任务	支出项目	经费来源(企业)	经费来源(学校)	合计(万元)
校企协同育人机制	企业办学分成		43.56	196.402
	学徒工资	27.562		
	课程开发		122.28	
	标准制定		3	
招生招工一体化	招生宣传		2	2
校企互聘共用的师资队伍	学校教师费用		10	34.143
	企业兼职教师补贴	11.655	12.488	
动画工场	建设费用	12	169.25	181.25
教学运行与管理	教学管理		2.3	3.54
	奖学金	1.24		
合　　计		52.457	364.878	417.335

五、存在的问题、改进措施及建议

（一）存在的问题

1. 学生(学徒)的心理调适和角色身份转化问题

学生在高中毕业后进入高职，虽然入学即入岗，但无论从环境还是从心理上，仍然处于学生的角度来思考问题。虽然学校"引企驻校"了，但学生较难适应学生身份向员工(学徒)身份的转换，在与企业导师的沟通以及对岗位的适应方面仍存在着一定的问题。

2. 学生(学徒)毕业后去向与企业培养付出的错位

合作企业在人才培养过程中有这样的困惑，由于学生(学徒)在毕业后是可以自由择业的，而企业在三年是要有人才培养成本及情感的付出，合作企业难以接受优秀的学生(学徒)毕业时另谋出路的状况。

3. 政府缺乏相应的配套激励措施

目前在推进现代学徒制试点工作中，基本上是学校与合作企业在人财物方面进行投入和激励，学校在一定层面上还要考虑到合作企业的利益，政府缺乏一整套的方案以及激励措施，对全面推广现代学徒制造成一定的困难。

（二）改进措施

1. 加大对现代学徒制试点和推广的宣传力度

让社会、家长、学生对现代学徒制有全面的理解，强化学生(学徒)入校后认知实习，加强毕业学生(学徒)的现身说教，校企双班主任加强辅导和单独沟通，让学生(学徒)尽早进入角色和工作状态。

2. 建立完善合理的校企成本分担机制

充分考虑到合作企业的利益诉求，让合作企业认识到现代学徒制的最大获益方是社会和学生(学徒)个人，企业在保证良性运营的前提下，要承担一定的社会责任，发挥企业的优势，培育社会需要的栋梁。

（三）建议

政府出台校企参与学徒制培养的激励政策，在经费方面向实施现代学徒制的学校和专业进行倾斜，在税收和劳动用工方面予以放宽，同时可以采用政府购买服务的方式来激励校企开展现代学徒制项目建设。

六、下一阶段工作计划

(一) 加大现代学徒制成果对传统教学模式的辐射作用

通过对现有的现代学徒制成果进行归类、分析和提炼，尽快出台相关教学指导性工作方案、纲领性文件、技术框架规范以及操作方式等，全面推进对我校其他专业及课程传统教学模式的反哺效用，推进学校各专业的校企合作深度和内涵建设，提升人才培养质量。我校 2019 年 7 月立项现代学徒制专项课题《高职现代学徒制校企合作运营机制的研究与实践》(西职院发〔2019〕67 号)，旨在强化现代学徒制成果的辐射作用。

(二) 与西安市教育局职能处室及知名企业加强合作，扩大现代学徒制育人规模

我校承担着为西安市职业教育编制规划的任务，我校将与市教育局合作在中职学校中推广现代学徒制成果，全面推进现代学徒制工作。目前已经和西安索尔软件科技有限公司签署了联合开展现代学徒制育人的协议，在 2019 级软件技术专业学生中开展。同时，在试点班的基础上，下一步加强与阿里巴巴、腾讯以及科技型中小企业深度合作，签订现代学徒制育人协议，基于"九坊一心"教师工作室和企业书院模式，在大数据、云计算、软件技术等专业开展现代学徒制，逐步推进现代学徒制育人范围和规模。

(撰稿：西安职业技术学院　卢璟)

咸阳职业技术学院
现代学徒制试点验收总结报告

根据教育部《关于公布第二批现代学徒制试点的通知》(教职成厅函〔2017〕35 号)文件精神，2017 年 8 月，学院被立项为教育部第二批现代学徒制试点单位，机电一体化技术专业被确定为现代学徒制试点专业。先后组建现代学徒制试点班——蓝博班、嘉海电梯班和德善班。现代学徒制试点班累计在校学生 163 人，其中：蓝博班 20 人、嘉海电梯班124 人、德善班 19 人。

一、试点目标任务完成情况

我院按照试点工作方案、备案任务书和中期年检反馈意见，扎实推进试点工作，圆满完成了试点工作任务。试点工作计划任务 61 项，实际完成任务 65 项，任务完成率达到106.6%，见表 1。

表 1 项目任务完成情况一览表

建 设 内 容	计划任务数	完成任务数	完成率(%)
推进招生招工一体化	10	10	100
改革校企一体化人才培养模式	20	20	100
开发基于工作岗位的课程与课程体系	8	8	100
校企共建实训基地	0	4	400
校企共同组建教学团队	7	7	100
建立健全现代学徒制管理制度	5	5	100
实施现代学徒制特色项目研究	11	11	100
合　　计	61	65	106.6

（一）形成校企双主体育人机制

1. 加强组织领导

学校成立了咸阳职院现代学徒制试点工作组织机构，领导小组由学院院长、企业经理、学院副院长、教务处处长及相关处室负责人等组成；工作小组由机电学院院长、企业主管、企业技术人员、相关科室负责人、专业教师及辅导员等组成。领导小组主要负责现代学徒制试点工作的组织、协调、检查和指导工作，审定试点工作方案、任务书、总结报告、支撑材料；工作小组主要负责现代学徒制试点工作的调研、设计、研究、组织、实施、验收和推广工作。学院与陕西嘉海电梯服务有限公司签订现代学徒制试点项目实施协议，从试点专业选择、岗位确定、学徒选拔、人才培养方案修订、学徒待遇、学徒培养、教学评价等方面明确校企权利、义务和双方职责分工，充分发挥学校和企业各自优势，统筹利用校企双方教学资源，建立成本分担机制，形成校企联合招生，分段育人，多方参与评价，院校分工协作、联合培养的双主体育人机制，见图1、图2、图3。

图 1　校企合作签约仪式

图 2　电梯班开班仪式

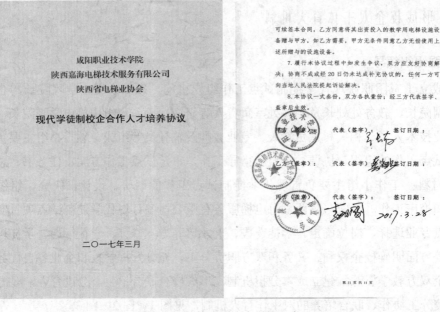

图 3　校企联合办学协议书

2. 校企共建实训基地

校企双方依据嘉海电梯班人才培养需求，按照"共建共享、互惠共赢"的实训基地建设思路，企业提供校内实训基地建设的规划方案，提供大部分实训设备，学校按要求进行场地建设，配套部分设备和资金；校企共同开发实训项目、制定实训室管理制度，建立实训基地评价制度和文化建设。我院与陕西嘉海电梯技术服务有限公司共同投资 431.46 万元，针对电梯安装、调试、维保等培养岗位，建成 750 m^2 的电梯维护与保养校内生产性实训基地，基地设有电梯保养、安装、调试等六个实训室，实训室按照理实一体布置和采用 8S 管理，每个实训室一次可满足 30~40 名学生岗位培养、理实一体化教学和校内实训需要，同时，满足电梯技能大赛、技能考证及电梯行业技术人才培训、技能鉴定等社会服务功能，见图 4。

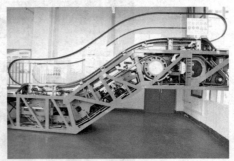

图 4　校企共建电梯实训基地

3. 建立成本分担机制

企业全程参与，校企共同投入，企业主动分担育人成本，建立了学徒培养的成本分担机制，形成校企命运共同体。学校负责学徒在校公共课、基础课程教学、专业理论及校内实践教学，完成学徒的基本技能训练，企业兼职教师(师傅)承担部分校内实训、企业文化教育、岗位训练、技能竞赛指导、职业资格辅导等。企业兼职教师(师傅)的课时费和指导费由学校承担，课时费按学院相关文件执行，企业师傅的工资和保险由企业负责。在试点实践中，校企双方共同投入资金 705.37 万元，其中学校投入 291.16 万元，实训建设投入资金 138.26 万元，招生招工、奖助学金、保险、团队建设等投入资金 152.9 万元等；企业投入 414.21 万元，其中实训建设资金 293.2 万元，学徒工资 96.8 万元，奖助学金、保险、师傅薪酬等资金 24.21 万元。

(二) 深入推进招生招工一体化

1. 确保"学生学徒双身份"

学校、企业、学徒签订三方协议，明确各方权益和学徒培养的具体岗位(电梯安装、调试、维保、操作管理和销售等)、教学内容等，遵循"招生即招工、入校即入企、校企联合培养"主导思想，学校与企业共同研究制定招生与招工管理办法，确定招生招工一体化选拔培养方案，见图 5、图 6。2019 年之前主要按照"先招生，后招工，先入校，后组班"的思路组建现代学徒制试点班。2017 年针对机电一体化技术专业 16 级(大二)和 17 级(大一)和 2018 年针对 18 级(大一)在校生，通过企业和学院宣讲，学生实地考察，并征得学生家长同意，经过笔试、面试等多种环节，校企共同确定学徒制班级学生名单，组建试点班，举行开班仪式和拜师仪式，成立班委会。学校和企业双重管理，在校是学生，身着校服，学习系统的专业理论知识，参加教学实习和岗位技能训练；在企是学徒，身着工装，按照行业标准、员工要求和岗位要求，工学交替，并获得劳动报酬，充分感受企业员工的"学徒"身份。

图 5　三方协议说明会　　　　　　图 6　　签订三方协议

2. 落实"学徒待遇"

根据教学需要，科学安排学徒岗位，分配工作任务，保证学徒合理报酬，落实学徒责任保险、工伤保险，确保人身安全。"嘉海电梯班"学生实习实际月薪 2500 元以上，转正后月薪达 4000～5000 元，毕业后在西咸等大中城市从事电梯维保、销售、售后服务等技术岗位或管理岗位，发展前景广阔，上升空间大，见图 7。试点班学生只缴纳学院规定的学费、住宿费，不再缴纳其他费用；嘉海电梯每年向试点班学生提供 33000 元奖助学金，对品学兼优和技能突出的学徒进行奖励。

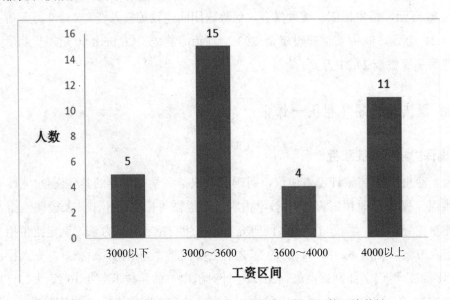

图 7　2016 级"嘉海电梯"班学生企业实习期月平均工资统计

3. 加大招生招工力度

在试点过程中，不断完善招生招工管理办法。2019 年加大招生与招工一体化改革力度，校企共同制定招生简章，机电学院领导和嘉海电梯总经理带队深入生源学校与学生以及家长面对面交流，企业全程参与招生宣传、职业适应性测试和笔试，职业适应性测试分为"面试"和"机测"两个部分，充分利用现代信息技术手段，针对性地考查和评价考生职业适应度和发展潜能，面试采用校企联合招考，招生费用共同承担，见图 8。为了扩大试点班规模，学校加大政策支持力度，现代学徒制试点班采取单招优先录取的激励措施，确保有意愿的合格学生被录取，同时企业承诺对家庭困难和建档立卡户的学徒学费全免和加大奖助学金支持力度，并提供优质的就业岗位。通过校企共同努力，2019 年春季单招已录取 32 名嘉海电梯班学员，加上高考和扩招有望录取 50 名学员，完成了备案任务书中每年招录 30～50 名学徒的任务，见图 9。

图 8　现代学徒试点专业招生简章

图 9　校企联合招生

(三) 完善人才培养制度和标准

1. 校企共定人才培养方案

校企共同组建机电一体化技术专业建设与教学指导委员会，通过与陕西嘉海电梯技术服务有限公司充分沟通与协商，确定人才培养目标和就业岗位，通过分析岗位职业能力要求与典型工作任务，参照行业标准，共同制定(修订)试点班人才培养方案，经学院党委会和院长办公会研究审定后，学院出台相应文件，见图 10。按照"学生→学徒→准员工→员工"四种身份递进转换的人才培养思路，"嘉海电梯班"实施"1+1+1"三段渐进式实岗育人模式，推进学校教育和岗位培养相结合，见图 11。第一个"1"是指第一学年，以学生身份在校完成文化基础和专业基础模块的学习，让学生掌握岗位所需基本知识和基本技能，同时开设行业发展和企业文化讲座，进行文化渗透；第二个"1"是指第二学年，以学徒身份在校内实训基地进行岗位技能训练和专业理论知识学习；第三个"1"是指第三学年，学生以准员工身份轮岗、定岗实习，培养学生岗位核心能力和技能专长，同时企业岗位实习(工作)和企业上课(学习)交替进行。

图 10　人才培养方案论证　　　　　图 11　人才培养模式研讨

2. 共建专业课程体系

依据对嘉海电梯企业的深入调研，结合电梯岗位需求和岗位标准分析，遵循学生的认知规律及职业成长规律，形成融合学生人文素养、专业知识、职业技能、职业态度和职业素养的培养体系，构建校内实训、校外实习、轮岗和定岗实习递进式的专业实践教学体系。校企共同确定电梯安装、调试、维保、操作管理和销售等培养岗位，共同构建课程体系，共同制定授课计划，共同组织考核评价。围绕人才培养目标与就业岗位所需的职业基础能力、职业岗位能力和职业拓展能力，构建理论知识与实践实训体系，形成了学校课程和企业课程相互融合，"通识课程+专业课程+拓展课程"的现代学徒制课程体系，见图 12。

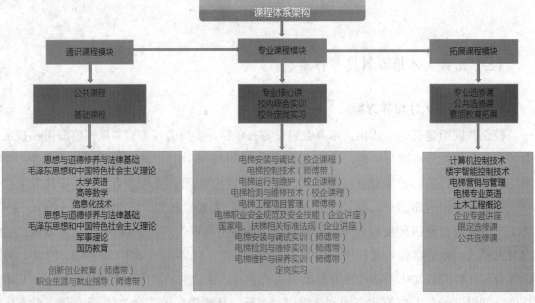

图 12　试点专业课程体系

3. 健全教学标准体系

按照"专业设置与产业需求对接、专业课程与职业标准对接、教学过程与生产过程对接"的要求，参照行业标准，校企共同制定了机电一体化技术专业(电梯维护与管理方向)教学标准，制定了 7 门核心课程标准，确定了学徒在企业的目标、任务、流程、时间和具体成果；建立了校内导师和企业师傅的选聘标准与管理制度；梳理典型工作任务，制定岗位标准；完善学徒考核标准，健全质量监控，校企共同指导学生完成毕业设计，根据岗位工作实践完成技术设计方案、技术改造方案、技术创新方案等，规范学徒培养。

4. 共建共享教学资源

在现代学徒制试点工作实践中，校企共同梳理岗位工作任务，结合电梯行业国家职业资格标准，共同开发基于工作内容和岗位要求的专业教学内容、教学资源和教材。与嘉海电梯共同开展机电一体化技术专业院级资源库建设和 4 门在线开放课程建设；开发了《液压与气动技术》《液压与气动技术实训指导》和《电梯故障诊断与排除实训项目》等 3 部现代学徒制校企合作教材。

(四) 建设校企互聘共用的教师队伍

1. 打造"双师结构"教学团队

制定了《现代学徒制双导师选拔制度》《现代学徒制双导师培养管理制度》等师资选拔培养的制度办法，明确了学校导师的"校内课程教学、理论教学及学业管理、与企业师傅沟通"职责，企业导师"学徒期间的实践教学和日常管理、带徒培训、学徒评价"职责；明确企业师傅 500 元/月的带徒津贴；按照"双师结构"教学团队建设标准，遴选师德高、技能优的企业师傅与学校教师，组建德技双馨的教学团队，见图 13、图 14。一是聘请合作企业经理和技术精英为客座教授，定期开展学术讲座与咨询座谈，讲解行业发展前沿技术、指导专业发展等；二是校内设立企业经理工作室，企业副总和技术人员常驻校园，沟通协调解决相关问题；三是聘请合作企业高级工程师与校内专业带头人形成双带头人，共同进行专业建设；四是聘请企业技术骨干和校内骨干教师组成双导师(师傅)团队，全面进行岗位培养；五是聘请企业管理人员与校内辅导员组成双班主任，管理学徒学习生活；六是在企业建立教师流动工作站，定期选派教师下企业锻炼，见图 15、图 16。

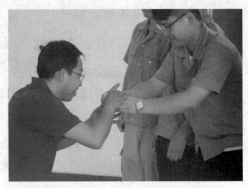

图 13　拜师仪式　　　　　　　　　　　图 14　师徒结对

图 15　企业师傅来校授课　　　　　　　图 16　师徒技术交流

2. 强化导师培训

制定了《现代学徒制双向挂职锻炼制度》，要求团队老师下企业参与电梯维保、技术研发、技能培训、电梯销售，提升校内教师的职业能力；企业导师定期到学校开展技术讲座、技术指导、技能竞赛，新聘任的企业导师参加课堂教学基本能力、教学建设能力和教育教学新理念培训，规范企业导师课堂教学；每年选派 5 名专业教师赴苏州参加由全国电梯职业教育联盟主办的"电梯专业暑期研修班"培训。校企共同培养一支既有娴熟的专业技术，又懂得教育规律，能传道授业解惑的"匠师"，见图 17。

图 17　专业教师培训

3. 组建师生技术服务团队

2018 年组建了电梯技术服务团队，团队由 2 名企业常驻师傅、1 名校内导师和 10 名学生组成，对校内 5 个教学楼、办公楼、2 个实训楼、学生食堂等电梯进行定期保养，故障维修，同时在校内外进行电梯安全宣传，见图 18。学校为技术服务团队给予一定的经费。一年多来，解决了众多的技术故障，保障了校内电梯的可靠运行，提升了师生的社会服务能力。团队定期交流技术技能，传递追求卓越、精益求精的工匠精神，在试点班形成了劳动光荣、技能宝贵、重德尚能的浓厚氛围，见图 19、图 20、图 21。

图 18　与电梯安全知识宣传

图 19　师生技术服务团队交流

图 20　电梯维护

图 21　电梯保养

4. 设立企业经理工作室

在学校设立企业经理工作室，嘉海电梯副总经理赵嵘常驻学校，协调、指导和解决试点专业建设、实验实训建设、课程建设、竞赛指导和学徒培养等方面问题，每月召开试点工作协调会、人才培养研讨交流会，有力推动了试点工作的深入开展，见图22、图 23。

图 22 企业经理座谈会   图 23 企业经理工作室

5. 建立奖惩机制

校企共同制定《现代学徒制试点专业建设激励和考核奖惩制度》，将教师企业实践锻炼、技术服务、学徒教育教学、校内外技能竞赛指导、职业技能鉴定指导、技术培训等作为年终考核优秀和晋升专业技术职务的重要依据；将企业师傅指导学徒纳入企业绩效考核及优秀评价的重要指标；将学徒的学业成绩与指导教师考核挂钩。通过奖学金、表彰奖励、访问交流、职称评定优先、优秀学生评选等多种形式，激励教师、师傅、学徒各方参与者的积极性。

（五）健全现代学徒制管理制度

1. 完善考核评价机制

制定基于现代学徒制的学习评价标准和考核办法，注重工作过程考核，建立学生自我评价、校内导师评价、企业师傅评价、班主任评价、行业专家评价的多方考核评价机制，对学生的岗位技能、学业成绩、职业素养综合评定，见图 24、图 25。学校评价与岗位评价对接、学生在校企学业成绩、实习成绩、品行表现等可通过成绩换算成学分来反映，使我院现代学徒制试点能更好地适应企业和社会发展对人才培养多样化的要求。

图 24 实操考核   图 25 学习交流

2. 实行导师分段分片指导与管理

根据试点班学徒成长需要,在入选学徒制试点班后,安排企业技术人员王平与校内辅导员刘林芝共同参与学徒日常管理和生活学习指导,形成双班主任管理;在企业实习过程中根据不同片区与班组,实行分片班组化管理,前期由企业师傅担任工区长及班组长管理指导,1 名师傅指导 3~5 名学徒,后期由各工区小组中优秀学徒担任工区长及班组长,促进学徒快速成长成才,见图 26、图 27。为确保学徒安全和合法权益,一方面加强学生安全教育,另一方面学校和企业分别为学徒购买学生责任保险和工伤保险。

图 25 企业实习

图 26 师傅示范

3. 建立体现现代学徒制特点的管理制度

建立健全学徒管理、师傅管理、教学管理、教师培养、资金支持及考核评价与督查制度等 21 项体现现代学徒制试点的一系列管理办法与规章制度,形成《咸阳职业技术学院现代学徒制制度汇编》,见表 2。从招生招工实施、教学运行管理、双导师培养等方面规范现代学徒制人才培养,构建"人才共育、过程共管、资源共享、权责共担"的运行机制。传承营造企业文化,加强校园文化和企业文化的融合,使校企合作从制度层面升华到文化层面,为我院现代学徒制工作开展奠定了基础。

表 2 现代学徒制主要制度建设一览表

序号	制 度 名 称	文 号
1	咸阳职业技术学院现代学徒制招生招工实施方案	咸职院字〔2017〕176 号
2	咸阳职业技术学院现代学徒制试点项目师资队伍建设方案	咸职院字〔2017〕196 号
3	咸阳职业技术学院现代学徒制招生招工管理办法	
4	咸阳职业技术学院现代学徒制项目管理暂行办法	咸职院字〔2017〕197 号
5	咸阳职业技术学院现代学徒制学生(学徒)管理办法	
6	咸阳职业技术学院关于校企合作、工学结合管理办法	
7	咸阳职业技术学院现代学徒制学分制和弹性学制管理办法	咸职院字〔2017〕242 号
8	咸阳职业技术学院现代学徒制教学管理指导意见	

续表

序号	制 度 名 称	文 号
9	咸阳职业技术学院现代学徒制质量评价制度	
10	咸阳职业技术学院现代学徒制阶段性考核晋级方案(试行)	咸职院字〔2018〕3 号
11	咸阳职业技术学院现代学徒制专业人才培养方案制订工作的指导意见	咸职院字〔2018〕53 号
12	咸阳职业技术学院现代学徒制兼职教师聘用办法	咸职院字〔2018〕41 号
13	咸阳职业技术学院现代学徒制双导师管理办法	
14	咸阳职业技术学院现代学徒制双向挂职锻炼制度	
15	咸阳职业技术学院现代学徒制人才培养成本分担办法	咸职教字〔2018〕24 号
16	咸阳职业技术学院现代学徒制试点专业建设激励和考核奖惩制度	咸职院字〔2018〕133 号
17	咸阳职业技术学院现代学徒制企业师傅薪酬管理规定	咸职院字〔2018〕152 号
18	咸阳职业技术学院现代学徒制第三方评价考核办法	咸职院字〔2018〕154 号
19	咸阳职业技术学院现代学徒制学徒实践管理制度	咸职院字〔2018〕160 号
20	咸阳职业技术学院关于制(修)订 2019 级现代学徒制专业人才培养方案的指导意见	咸职党字〔2019〕33 号
21	咸阳职业技术学院 2019 级机电一体化技术专业(嘉海电梯班)现代学徒制人才培养方案	咸职党字〔2018〕48 号

(六) 积极开展现代学徒制理论研究

以现代学徒制人才培养模式改革为重点,积极开展现代学徒制理论研究和实践探索。梳理凝练试点成功经验,及时将其提升为制度、升华为理论,充实富有区域和行业特色的现代学徒制理论研究。2017 年主持研究陕西省"十三五"规划课题"高职机电类专业现代学徒制的研究与实践"(SGH17V070);2018 年完成"高职院校现代学徒制研究"院级项目结题;公开发表 10 篇现代学徒制方面的教研论文;2019 年"依托行业产业,深耕校企合作,创新现代学徒制培养"荣获院级教学成果特等奖,积极培育院、省级优秀教学成果。

二、工作成效及创新点

(一) 工作成效

1. 形成双主体育人长效机制

校企成立现代学徒制领导小组,进行顶层设计、统筹规划、校企深度融合,现代学徒制管理制度健全，体制机制顺畅，各方权益有效保障，利益诉求基本一致，企业积极性高，全程深度参与现代学徒制人才培养，形成政府主导、学校主办、企业主体、校企优势互补、成本分担、共建共赢、协同育人的现代学徒制运行新机制，构建深入持久、互利共赢的合作模式。校企深度融合、行业深度参与，实岗育人，在岗成才，岗位培养，破解了电梯企业招工难，员工学历和技术层次低，员工不稳定和电梯行业专业人才缺乏的问题，同时也破解了单纯学校培养质量不高、针对性不强，技术力量薄弱、培养难度大，人力物力财力投入大，学生就业质量不高等问题。

2. 形成"招生招工一体化"模式

在"先招生，后招工，先入学，后组班"成功实践的基础上，逐步形成以"招生和招工同步"为主，"先招生，后转化，再组班"为辅的招生招工一体化模式。校企共同制定招生简章、企校联手深入学校招生宣传，校企联姻，亲如一家，双方主动承担招生招工费用，主动承担责任，主动减让权益，企业由参与招生招工逐步转化为主导招生招工，为增加试点班规模，学校充分利用单招政策，对试点班学生采取优先录取，企业面对考生和家长承诺对困难学生减免学费，提供优质就业岗位和丰厚福利待遇。2019年现代学徒制试点班录取人数显著增加，破解了招生招工一体化和招生招工难的问题。

3. 形成"教、训、导、评"一体化教学模式

依据电梯安装、调试、维保、安全操作管理、销售等职业岗位培养要求，教学团队从职业岗位、工作任务、工作过程、岗位能力及职业素养出发，制定课程标准和设计教学内容。教学任务由学校教师和企业师傅共同承担，形成"双导师"岗位育人，学校教师负责理论知识传授和基本技能培养，企业师傅负责岗位技能培育，知行合一、理实一体。在课堂教学中，广泛运用启发式、探究式、讨论式、参与式、互动式教学方法，推行"教、训、导、评"一体化教学模式。教师课前下发学习任务书，学生在课后完成自主学习，学生通过观看视频讲座、课程网络资源、网络搜索、阅读相关的电子书等方式获取相关资讯，教师在课堂对教学项目中的知识要点进行精讲，学生分组讨论。课堂教学流程为：计划—制订方案—实施任务—小组检查—师生评估总结，见图28。通过理实一体化教学改革，培养了学生严谨的工作作风、熟练的专业技能，增强了学生的工程意识。

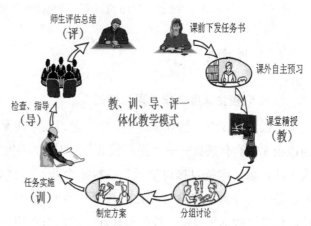

图28 教、训、导、评一体化教学模式流程图

4. 人才培养质量显著提升

通过现代学徒制试点，深化了产教融合、校企合作。我院在现代学徒制招生、就业、实习、人才培养方案制定、课程建设、校企合作、教学管理、学生管理、质量监控、保障条件等方面进行了积极探索，传承工匠精神，突出企业文化，培养了大批具有工匠精神的技术技能人才，实现了全员、全方位、全过程对接，推动了学院人才培养模式的改革，人才培养质量显著提升。技能大赛成绩突出，2019 年机电一体化技术专业获省级一等奖 2项，二等奖 3 项，国赛三等奖 1 项；岗位操作证和技能等级证通过率达到 97%以上，学生综合素养受到用人单位的一致好评，见图 29。现代学徒制试点取得示范效应，借鉴机电类专业现代学徒制经验，我院电子信息类专业先后组建"厚溥班"、财经类"中航联盟班"、汽车类"诺浩班"等现代学徒制试点班；安庆职院、山西临汾职院、陕西职院、宝鸡职院、商洛职院、延安职院等省内外职业院校多次来我院交流考察。

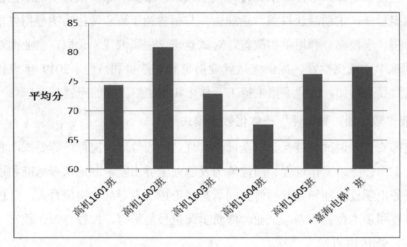

图 29　2016 级机电一体化技术专业各班级成绩统计

（二）创新点

1. 形成校企深度合作"嘉海模式"

在试点实践中，创新形成"专业共建、人才共育、过程共管、成果共享、责任共担"的校企深度合作模式——"嘉海模式"，即以"招生即招工、上课即上岗、毕业即就业"为主线，以"学徒对接岗位、学校对接企业、教育对接产业"为核心，实现"学校与企业、基地与车间、专业与产业、教师与师傅、学生与员工、培养培训与终身教育"六对接，促进"教师与岗位、教师与技师、考试与考核、学历与证书"四融合；做好"工龄计算、学徒工资、社保费用、奖助学金"四落实。"嘉海模式"实现了"企业有效益、学校有活力、学生有能力、家庭有动力、行业有合力"，"校、企、生、家、行"五益五赢的良好局面，取得了学生特种作业证首次考证通过率逐年上升的可喜效果，见图30。

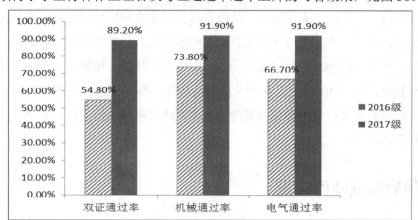

图30 2016级与2017级"嘉海电梯"班学生特种作业证首次考证通过率对比

2. 形成"五双五共"现代学徒制人才培养模式

试点班实行单独编班、单独管理、单独教学、单独实训、单独培养。在试点探索中凝练形成"企业和学校双主体、学生和学徒双身份、校内导师和企业师傅双导师、校内学习和企业学习双场所、学历证书和资格证书双证书，校企共定管理制度、共同招生招工、共育导师团队、共建实训基地、共制人才培养方案"的"五双五共"现代学徒制人才培养模式，见图31。

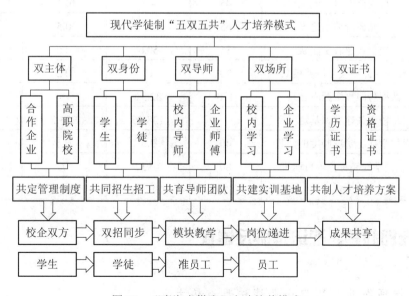

图31 "嘉海电梯班"人才培养模式

3. 形成实训基地"共建共管、互惠共赢"模式

校企本着"优势互利、资源共享、互惠共赢、共同发展"的原则，发挥各自优势，合力进行实训基地建设。企业提供基地建设方案，并投入资金和主要设备，学校提供场地和

配套资金，建成 750 平方米电梯校内实训基地。基地校企共管，既保证了校内教学与实训，又具有校内外电梯技术人才培训、技能竞赛、职业资格鉴定等社会服务功能，基地融"产、学、研、用"一体，形成"蓄水养鱼、鱼水关系，共建共管、互惠共赢"模式。学徒在企实习、企业师傅遴选和学徒就业，由嘉海电梯、陕西省电梯协会和学院共同进行，陕西省电梯业协会推荐 50 多家电梯企业供学生选择，每年遴选 5～10 名优秀学徒赴省外在岗深造。校企共建的校内电梯实训基地，可为陕西省电梯业协会进行培训、考证、技能鉴定等工作提供服务。

三、资金到位和执行情况

学院设立试点工作专项经费，学院、企业共同筹措项目资金，确保试点工作顺利开展，项目预算经费 620 万元，实际支出经费 705.37 万元，资金执行率为 113.77%，见表 3。

表 3　项目建设资金预算和使用情况表

序号	建设项目	预算 (万元)	资金使用情况(万元)		
			学院	企业	合计
1	招生招工一体化	65	10.84	98.7	109.54
2	校企合作育人机制	45	24.32	10.11	34.43
3	多元评价体系建设	65	4	0.5	4.5
4	校企共建教学团队	85	50.6	11	61.6
5	校企一体化人才培养模式	70	17	0.2	17.2
6	课程与课程资源库建设	170	32.32	/	32.32
7	校企共建实训基地	/	138.26	293.2	431.46
8	现代学徒制管理制度的建设	40	3.5	0.5	4
9	现代学徒制特色项目研究	80	10.32	/	10.32
	合计(万元)	620	291.16	414.21	705.37

四、存在的问题、改进措施及建议

(一) 优质企业、知名企业遴选难度较大

目前与我院共同实施现代学徒制试点的企业多是中小企业，国有大中型企业、知名企业参与现代学徒制试点的积极性不高。

改进措施：一是提升全社会对现代学徒制的认识，激励有职教情怀的企业家支持职业

教育发展，增强企业的社会责任感。二是政府建立和完善相关法律法规，进一步明确企业参与现代学徒制培养的责、权、利，对参与现代学徒制的企业给予更多政策支持、税收优惠和项目支持等，调动大中型企业的积极性和主动性。三是教育引导学徒遵守契约精神，诚实、守信、敬业、勤学，使校企培养的学徒能够成为合作企业技术技能人才。

（二）现代学徒制专业教学标准开发有待加强

校企共同制订的人才培养方案、课程标准、师傅标准、质量监控标准等专业教学标准的科学性、可行性、规范化程度有待不断提高。

改进措施：一是深入开展行业、现代学徒制合作企业、同类院校、毕业生就业调研，深入了解行业企业人才需求及职业岗位要求。二是主动加强现代学徒制专业教学标准理论研究，查阅现代学徒制专业教学标准制订方面的文献资料，组织专业教师和企业师傅积极参加专业建设、课程开发等方面的培训，提升专业教师和企业师傅专业教学标准的开发能力。三是校企共同将企业的工作任务、工作项目、工作流程、工作标准开发为企业课程教材。

（三）企业师傅教学规范化程度不够高

企业师傅有较为丰富的实践经验，适合实践类课程的教学，但企业教师一般没有从事过教学工作，没有系统地学过教育学和心理学，没有经过专门的教学培训，对于教学设计、教学组织实施和课堂把控能力比较弱，教学规范程度低，企业师傅参与教学的积极性也有待提高，企业师傅教学管理和质量监控难度较大；校内导师理论功底扎实，知识储备丰厚，但实践能力不足，大部分教师都是毕业后直接走向教学岗位，在电梯企业一线工作的经历较少，具体操作和实践能力较弱。

改进措施：一是加强教学能力和专业能力培训，校企双导师互帮互学，取长补短。利用假期组织校内导师赴企业实践锻炼，参与企业生产、技术服务和技术攻关。组织企业师傅参加教学能力培训，相互听评课。二是学院遴选思想过硬、业务能力强的教师承担现代学徒制班级的教学任务，企业抽调既有一定的理论基础，又有较强的实际操作水平的管理人员或骨干员工担任企业教师或指导师傅，承担企业的相关教学任务，校企双方共同组建现代学徒制人才培养师资队伍。三是校企共同制定有针对性的激励政策和科学的管理制度。对企业师傅按照工作量和绩效给予额外的报酬，同时加强对企业师傅的人文关怀，增强企业师傅的成就感、获得感和幸福感，不断提高企业师傅参与学徒制教学的积极性和主动性。

五、下一阶段工作计划

(一) 全面推广学徒培养模式

在全面总结现代学徒制试点工作经验的基础上，全面落实《国家职业教育改革实施方案》《教育部办公厅关于全面推进现代学徒制工作的通知》精神，在我院护理、学前教育、计算机应用技术、建筑工程技术、汽车检测与维修技术等专业全面推广现代学徒制工作，积极探索三天在企业、两天在学院的"3+2"培养模式，并在开展现代学徒制的专业率先实施 1+X 证书试点。

(二) 完善学徒培养方案标准

全面落实教育部《关于职业院校人才培养方案制订与实施工作的指导意见》精神，校企共同制订和实施现代学徒制人才培养方案、课程标准，校企共同开发新型教材、共建共享教学资源。

(三) 加强学徒培养团队建设

全面加强双导师团队建设，进一步创新完善双导师选拔、培养、考核、激励等制度，形成校企互聘共用、专兼结合的双导师团队。

(四) 培育学徒培养教学成果

在全面总结现代学徒制试点工作经验的基础上，进一步加强现代学徒制工作理论研究，培育形成现代学徒制教学成果，为全面推广现代学徒制工作提供理论借鉴和实践指导。

(撰稿：咸阳职业技术学院　李锁牢)

三、第三批现代学徒制试点院校年检报告

陕西职业技术学院
现代学徒制试点年检报告

　　根据《国家职业教育改革实施方案》(〔2019〕4 号)、《教育部办公厅关于公布第三批现代学徒制试点单位的通知》(教职成厅函〔2018〕41 号)、《教育部办公厅关于全面推进现代学徒制工作的通知》(教职成厅函〔2019〕12 号)、《关于做好 2019 年现代学徒制试点年度检查和验收工作的通知》(教职成司函〔2019〕60 号)和陕西省教育厅《关于进一步做好现代学徒制试点工作的通知》等文件要求，学院对照教育部备案的任务书，从试点工作目标和任务完成情况、工作成效及创新点、资金到位及执行情况、存在问题及改进措施、下一步工作计划等五个方面认真进行自查，现将自检情况报告如下。

一、试点工作目标和任务完成情况

　　2018 年 9 月，教育部办公厅《关于公布第三批现代学徒制试点单位的通知》(教职成厅函〔2018〕41 号)公布，陕西职业技术学院酒店管理、物流管理、保险等 3 个专业成功入选全国第三批现代学徒制试点建设专业。

　　项目获批后，学院高度重视、积极推动现代学徒制试点工作的开展。3 个试点专业分别与 6 家合作企业签订校企合作协议 6 份(各专业合作企业一览表，见表 1)，签订三方协议 104 份，其中酒店管理 43 份，物流管理 38 份，保险 23 份。制、修订人才培养方案 3 个，协办了 2018 年全国现代学徒制专委会第十期全国现代学徒制试点工作培训班，见图 1。目前各试点专业现代学徒制试点工作正在有序开展。

表1　合作企业一览表

试点专业	合 作 企 业
酒店管理	浙江开元酒店集团、西安豪享来温德姆至尊酒店、西安高新希尔顿酒店、天津锦航远洋企业管理有限公司
物流管理	京东物流
保险	江泰保险经纪股份有限公司

图1　协办第十期全国现代学徒制试点工作培训班

(一) 校企"双主体"育人机制

各试点专业在已有的校企合作基础上，结合本专业实际和企业发展需求，从企业规模、性质、教学实施条件、人才需求等方面综合考虑，确定了6家管理规范、责任心强、基础条件好的企业合作，建立健全了各试点专业现代学徒制专业建设指导委员会或者校企合作指导委员会，充分发挥委员会的作用，按照依法、平等、合作共赢的原则开展现代学徒制试点工作，签订了《校企现代学徒制人才培养合作协议》，明确了校企双方在招生招工、双元育人、学生(学徒)管理、师资队伍建设、选拔、考核评价、成本分担等方面的职责，充分发挥双主体作用，在一体化招工招生、合作培养等方面形成了校企合作共同开展现代学徒制培养的长效机制，见图2。

在推行"双主体育人"模式上，酒店管理专业精选企业导师团队，建立企业导师资源库，开发企业岗位课程，构建课程体系，重构教学内容，设计实施教学计划，组织考核评价等，形成校企合作共同体，见图3。同时，积极开展调研活动，完成酒店管理专业人才需求调研报告，并邀请行业企业专家，包括多年来稳定的合作酒店人力资源总监，参加现代学徒制专业课程体系和现代学徒制试点工作实施方果的研讨会，见图4。

图 2　学生在西安开元名都酒店学习企业文化课程　　　图 3　学院教师赴酒店调研岗位工作要求

图 4　与浙江开元酒店管理有限公司开展人才培养方案研讨

物流管理专业与京东物流西北分公司共同制定了"现代学徒制校企例会制度",双方分别选拔了专门负责现代学徒制试点对接的人员,定期进行沟通交流,推进完善双主体育人机制。签订了现代学徒制试点工作校企合作协议,成立了"京东物流现代学徒制陕西职业技术学院人才培养基地",见图 5,建立了"陕西职业技术学院教师培养基地"及"学生培养基地"。制定了《现代学徒制学生培养意向书》《企业学徒培养意向书》《企业导师选拔办法》《企业导师工作职责及管理办法》《现代学徒制多元主体评价体系》等共计 11份合作协议及管理办法,对"双主体"育人的各个环节进行规范和细化,见图 6。召开四次研讨会,制定了现代学徒制试点班的企业授课内容,草拟了现代学徒制校企共建校内"京东全流程操作技能培养实训室",引入京东物流生产中使用的仓配管理系统,京东计划投资 60 万元的硬件及课程资源进行配套。

图5　现代学徒制人才培养基地授牌　　　图6　京东集团张元胜副总带领各经营部经理
　　　　　　　　　　　　　　　　　　　　　　共同商讨"双主体"育人模式

保险专业成立了现代学徒制试点江泰项目领导小组和工作组。工作组由新商科学院负责人、江泰公司人事部门负责人、保险专业带头人、专业骨干教师、江泰公司人员构成，工作小组责任分工明确，层层落实到位。成立了专业建设委员会，成员由学院保险专业带头人、骨干教师、江泰公司导师构成，初步形成了校企协同育人机制，见图2。

表2　保险专业现代学徒制试点专业建设委员会成员

序号	姓名	性别	年龄	职称	职务	工作单位
1	郑敏	女	41	副教授	院长	陕西职业技术学院
2	马丽	女	38	副教授	教师	陕西职业技术学院
3	孟磊	男	42	讲师	教师	陕西职业技术学院
4	张凤帆	女	39	讲师	教师	陕西职业技术学院
5	夏昕	女	41	经济师	人力资源部总经理	江泰保险经纪股份有限公司
6	赵星	男	38	经济师	人力资源部总经理助理	江泰保险经纪股份有限公司
7	孙博	男	36	经济师	业务经理	太平人寿保险有限公司

（二）招生招工一体化

由于2018年项目获批时，2018级招生录取工作已经完成，学生已进入学校，各试点专业无法完成招生招工一体化任务。因此，在在校生中采用先招生后招工的方式，校企共同选拔学生组建现代学徒制试点班级，明确了学徒和学生的双重身份及在企业培养中的具体岗位、教学内容和权益保障，校企联合共同开展试点培养工作。

在"招生招工形式"上，酒店管理专业实行了两种不同招生形式。第一种是"先招生后招工"形式。在 2018 级旅游管理大一学生中采用学生自主报名、校企联合面试、双向选择等方式，组建成现代学徒制试点班；第二种形式是与天津锦航远洋有限公司开展委托培养，由企业先完成招工后再推荐参加招生考试，被录取的学生单独组建天津锦航邮轮现代学徒制班。

物流管理专业京东物流现代学徒制试点班已招生两届，2016 级共计 39 人，2017 级 42 人，采取先招生后招工的形式。入学第二学期，由京东物流选派企业讲师进行 3 项企业认知课程教学，让学生在充分认识和了解企业的前提下自主报名招工选拔。大学第二年组建现代学徒制试点班，企业根据用人标准选拔 40 人左右在校生，见图 7。签订三方协议，落实学生"双重身份"。订单班单独授课，统一企业着装，进行 6 门企业职业

图 7　企业面试现场

理论课教学，赴企业进行京东全流程岗位技能培训。同时，校企双方草拟针对企业人员的先招工后招生的培养计划。由京东物流云仓先招工，后赴我院人才培养基地进行培训。

按照"招生即招工、入校即入场、校企联合培养"的现代学徒制思路，保险专业与江泰公司共同制定了招生招工方案，明确了学徒选拔和人才录用程序，成立保险专业学徒制试点班——"江泰保险经纪班"。为组建"江泰保险经纪班"，我院金融教研室教师和江泰公司人员面向全院进行了多次宣讲，经过面试筛选，组建了一个由多专业学生形成的学徒制试点班级，见图 8、图 9。学校、江泰公司和学生签订了学校、企业、学生三方协议，明确了该试点班级学生的双元身份(既是学校学生，又是企业准员工)和三方的责权利。

图 8　我院李萍老师宣讲

图 9　江泰公司陕西分公司刘小红总监宣讲

(三) 人才培养制度和标准

各试点专业按照专业特点、现代学徒制的培养方式和思路，与合作企业共同探索形式

多样的现代学徒制人才培养模式。

　　酒店管理专业针对高星级酒店的基层管理人员岗位进行了岗位群的分析，通过工作过程导向细分了各个岗位应具备的职业能力，并设置了与之匹配的专业课程。校企双方基于工作任务专业重新构建了知识体系，在原有的专业课程的基础上进行了课程再造，将工作经验转化为基于工作任务的显性知识，使得专业要求与课程知识点实现无缝对接。

　　联合合作企业共同制订基于现代学徒制的人才培养方案、专业教学标准、课程标准，并根据人才培养方案调整教学计划。

　　现代学徒制人才培养方案坚持"学生双身份，育人双主体"，具体体现在以下几方面：第 1 学年，在学校完成公共基础课和部分专业基础课程学习。第 2 学年，实行"3+3+3+3"模式学习，即第 2 学年的两个学期分别在学校学习 3 个月，然后去酒店轮岗学习 3 个月，依次轮替。在校学习期间每周三安排 4 课时分别由酒店师资围绕企业文化、岗位规范、管理案例等进行理论授课，实现学校老师和企业师傅双重导师培养。第 3 学年，分别进行跟岗实习和顶岗锻炼，优秀的学员直接晋升见习领班。

　　学生在校学习时，酒店抽调合格的管理者担当学生职业师傅，并走进课堂为学生讲授企业文化、前沿知识、案例，为学生提供职业规划指导；学员在酒店跟岗培训学习时，学院选派优秀教师担当学生专业导师，为学生及员工提供专业指导、生活辅导、心理疏导和职业导向服务。

　　为天津锦航邮轮班的学生开设新概念英语、国际邮轮乘务实用英语、邮轮英语视听说课程。由天津锦航安排富有邮轮工作经验的教师授课，学生在二年级第二学期考取海员资格证书，第三学年组织学生进行邮轮岗位实习实训。

　　物流管理专业与京东物流深度合作，以实现"学生高质量就业"和"企业获得可靠初级管理人员"为目标，采取"三段递进"的培养模式。第一阶段为认知阶段，包括自我认知、企业认知、行业认知三个部分。采取企业讲座、参观、测试等手段，让学生充分了解京东物流，认可企业理念，接受企业文化。第二阶段为技能培训。学生在校接受京东企业讲师授课，在企业进行轮岗训练。充分了解和熟悉京东物流仓储配送体系各个工作岗位岗位技能与工作流程，京东选拔 2 年以上的资深一线人员以 1∶2 的比例给试点班学院配备技术"师傅"，举行拜师仪式。通过轮岗培训，让学生熟悉京东物流体系的各个岗位，为成为初级管理人员打下基础。第三阶段为管理能力培养。第五学期试点班学院进入顶岗实习，并转为京东正式在编员工，享受京东在编员工待遇，每周接受一次京东班组长培训，同时不断进行岗位轮换，见图 10。我院 2016 级物流管理现代学徒制试点班学生，在第五学期入企定岗仅一个月，转正 33 人，提升班组长等级 1 人。仓储系统岗位实习首月平均工资 5500 元，班组长工资 6300 元，见图 11。

图 10   试点班学员赴企业实训

图 11   京东物流 2016 级、2017 级试点班部分学员

与京东物流合作，共同开发在线开放课程"现代物流仓储配送方案设计与实施"课程，共 500 分钟，包含仓储配送各个环节典型设备操作实训指导，已于 2019 年 6 月完成验收，在"智慧树"网络学习平台上线。

同时，物流管理专业与京东物流西北分公司计划共建"京东全流程模拟实训室"，以京东"亚洲一号"无人仓后台操作人员为培养目标，着重培训学生对智能物流设备，"京东天狼、地狼"自动化设备维护管理的能力，进一步提升学生就业质量。

在对保险行业大量调研的基础上，保险专业结合合作企业的工作岗位，由行业专家、骨干教师组成的专业建设委员会认真、细致地研讨后，按照"校企深度交融，工学有机结合"人才培养模式，构建并实施了以针对保险专业为主的双元育人、岗位成长的三阶段人才培养模式和教学标准，见图 12。构建了以保险经纪公司工作岗位为核心的、基于保险经纪典型工作过程的知识、技能和素质课程体系，开发了基于保险经纪岗位工作内容、融入保险行业职业资格标准的专业课程标准 7 门，包括"保险市场基础知识""保险产品解读""保险经纪服务""保险销售实务""保险采购实务""风险识别"和"合规与道德"。按照现代学徒制人才培养实施要求，根据保险专业现代学徒制试点子项目任务书，校企共建了质量监控标准和师傅标准。

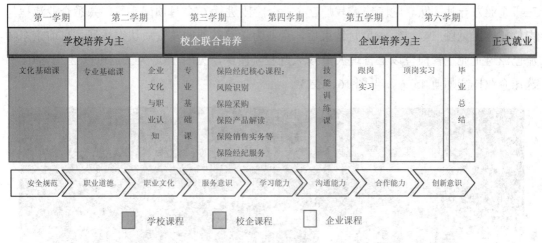

图 12　保险专业现代学徒制试点三阶段人才培养模式

(四) 校企互聘共用的教师队伍

以校企"互聘共用"为原则，不断完善人事管理、教师评聘、收入分配制度，并按照现代学徒制的导师标准和企业人才需求标准，培养、培育、聘用和管理"双导师"队伍。制定了《陕西职业技术学院专业教师赴企业实践锻炼管理办法(试行)》《陕西职业技术学院从行业企业聘任(聘用)兼职教师暂行规定》等相关制度。校内专任教师每 5 年完成不少于 6 个月的企业锻炼要求，注重专任教师下企业锻炼，促进师徒结对，通过校企互聘共用教师，强化学生职业技能、职业素养及创新创业能力等，促进师生共同成长。

酒店管理专业现代学徒制的人才培养目标定位为高星级酒店基层管理人才。因此，带徒弟的"师傅"即企业导师也必须具备高星级酒店领班及以上职务，并且具有良好职业素养和职业技能。具有技师及以上技术等级的高技能人才，也愿意为培养高素质的酒店专业人才做出贡献，见图 13。

图 13　酒店管理专业企业导师聘任仪式

物流管理专业现代学徒制试点班建立了"企业高管、一线管理人员、资深技术人员"

三级企业方导师团队。学院选派教师赴企业分阶段进行 6 个月顶岗实习，熟悉企业流程与岗位技能，见图 14，待 6 个月结束后，企业为学院教师颁发资质认定凭证。目前京东物流已派遣企业主管岗位以上管理人员 6 人赴我院授课，见图 15。为试点班以 2：1 的比例选派企业技能师傅 45 人，见图 16、表 3。

图 14　专业教师赴企业实践锻炼

图 15　京东物流张元胜副总及各部门经理为现代学徒制试点班学员上课

图16　试点班学员拜师仪式

表3　拣货岗位师徒对应表(部分)

序号	学校	姓名	班级	单仓	岗位	班次	师傅	组别	实训时间
1	陕西职业技术学院	柳泓瀚	2016级物流管理1班	西安食品母婴仓A1库	拣货	早	肖吉庆	E	10月25日13:00~15:00
2	陕西职业技术学院	罗昶欣	2016级物流管理1班	西安食品母婴仓A1库	拣货	晚	常玮隆	B	10月24日15:00~17:00
3	陕西职业技术学院	杨波	2016级物流管理1班	西安食品母婴仓A1库	拣货	早	郝康	B	10月24日15:00~17:00
4	陕西职业技术学院	白雪俊	2016级物流管理1班	西安食品母婴仓A1库	拣货	晚	王重飞	C	10月24日17:00~19:00
5	陕西职业技术学院	高强强	2016级物流管理1班	西安食品母婴仓A1库	拣货	早	彭翔	B	10月24日15:00~17:00
6	陕西职业技术学院	李敏超	2016级物流管理1班	西安食品母婴仓A1库	拣货	晚	金钊	E	10月25日13:00~15:00
7	陕西职业技术学院	王鑫	2016级物流管理1班	西安食品母婴仓A1库	拣货	早	王于	B	10月24日15:00~17:00
8	陕西职业技术学院	王瑞瑞	2016级物流管理1班	西安食品母婴仓A1库	拣货	晚	王欣	B	10月24日15:00~17:00
9	陕西职业技术学院	薛超	2016级物流管理1班	西安食品母婴仓A1库	拣货	早	朱钊	E	10月25日13:00~15:00

　　保险专业聘请江泰公司专家作为专业指导教师,由符合"双导师"标准要求的教师和企业人员组建"双师"结构教学团队,通过真实案例、真实项目激发学生的学习兴趣和职业兴趣,发挥企业兼职教师在人才培养工作中的核心作用,实现人才培养和人才使用的无缝对接。教学团队成员共10人,见图17。

图17　保险专业企业导师聘任仪式

(五) 现代学徒制特点的管理制度

学院初步拟定了《陕西职业技术学院现代学徒制教学管理实施办法》，出台了《陕西职业技术学院实践教学管理办法》《陕西职业技术学院校企合作开发教材暂行规定》《陕西职业技术学院大学生创新创业管理办法》《陕西职业技术学院关于推进创业创新的十条具体举措》《陕西职业技术学院校企合作开展技术服务管理办法》《陕西职业技术学院校企合作工作管理办法》《落实以增加知识价值为导向分配政策促进学院科技成果转移转化实施办法(试行)》《学生职业技能竞赛管理及奖励办法(试行)》《陕西职业技术学院班主任选聘管理暂行办法》等相关制度。

《陕西职业技术学院现代学徒制实施方案》《陕西职业技术学院现代学徒制试点专业双导师建设方案》《陕西职业技术学院企业学徒师傅考核管理办法》《陕西职业技术学院现代学徒制企业师傅培训与奖励办法》《陕西职业技术学院学徒制班级实习管理办法》《陕西职业技术学院学徒制学分认定管理办法》等相关制度正在拟定、讨论、制定中。

各试点专业也根据各自情况，制定了各专业《现代学徒制学生培养意向书》《企业学徒培养意向书》《企业导师选拔办法》等教学管理运行制度。

(六) 构建"双基地""双平台"

学院不断加强校企合作，构建"双基地""双平台"，落实学院"千天向上师生共同成长工程"，切实提高教师教学水平和学生专业能力。学院与京东物流共建了京东物流西北区域人才培养基地、教师培训基地、产教融合实训基地等双基地和平台搭建，京东物流西北区域人才培养基地和教育部现代学徒制试点班平台搭建见图18。

图18 京东物流西北区域人才培养基地和教育部现代学徒制试点班平台搭建

与智慧树合作共建了 14 门在线开放课程见表 4，由校企合作共同完成，通过校企共建课程提高课程建设质量，见图19、图20、图21。

表 4　在线开放课程名单

序号	课　程　名	负 责 人
1	网络经济学	唐蓉
2	移动营销实务	任桂焕
3	电子商务项目策划实务	张超
4	第三方物流	周晨曦
5	物流系统规划与设计	张媛媛
6	现代物流存储与配送优化设计与实施	郭娟
7	跨境电商实务	杜静
8	报关实务	陈洁
9	国际贸易理论与实务	王芳
10	营销创意文案策划实训	陈婷
11	连锁企业人力资源管理	李爱君
12	消费心理学	杨凡
13	教你如何做淘宝——创业基础实训	白莲
14	创业策划及项目路演实训	王静

图 19　创业策划及项目路演实训在线开放课程

图 20　第三方物流在线开放课程

图 21　物流系统规划与设计在线开放课程

二、工作成效及创新点

在产教融合、校企合作方面，学院经历了从"订单班"培养到现代学徒制试点的人才培养模式改革历程，经过近年来的探索，取得了一定成效。

（一）校企双元育人机制逐步形成

学院积极开展产教产教融合、校企合作，深化工学结合人才培养模式改革，校企联合招生、合作育人、合作就业、合作发展，形成了人才共育、过程共管、成果共享、责任共担的校企协同育人机制。目前已建有鼎利学院、新道学院、博世汽车学院、白鹿仓旅游商学院等多个具有混合所有制的二级学院。

校企共赢是现代学徒制持续推进和发展的内生动力。学校通过与合作企业的全面沟通交流与实践，通过工学交替、岗位成才的培养模式，实现了人才培养和岗位需求的零距离对接，为企业可持续发展提供技术技能人才保障，企业深切感受到现代学徒制给其带来的好处，参与人才培养主体责任意识增强，变被动为主动，积极与学校合作，在推进学徒培养管理、校企双主体育人和培养成本分担等方面发挥了主体作用。学生通过现代学徒制培养，专业技能水平和就业竞争力明显提升。

（二）工学结合人才培养模式进一步深化

学校把工学结合人才培养模式改革作为现代学徒制试点工作的核心内容。按照校企合作、工学结合的育人理念，酒店管理、物流管理、保险等 3 个试点专业结合各自专业特点和合作企业实际，确定各具特色的人才培养模式，重构并完成了基于职业分析的课程体系，实现课程内容与职业标准对接；开发了基于工作过程的教学内容，实现教学过程与生产过程对接；以生产性实训为主体的实践教学条件得到根本改善，专兼结合的双导师队伍进一步优化；培养出了懂专业、技能强、能合作、善做事的高素质技术技能人才。各专业与合作企业共同构建基于典型工作过程的专业课程体系，开发基于岗位工作内容、融入国家职业资格标准的教学内容和教材，共同制定学徒评价标准、企业教学标准、专业教学标准、核心课程标准、岗位标准、师傅考核标准、质量监控标准等，确保了现代学徒制人才培养质量，为相应专业持续开展现代学徒制积累了教学资源。

(三) 校企互聘共用双导师队伍进一步完善

校企共建师资队伍是现代学徒制试点工作的重要任务。通过商讨、制定《陕西职业技术学院现代学徒制试点专业双导师建设方案》《陕西职业技术学院企业学徒师傅考核管理办法》等制度，试点专业加强与合作企业的沟通交流，按照要求选拔企业能工巧匠和技术骨干，在学校教师中选拔有一定实践经验的专业骨干教师，建立校企双导师库，学校聘请企业导师到校讲课、带徒指导，企业聘请学校教师进行技术研发，校企双导师共同指导学生(学徒)使专兼教师的教师队伍结构更合理，校企互聘共用双导师的渠道更加畅通、机制更加灵活，双导师的综合素质明显提高。企业师傅对学生的理论讲授和现场指导，这种教学效果得到了师生的高度评价，同时对学校指导教师专业技能水平和职业素质的普遍提高也起到了积极促进作用。

(四) 现代学徒制管理制度逐步完善

校企合作制定的体现现代学徒制特点的教学管理、学徒管理、双导师管理、财务管理、教学质量监控与评价管理等方面制度，各试点专业制定的《现代学徒制学生培养意向书》《企业学徒培养意向书》《企业导师选拔办法》等制度，初步形成了与现代学徒制相适应的教学管理与运行机制，目前各项管理制度正常或即将运行，运行的过程中我们会随时关注，不断完善，为持续推进现代学徒制试点工作提供了制度保障。

三、资金到位及执行情况

(一) 建设经费全部落实

根据教育部批准的第三批现代学徒制试点单位的试点工作任务书，项目建设预算总投资 306.5 万，省级财政拨款 63 万元，合作企业投入 73.5 万元，学校投入 170 万元，目前，资金已全部到位。

（二）经费执行情况良好

按照《陕西职业技术学院财务管理办法》《陕西职业技术学院预算管理暂行办法》等财务审计管理制度文件，资金使用严格按照财务制度，执行情况良好，做到专款专用，保障了项目的正常有序进行。

四、存在问题及改进措施

（一）存在的问题

(1) 因现代学徒制培养存在相对周期较长、投入成本较大，在毕业生等人力资源比较充足、招工不困难的情况下，校企合作中出现了"学校热、企业冷"的现象。要改变这种局面，政府强有力的政策牵引非常必要。

(2) 企业用人需随经营情况而定。企业不可能长期增员，因而难以保证校企合作现代学徒制培养的持续性。要保持这个持续性，只能在校企良好合作的基础上，从员工培训和提供技术服务方面挖掘潜力。同时，以现代学徒制培养为平台为企业提供更大范围的资源共享与服务，使企业把学院作为其不可或缺的长期战略合作伙伴。

(3) 校企师资互聘存在困难。企业生产有自身安排，任务也比较重，企业人员很难按照学校课程安排到校授课；学校专业教师人数少，实践经验缺乏，针对企业生产中存在的问题，很难提出有效的改进措施。

(4) 企业的主体作用有待进一步发挥。出于企业的效益需求与教育的公益性质存在一定的错位，本地区政府层面也缺少对企业参与现代学徒制办学的激励措施，企业"双主体"作用中企业为本的主体地位事实上很难真正落地。

（二）改进措施

(1) 通过"双导师"团队、课程资源、实训设施、培训平台和技术成果"五个共享"，实现企业现代学徒制培养效益的最大化，提高企业参与人才培养的积极性，化解"企业冷"的瓶颈。

(2) 探索现代学徒制培养在企业员工培训和技术服务中的功能，避免以现代学徒制培养为平台的校企合作中断，实现"先招工，再招生"的学生(学徒)入学方式。

(3) 根据企业人员工作安排，灵活安排课程，确保企业师傅能够入校对学生进行授课指导。引进专业人才，增加学校专任教师数量，在保障正常理论教学老师在岗人数的情况下，派遣教师定期轮岗到合作企业进行生产实践锻炼。

(4) 持续引入具有社会责任感、积极性高、就业质量好的合作企业，进一步探索激发企业办学热情的途径，采取有效措施激励企业投入更多的人才培养成本；提升企业的"主体"责任感以及学生对企业的认同感。

五、下一步工作计划

(1) 针对试点专业自检报告中存在的问题认真梳理，结合试点专业任务书，逐项落实，建立任务清单，明确任务内容、具体措施、时间节点、责任人等。

(2) 及时总结实施过程中出现的问题和形成的经验做法，对存在的问题进行分析研讨，提出问题解决办法。通过不断总结，调整改进，确保在建设期内完成现代学徒制建设的各项任务。

(3) 进一步扩大现代学徒制试点，包括合作企业的数量和合作紧密程度，增加参与现代学徒制试点的班级和学生(学徒)的数量。

(撰稿：陕西职业技术学院　徐春梅、郑敏、郭伟、李俊、孟磊)

陕西航空职业技术学院
现代学徒制试点年检报告

2018 年 9 月，陕西航空职业技术学院作为教育部第三批现代学徒制试点单位正式立项，物流管理、无人机应用技术专业作为学院现代学徒制试点专业开展试点工作。近一年来，学院全面贯彻《教育部关于开展现代学徒制试点工作的意见》(教职成〔2014〕9 号)和《教育部办公厅关于全面推进现代学徒制工作的通知》(教职成厅函〔2019〕12 号)等文件精神，以扎实推进现代学徒制试点为突破口，全面带动学院在人才培养模式、制度、文化等多方面与企业深度融合，探索构建学生学徒双重身份，"育训结合、工学交替、在岗成才"的现代学徒制培养模式，着力培养学生的专业精神、职业精神和工匠精神，提升学生的职业道德、职业技能和就业创业能力。按照《关于做好 2019 年现代学徒制试点年度检查和验收工作的通知》(教职成司函〔2019〕60 号)的要求，对标我院试点任务，现将我校试点工作总结如下。

一、试点年度任务完成情况

(一) 成立了试点工作领导小组

2018 年 9 月，学院印发《关于成立陕西航空职业技术学院现代学徒制试点工作领导小组的通知》，成立了以党委书记、院长任组长的现代学徒制试点工作领导小组，全面指导、推进试点工作的开展。领导小组组成情况如下：

组长：李涛(陕西航空职业技术学院党委书记)

冉文(陕西航空职业技术学院院长)

　副组长：甘沛沛(陕西航空职业技术学院副院长)

　　　　　东生统(上海韵达货运有限公司人事部总经理)

　　　　　何建平(中航贵州飞机有限责任公司副总师)

　组　员：李汉春(陕西航空职业技术学院招生办主任)

　　　　　黄　涛(陕西航空职业技术学院教务处处长)

　　　　　杨关成(陕西航空职业技术学院学工部部长)

　　　　　赵永红(陕西航空职业技术学院人事处处长)

　　　　　刘　蓓(陕西航空职业技术学院财务处副处长)

　　　　　李志民(陕西航空职业技术学院管理工程学院院长)

　　　　　王周让(陕西航空职业技术学院机电工程学院院长)

　　　　　王乐凯(上海韵达货运有限公司总经理助理)

　　　　　刘　航(上海韵达货运有限公司总经理助理)

　　　　　胡建兴(中航贵州飞机有限责任公司人力资源部副部长)

(二) 创新校企协同育人模式

　　学院与两个合作企业紧密协作、深度融合，制订了试点专业学徒培养的一系列制度、签订相关协议。按照学生学徒双重身份，"育训结合、工学交替、在岗成才"的人才培养模式，形成了校企联合招生、共同培养、分段育人和多方参与评价的校企双主体协调育人机制。

　　(1) 2018 年 4 月，学院分别与两家合作企业签订了《陕西航空职业技术学院&上海韵达货运有限公司现代学徒制项目校企合作协议》和《陕西航空职业技术学院&中航贵州飞机有限责任公司现代学徒制项目校企合作协议》，规范了育人主体双方的权、责、利。同年 9 月，学院联合行业能工巧匠和院校专家，筹备成立了现代学徒制工作专业指导委员会，为试点专业协同育人机制的探索和构建提供咨询服务和工作指导。

　　(2) 通过企业实地走访、邀请企业座谈等形式开展了广泛而深入的调研、座谈活动，提炼出了两个试点专业主要工作岗位的典型工作任务及其所需的职业能力，依据《陕西航空职业技术学院人才培养方案制定的指导意见》，共同制订了《物流管理专业人才培养方案》和《无人机应用技术专业人才培养方案》，见图1、图2。

　　(3) 切实履行育人主体责任，本着"共建、共享、共赢"的精神，通过友好协商，学院分别与两家合作企业签订了《校企联合实训基地建设协议书》，实现学徒(学生)实习实训基地共建共享。学院与上海韵达物流有限公司已经启动现代物流实训室建设项目，与中航贵州飞机有限责任公司建设无人机维护校外实训基地。

　　(4) 初步形成了校企共建人才培养的成本分担机制，设立了现代学徒制试点专项资金支持现代学徒制试点建设，制定了《陕西航空职业技术学院现代学徒制企业师傅薪酬标准》《陕西航空职业技术学院现代学徒制指导教师薪酬标准》，有力地保证了试点各项工作如期推进。

图 1　学院与中航贵飞开展现代学徒制研讨会　　图 2　学院与上海韵达开展现代学徒制研讨会

(三) 探索招生招工一体化实现方式

学院与合作企业积极开展了"招生即招工、入校即入厂、校企联合培养"的实践探索，校企共同制订了《招生招工一体化工作方案》和《现代学徒制三方协议》，方案和协议明确了校企主体责任、分工及学徒(学生)的合法权益。依据《招生招工一体化工作方案》，学院制定了《2018 级现代学徒制招生简章》。

在招生宣传过程中，企业同学院工作人员一起向考生重点推介现代学徒制试点专业的就业优势，提升了试点专业的吸引力。根据《招生招工一体化工作方案》，目前已完成招收首批试点学徒(学生)63 人，其中物流管理专业 28 人，无人机应用技术专业 35 人，这些学徒(学生)已全部与学校、企业签订了现代学徒制三方协议书。

(四) 启动现代学徒制人才培养制度与标准建设工作

按照专业设置与产业需求对接、课程内容与职业标准对接、教学过程与生产过程对接的要求，学校与企业就两个试点专业共同开发人才培养方案进行多次研讨、交流，启动了突显学校特色、服务行业需求的人才培养制度和标准建设工作，依据《陕西航空职业技术学院现代学徒制教学管理办法(试行)》完成了物流管理、无人机应用技术专业人才培养方案制定，初步构建了基于工作内容的专业课程和基于典型工作过程的专业课程体系，初步建成了现代学徒制专业建设质量监控体系。

学院联合企业有关人员尝试进行了融入国家职业资格标准的专业教材内容开发，并计划在试点期内完成出版教材 2 部。

（五）加强专兼结合的师资队伍建设，构建"双导师"团队

校企密切协作，以试点专业为基础，建设"互聘共用、专兼结合"的师资队伍，推广学校教师和企业师傅共同承担教学任务的"双导师"制度。物流管理、无人机应用技术专业设立了兼职教师岗位，两个合作企业设立了学徒指导岗位，实现了校企互聘，见图3。

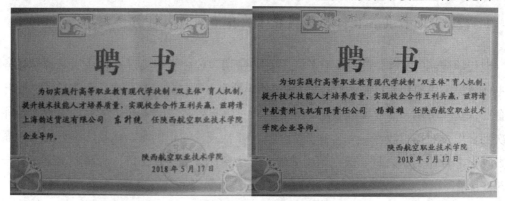

图3 企业导师聘书

按照相关制度规定和试点专业人才培养方案的安排，"三维数字化设计""飞机构造基础""人为因素和航空法规""无人机维修实训""无人机组装调试实训"等专业课程聘请中航贵州飞机制造有限公司企业导师担任主讲教师；"配送中心运作管理""仓储管理""运输管理实务"等课程的授课任务由上海韵达货运有限公司企业导师承担。

为保证现代学徒制试点专业人才培养质量，形成长效机制，制订了《陕西航空职业技术学院现代学徒制"双导师"管理办法》，办法包括了"双导师"工作职责、导师选拔标准、导师聘用、导师薪酬标准、导师考核等内容，完善的制度，不但明确了企业师傅的薪酬标准，充分调动了企业师傅的工作积极性，还将企业挂职锻炼实践和技术服务作为教师考核和晋升的重要参考，调动了指导教师的参与积极性。

目前，校企正持续深化合作，探索校企横向联合技术开发的有效途径。

（六）启动了现代学徒制管理制度建设工作

现代学徒制试点工作领导小组为构建完善的组织保障体系提供了有力保障，目前，学院已经制订了完善现代学徒制管理制度，其中包括《陕西航空职业技术学院现代学徒制教学管理办法(试行)》《陕西航空职业技术学院现代学徒制学分制管理办法(试行)》《陕西航空职业技术学院现代学徒制学徒考核办法(试行)》《陕西航空职业技术学院现代学徒制学徒(学生)管理办法(试行)》《陕西航空职业技术学院现代学徒制"双导师"管理办法(试行)》等系列文件，确保长效机制。

此外，校企形成了定期会商机制，以学徒质量管理研讨会、学徒工作交流会等形式定期座谈讨论，渐进完善、持续改进，探寻践行中国特色现代学徒制的方式方法。

二、工作成效

（一）深化了校企合作，初步构建了校企协同育人机制

现代学徒制的实施，使校企合作关系更加密切。校企师资实现互聘共用，教学任务由双主体承担，协同育人机制运作良好。2018 年校企互聘导师 14 人次，企业导师进校开展"企业课堂"讲座、专业课程教学、企业管理主题报告等 20 人次。学校选派骨干教师 3 人次到合作企业挂职锻炼，为企业员工开展了 4 次理论知识讲座。在我院举办的第八届技能大赛上，合作企业为两个试点专业学生参与比赛提供了软件支持、奖品、奖金，折合金额 5.3 万元。

（二）丰富了教学资源，推动了教学改革

结合我院实际，校企双方多次组织研讨交流活动，共同制定了两个试点专业的 2018 级人才培养方案和 12 门专业课程的课程标准，并着手构建基于工作过程系统化的课程体系，9 门课程实施了考核方式改革，6 门课程实施了"项目化"教学改革。6 人次获得学院第三届微课教学比赛和信息化教学大赛奖项，"蓝墨云""喜鹊"等教学 APP 在试点专业核心课堂全面普及覆盖，线上线下相结合的混合教学模式持续推进，有效推动了教学改革。

（三）提升了教师专业水平，加强了"双师型"教师队伍建设

以现代学徒制试点工作的实施为平台，校企间实现教师"互聘共用"，学校教师下企业挂职学习实现常态化、制度化。通过现场锻炼和与企业师傅的互动，提升了专业教师的实践能力，加强了试点专业"双师型"教师队伍建设。

（四）逐步形成了践行现代学徒制的长效机制

近一年来，通过校企双方不断的接触、沟通和协商，校企已共同制订了各类标准、制度 20 余个，现代学徒制各项工作稳步推进，长效机制逐步形成。

三、资金到位与执行情况

截至目前项目支出 142.5 万元，其中企业投入 51.4 万元，学校投入 91.1 万元，具体支出情况见表 1。

表 1

序号	支出项目	企业投入资金 （万元）	学校投入资金 （万元）
1	(1) 前期调研 (2) 人才培养方案制定、标准等	4.5	13.6
2	(1) 招生招工制度 (2) 现代学徒制特点的管理制度	2.3	21.6
3	(1) 校企师资互聘 (2) 学徒技能标准	12.6	25.4
4	现代物流实训室建设	32	30.5
	合　计	51.4	91.1

四、存在的问题与改进措施

(1) 我院现代学徒制合作企业虽然规模大、发展良好，但距离西安均较远，招生过程中家长和学生对将来的工作存在一定顾虑，同时，也对学生在企业培养存在一定的担心。为此，学院加强在现代学徒制试点专业招生政策和培养模式的宣讲，打消家长顾虑，同时积极探索在企业所在地或邻近省份招收学生的可行性，积极鼓励其他专业学生转入学徒制试点专业，切实起到示范带动效应。

(2) 企业导师教学能力有待进一步提升，导师培养工作需进一步加强，学院按照《陕西航空职业技术学院现代学徒制"双导师"管理办法》，针对企业师傅定期开展培训工作，丰富企业导师的教学方法，提升其教学能力和教学水平。

(3) 现代学徒制的实施给现有的学生管理和教学工作带来了新挑战。按照学生学徒双重身份，"育训结合、工学交替、在岗成才"的现代学徒制培养模式，要求学校从体系上革新原有的教授方式，也对学校的学生管理工作提出了新的挑战。根据实践中出现的问题，学院健全了与现代学徒制相适应的教学管理制度和学生管理制度，在培养技术技能人才的同时，保证学生的安全。

五、下一阶段工作计划

下一阶段，我院将对现代学徒制试点运行一年以来，发现的招生招工一体化实施困难、导师教学能力薄弱、学徒(学生)管理新挑战等方面问题加以解决。同时，我院将继续围绕现代学徒制人才培养要求，对照任务书目标规划，继续在健全校企双主体协同育人长效机制等方面努力，以便更好地完成我院现代学徒制试点工作各项任务。

(1) 继续探索现代学徒制招生招工一体化机制，确保任务书要求的不少于 100 名现代学徒培养工作。

(2) 继续探索、完善校企双主体协同育人长效机制，健全校企人才培养成本分担机制，进一步完善校企专业教学资源建设。

(3) 继续修订完善试点专业人才培养方案，共同构建试点专业课程体系，完善专业教学标准、课程标准、岗位技术标准、企业师傅标准、校内指导老师标准、质量监控标准。

(4) 组织专家对试点工作进行监督检查并及时进行跟踪宣传。

(5) 完成现代学徒制试点工作的总结、推广，为学院其他专业开展现代学徒制工作提供经验和借鉴。

(撰稿：陕西航空职业技术学院　冉文、汪红海、陈元龙、王晓磊、王周让、李志民)

西安医学高等专科学校
现代学徒制试点年检报告

西安医学高等专科学校 2018 年 8 月被确立为教育部第三批现代学徒制试点单位，试点专业为药学和护理学专业。在此期间，药学专业围绕教育部要求和现代学徒制内涵，按照学校现代学徒制试点任务书，药学专业与西安怡康医药连锁有限责任公司合作，建立校企联合招生、联合培养的长效机制，企业和学校双主体育人，进行了医药卫生类专业中国现代学徒制的探索和实践，受到了学生和企业的认可和支持。按照《教育部关于开展现代学徒制试点工作的意见》的要求，药学专业对照文件要求进行全面总结。

一、试点专业概况

（一）试点专业基本情况

药学专业始终坚持"立足陕西、对接产业、服务一线"的专业发展理念，紧密依托医药行业优势和特点，以就业为导向，以职业岗位技能为培养目标，建立校企合作、工学结合长效机制，培养符合国家职业教育和行业企业要求的高素质技术技能人才。该专业 2015 年被确定为省级示范专业、省级专业综合改革项目；2017 年获批为"陕西省一流专业"建设项目，立项为创新发展行动计划(2015—2018 年)国家骨干专业重点建设专业；2019 年被认定为国家骨干专业。

药学专业现共有专业课教师 35 人，其中教授 3 人，副教授 2 人，讲师 5 人；研究生学历 17 人；双师素质教师 30 人。在校学生人数 1100 余人，毕业生 1000 余人，分布于全国各地。药学专业拥有校外实训基地 40 余家，校内实验室 27 间，其中专业基础课实验室

20 间，专业课实验室 7 间，设备齐全，仪器先进。药物制剂模拟生产车间拥有压片机、胶囊填充机、制粒机、中药提取装置等，满足各种剂型的制备；药理学实验室拥有倒置显微镜、酶标仪、切片机、电泳仪等设备；天然药化实验室拥有 Agilent 7890B 气相色谱仪、Agilent 1260 自动进样液相色谱仪、Spectrum Two 红外光谱仪、UV 1800 紫外分光光度计、超纯水制备系统等，基本能满足药品定量检测和定性分析等实验项目的开展。

（二）试点专业合作企业基本情况

西安怡康医药连锁有限责任公司成立于 2001 年，是在七家零售药店的基础上发展起来的专业化大型医药连锁企业。现已发展成为一个具有 84 家医药连锁店、34 家大型低价医药超市和一个大型医药批发部的西部地区医药连锁企业。经营品种近万种，客户遍布西北五省及山西、内蒙古等地区，并且和省内外数百家医院建立了良好的合作关系。

2003 年 12 月，西安怡康医药连锁有限责任公司进行了增资扩股。增资后的西安怡康医药连锁有限责任公司注册资金增至 1380 万元人民币。2003 年 12 月 25 日，与陕西炎黄人大药房有限公司签订兼并重组协议。2004 年 2 月 4 日，与渭南市福满香医药有限责任公司签订兼并重组协议。近五年连续获得中国零售连锁药店三十强称号，各项数据名列前茅。

怡康医药超市的发展，对我省的医药零售业产生了很大的冲击；对打击非法经营药品和假冒伪劣药品市场起到了至关重要的作用；为人民群众购买更安全、放心、可靠、实惠的低价药品提供了场所；对平抑药品价格做出了巨大的贡献，受到了广大人民群众的高度赞扬。

（三）试点专业学徒人数

学校现代学徒制试点按照"精细化、规范化"的思路来培养药学专业学徒，2018 年招收学徒 46 人。

二、试点任务完成情况

（一）在学校、企业的共同努力下初步形成了育人机制

1. 建立了现代学徒制组织机构和运行机制

组建了现代学徒制试点药学专业工作领导小组，由药学系领导牵头作为项目负责人，相关职能处室负责人作为成员，协同建设，明确职责与分工。学校与企业签订《"现代学徒制药学专业怡康班"现代学徒制校企合作协议书》，明确校企双方职责、分工，形成双

主体育人机制。

2. 制订了现代学徒制各项管理制度

为保障现代学徒制的顺利进行，落地国家相关政策，深化校企合作管理制度的建设与创新，先后制订了一系列制度。

(1)《西安医专现代学徒制校企联合招生招工管理办法》；

(2)《西安医专现代学徒制日常教学管理办法》；

(3)《西安医专现代学徒制"双导师"管理办法》；

(4)《西安医专现代学徒制学徒学业考核评价办法》；

(5)《西安医专现代学徒制教学督导管理办法》。

3. 校企共同制订了"现代学徒制药学专业怡康班"现代学徒制试点方案

学院与企业领导和项目建设人员多次进行互访、互商，研讨现代学徒制建设方案，磋商建设内容。按照现代学徒制特点，以双导师、双证书、双主体、双身份为基本原则，以质量为核心，以成长规律为主线，制订并优化了现代学徒制试点建设方案，并严格按照方案执行。

4. 形成了"双元协同、三标融合、四步递进"的现代学徒制人才培养模式

与怡康医药产教合作，共建怡康医药现代学徒制人才培养基地，将企业真实项目引入学校，构建使学习环境与职业环境对接，实训场所与工作岗位对接，企业文化与校园文化对接。实施招生招工一体化，学生、企业、学校签订三方协议，学生具有双重身份，既是学校学生又是企业准员工，学生与学徒合一。根据药学专业学徒制人才培养目标及就业岗位的岗位能力要求，依照"四步阶梯"的模式，即职业素养养成、职业基础能力、职业岗位能力和职业发展能力四步阶梯式的学徒能力培养，构建从学生到学徒、再到准员工、最后胜任岗位成为正式员工的人才发展路径，见图1。

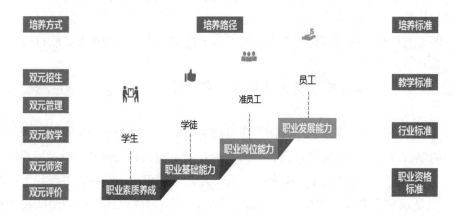

图1 "双元协同、三标融合、四步发展"的人才培养模式

(二) 明确学生(学徒)对象并确保权益

学校和企业共同搭建学习和实践平台，共同制订招生(招工)计划，编制招生(招工)简章，双方共同开展招工招生宣传、组织面试、参与录取，形成了路线清晰的现代学徒制招生招工工作流程，规范了招生(招工)过程，真正实现了招生即招工、招工即招生。所有招入学徒制试点班的学生，均签订了学生(家长)、企业、学校三方协议，明确了三方各自的权利和义务，学生与企业签订了就业服务协议。

西安医专与怡康医药有限公司在药学专业新生中，共同选拔了 46 名学生，并签署了三方协议书，进行了拜师仪式、开班仪式，成立了药学专业现代学徒制试点班，建立了学生档案，建立健全制度，落实了学徒保险及待遇，确保了学徒权益。

(三) 在学校、企业共商下制订人才培养制度及标准

药学专业是培养具备药学从业人员所必需的实践技能和相关的基础知识，适应医药行业需要，从事药师、执业药师与药学服务等工作岗位的高素质高技能型人才。结合合作企业和岗位特点开展现代学徒制人才培养模式研究。

在人才培养方面双方建立了良好的沟通协作机制，西安医专与怡康医药有限公司多次互派人员赴对方单位调研座谈交流并经常开会讨论教学相关问题，针对相关问题展开调研，并分析数据获取调研报告。

西安医专与怡康医药有限公司共同开制定现代学徒制人才培养方案、教学标准、课程体系、课程标准、岗位标准、师傅标准、质量监控标准。

西安医专与怡康医药有限公司共同制定了共同制定了建立"药物化学基础""药物制剂及检测技术""天然药物化学基础""药事管理实务""实用药物学基础与"等 5 门核心课程的课程标准。

西安医专与怡康医药有限公司合作开发了基于岗位工作过程的讲义、教材。

(四) 校企互聘师资队伍构建及教学资源共享

采用"双导师"制，即现代学徒制教学有两类导师，一类是学校负责基础理论和基本技能教学的学校导师，以集体授课为主；另一类是负责实践和岗位技术技能培养的企业导师，是采用师带徒的方式教学。"双导师"团队具有双重职责：一是完善现代学徒制的人才培养；二是承担企业技术服务与科研创新工作，从而形成现代学徒制团队校企共培互聘、双向服务的机制。采用双导师培养制度是学徒在"双导师"指导下完成学业。岗位核

心课程和企业文化课程由企业导师承担,采用师带徒方式实施岗位教学;基本理论知识和基本技术技能课程由学校导师授课,学徒在工作岗位上,通过工学交替的方式完成学业,实现在岗成才。

通过校企共建"双师型"教师培养培训基地,建立了"双导师"的选拔、培养、考核、激励机制,基本形成了一支具有扎实的理论知识和丰富实践经验的"专兼结合"的"双师型"优秀教学团队,双师素质教师比例达90%以上。建立校企指导教师管理制度,实现双方人员双向挂职锻炼,互聘互用,联合技术开发、教科研活动,专业建设的管理机制。建立教师业务档案。共同制定了骨干教师交流学习方案。

三、工作成效

(一) 构建学徒制人才培养模式、课程体系、评价标准

在任务推进中,药学系与怡康医药有限公司把"双协同、双合同、双身份、双导师、双课程、双循环、双证书、双保障、双评价"作为"双主体育人"的建设内涵。以药学服务方向为能力培养主线,按"学生—学徒—准员工—员工"阶梯式的培养路径来培养符合医学特色的高素质技术技能人才。

构建了"双元协同、三标融合、四步递进"的药学专业现代学徒制人才培养模式,在培养方式上采用双元招生、双元管理、双元教学、双元评价,在培养标准制定中将教学标准、行业标准、职业资格标准相融合,在培养路径上按照职业素质养成、职业基础能力、职业岗位能力、职业发展能力四步阶梯能力培养。

构建了"双平台互通、能力阶梯"的药学专业现代学徒制课程体系,即企业平台课程与学校平台课程互通,职业能力阶梯培养。

构建了"阶段考核加出师考核"的多方考核评价体系,学校、企业、学生三方形成合作机制,明确责任、学徒津贴、有关保险、导师津贴等相关政策。

从学校方面来看,学生在专业知识的掌握及实践技能方面较普通班学生有明显的提高,无论是理论考试还是实践操作测试,试点专业学生成绩普遍高于普通班。学生的职业能力和素质符合企业的发展需要,针对性强,融入性好。专业教师因在教学实施中不断地与怡康医药一线的技术骨干、专家交流,极大地促进了其专业能水平的提升。从怡康医药方面来看,现代学徒制的实施降低了其招聘成本及培训成本,更重要的是对于学生(学徒)学习过程、性格情况有了全面直观的了解,可将学生(学徒)安排在最合适的岗位充分发挥其潜力,为企业创造最大的价值。

（二）教师的实践技能得以提升

依托与怡康医药共建的"双师型"实践教学基地，学校组织教师与怡康医药专家共同开发实践教学项目，要求教师分批次到怡康医药参与实践锻炼，极大程度地提升了教师的实践能力，如：

(1) 杨薪正，2018 年"古方'玉泉丸'口腔速崩片制备方法及降糖作用的研究"课题立项；

(2) 雷岁合，2018 年申请"陕西省医学类高职院校毕业生就业状况及其对策"课题立项；

(3) 谭飞，2018 年为御龙医药和众友健康医药进行 GSP 认证；

(4) 高叶，2018 年"生物化学"获得市教科院信息化说课二等奖；

(5) 雷金珠，2018 年"如何从容处理学生向学徒过渡的问题"荣获校级三等奖；

(6) 李巧娟，2018 年"优化培训方式，推广案例式教学，提升培训效果"获公司评比一等奖；

(7) 雷岁合，2019 年申请"药品调剂学'理实一体'课程开发"课题立项；

(8) 杨薪正，2019 年"高职高专药学专业人才培养模式创新与实践"课题立项；

(9) 宋游行，2019 年"关于益康医药员工创新活动的调查和思考"获公司评比一等奖；

(10) 赵晓兰，2019 年"药理学"获市教科院微课比赛一等奖；

(11) 戴新涛，2019 年"药事管理学"获得市教课院信息化说课二等奖；

（三）学生学习的主动性不断增强

学生(学徒)的双重身份相对于普通学生身份而言，现代学徒制的学生对将来所从事的岗位及技能知识要求有更清晰的认识，学习的目的性更明确，学习的主动性更高。学生对口就业率达 96%、本地就业率达 83%，企业对学生的满意率保持在 90%以上。

直接受益学生数：现代学徒制班全体学生(学徒)46 人。

间接受益学生数：全体本专业及相关专业学生 200 人。

学生专业技能学习扎实，能够满足企业用人需要，直接上岗工作。

四、资金到位和执行情况

为了保证现代学徒制试点过程的顺利进行，学校和合作企业投入一定的资金，具体的资金投入和执行情况见表 1 所示。

表1　校企资金投入和执行情况表

序号	支出项目	学校投入经费(万元)	企业投入经费(万元)	合计(万元)
1	制定管理制度及现代学徒制人才培养方案	2.0	2.2	4.2
2	招生招工宣传	0.7	0.4	1.1
3	师资队伍建设	4.0	8.67	12.67
4	校本教材	2.1	1.8	3.9
5	实训基地建设	23	9	32
6	资源库建设	14.4	1.7	16.1
合计		69.97		

五、存在的主要问题和改进措施

(一) 家长和学生对学徒培养方式在认识上还存在偏差

分析原因：一些家长对现代学徒制了解认识不足，他们认为，孩子来学校应该在校学习文化知识，学习理论知识，应多接受学习教育而非企业锻炼。甚至有些家长和学生担心可能会沦为企业的廉价劳动力。

改进措施：加大宣传力度，让家长和学生真正了解现代学徒制，并邀请家长去企业参观体验。通过提高生活补助、签订用工合同等手段，提升学生对企业认同和获得感，让家长、学生乐于参与学徒培养。

(二) 建立完全适应企业生产经营周期的教学组织形式的力度还不够

在学徒教学运行过程中，打破传统学校的教学组织形式，建立完全适应企业生产经营周期的教学组织形式的力度还不够。

分析原因：长期的教学管理的标准习惯于整齐、统一。学校部分教职工惯于每年固定两学期有寒暑假，对于打破自己所习惯的教学安排，有些不适应。

改进措施：出台激励措施，激励引导广大教职工积极改革，从企业需求出发，以结果为导向来改革改进教学组织、教学管理。

(三) 在学分制改革和弹性学制管理方面成效不佳

日前出台了针对现代学徒制学生的学分管理办法，但是尚未真正发挥学分制应该起到的效果。

分析原因：学分制的实行是建立在完全选课制的基础上，目前学校的开课选课制度还需进一步的改革以适应学分制。弹性学制的实现还需国家学生管理政策的调整支持，目前似乎缩短学制在学籍政策上尚不能被允许。

改进措施：改革开课选课制度，大力引进适合学校特点优质线上课程开展混合式教学。建议国家教育主管部门修订学籍相关政策以适应现代学徒制灵活的教学要求。

(撰稿：西安医学高等专科学校　闫晋晋)

第二部分

现代学徒制试点院校典型案例

一、第一批现代学徒制试点院校典型案例

陕西工业职业技术学院典型案例

联手跨国名企　共育一流人才

　　根据教育部《关于公布首批现代学徒制试点单位的通知》(教职成厅函〔2015〕29 号)文件，陕西工业职业技术学院被立项为首批现代学徒制试点单位。机电一体化技术专业被确定为现代学徒制试点子项目。

　　学院按照"国际知名、行业领军、专业对口、意向优越"的原则，遴选与我院有广泛合作基础的国际 500 强知名企业亿滋国际在华子公司"亿滋中国"，对接中央财政支持"机电一体化技术"重点专业，依托"亿滋中国"典型工作岗位技能要求，对接"亿滋中国"食品自动生产线、饮料自动生产线、产品自动包装生产线等典型工作岗位，结合"机电一体化技术"专业人才培养方案，校企融合，开展现代学徒制人才培养，形成了校企深度融合的"双主体、四递进、十合作"的"陕西工院-亿滋"现代学徒制人才培养模式，见图 1。

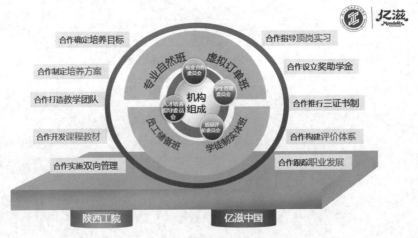

图 1　"双主体、四递进、十合作"的"陕西工院—亿滋"现代学徒制人才培养模式

校企共同制订、优化人才培养方案 3 份；制定 12 门体现"学徒制"教学特点的全新课程标准；完善修订 5 门课程标准；校企共同开发现代理论课与岗位技能课教材 4 本教材；建成 23 人的双导师专业教学团队，其中企业导师 10 人，校内导师 8 人；另聘企业师傅 38 人。招收第一期学徒制学员 42 人，第二期 105 人。共同制订学生评价与考核标准、共同做好"双师"(教师与师傅)教学与管理、共同做好学生实训与实习，实现校企联合培养，使现代学徒制落到实处。学院与"亿滋中国"深入合作，逐步建立"培养目标合作定位、培养方案合作制定、教学团队合作打造、教学管理合作实施、评价体系合作构建"全过程现代学徒制"双主体"协同育人长效机制，人才培养质量稳步提升。

特色：构建校企双轨育人新机制，建立"校、企、生三方"教学新主体，学校、企业深度合作，教师、师傅联合传授，加强学生专业知识和岗位技能培养。在此过程中，设立规范的企业课程标准、考核方案、质量监控体系等，校企双方共同加强过程管理，保证学徒基本权益；根据教学需要，合理安排学徒岗位，分配工作任务；根据学徒培养工学交替的特点，实行弹性学制或学分制，创新和完善教学管理与运行机制，体现了校企合作的深度融合，落实了企校师徒新责任，实现了教学对接岗位，实岗育人、双师传授，发挥了企业师傅对学徒的传、帮、带作用，培养了满足企业用人需求、岗位技能要求、服务行业产业需要、具备入职上岗资格的学徒制员工。

一、把握学徒制精髓，重构学徒制组织形式，确定人才培养模式

学校确定了以企业用人需求与岗位标准为导向，以岗位技能和职业精神培养为核心，创建了从"学生→学徒→准员工→员工"四位一体的现代学徒制人才培养模式，逐步实现了由形式到内涵、由虚拟到实体、由学生到员工的晋级转换。

图 2　重构学徒制组织形式　　　　图 3　"学生→学徒→准员工→员工"

二、完善组织构架，明确校企双方责权利

校企双方共同协作，成立了校企合作委员会、人才培养指导委员会、学生管理委员

会、质量评价委员会四个委员会，分别履行确定合作目标、日常教学管理、学徒工作管理、教学质量评价等职责，见图4。

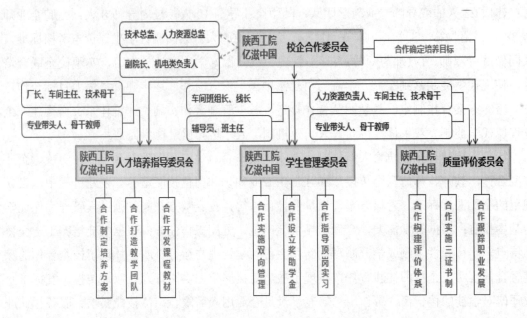

图4　校企合作四个委员会各司其职

三、实施过程

1. 联手知名企业，校企深度融合共同谱写校企协同育人新篇章

我院对接"亿滋中国"典型工作岗位技能要求，结合"机电一体化技术"专业人才培养方案，签署现代学徒制人才培养协议，见图5。

图5　对接企业岗位要求，签署现代学徒制人才培养协议

2. 校企联动宣传宣讲，招生招工现代学徒制学员，试点招生招工一体化

我院利用招生宣传彩页、现场宣讲等多种形式宣传宣讲，使学生、家长了解现代学徒制，见图6、图7。

图6 现代学徒制班招生宣传彩页　　　　图7 亿滋中国 iTech 现代学徒制宣讲

3. 校企联动共同组织招考，组成现代学徒制实体班

2015 年 9 月启动机电一体化技术专业现代学徒制试点申报工作，经专家论证和遴选，2016 年 9 月 25 日第一届现代学徒制班开班，42 名学生入班；2017 年 9 月 28 日开设第二届学徒制班，105 名学生入班，见图8。

图8 第一届、第二届亿滋中国—陕西工院现代学徒制班合影

4. 针对企业典型岗位职业技能要求，确定人才培养方案和课程体系

由现代学徒制人才培养指导委员会通过分析行业/企业生产现场(班组长、技术员、品质员)技术管理人才岗位群所需的知识、能力、素质，结合企业生产设备特点和专业人才培养规律，构建全新的课程体系，形成全新的"0.5+0.5+1.5"三段式学徒制培养方案，见图9。

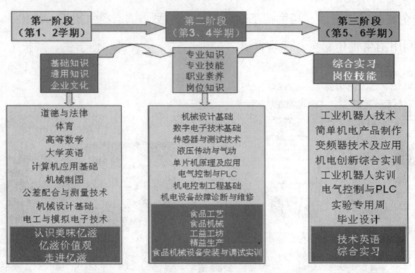

图 9　结合岗位技能要求开发课程体系

5. 校企协同共建，培养技术过硬的专兼职教学团队

现代学徒制班人才指导委员会制定亿滋班教学团队选拔方案。在学院、企业中选拔学徒制班教师，组成学徒制班教学团队。学院从亿滋中国企业先后选聘 24 名技术人员、亿滋中国从学院机械、数控、电气等学院选聘了 18 名教师共同组成该教学团队，实施完成理论与实践教学环节，见图 10、图 11。

图 10　学校为企业兼职教师颁发聘书

图 11　教师赴亿滋食品(北京)有限公司实践锻炼

6. 校企协同育人，培养"掌握专业技能，具有职业精神"的学徒

根据校企合作协议和人才培养方案，学徒制班 39 名学员进入亿滋中国在华的子工厂——北京亿滋饼干工厂、苏州食品工厂、广州吉百利糖果厂进行培训学习，企业一比一配备实训指导师傅，指导学徒岗位训练，提升学徒的岗位技能，见图 12～图 16。

图 12　企业兼职教师在校内开展教学

图 13　企业技术总监讲解岗位技能要求

图 14　学徒进行一对一拜师

图 15　学徒赴企业进行岗位课程学习

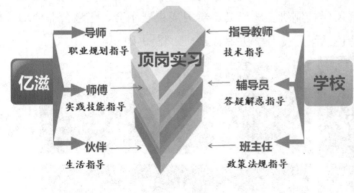

学生在企业顶岗实习图

顶岗实习期间的月度汇报

图 16　校企合作指导顶岗实习

7. 教学内容对接岗位需求，校企合作开发课程教材

结合亿滋企业生产现场实际，2017 年合作开发 4 门订单班专业核心课程及课程标准，开发《设备工艺》《食品工艺》《AM 支柱》《技术英语》等 4 本校本教材；2018 年合作开发 7 本校本教材，见图 17、图 18。

图 17　2017 年校企合作开发 4 本校本教材

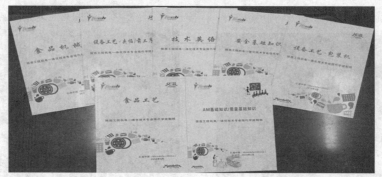

图 18　2018 年校企合作开发 7 本校本教材

8. 加强企业文化和职业精神渗透，校企合作实施双向管理

融入亿滋企业文化，开展学徒制班主题班会、学习成果展示会、亿滋公益活动、亿滋运动会、亿滋才艺展示等特色活动，提升学生综合素质，见图 19。

图 19　学徒制班丰富多彩的特色活动

9. 校企共管共评，将企业管理渗透到学徒制教学考核

由亿滋学徒制班评价委员会负责从招聘选拔、培养过程、技能考核、素质评价、顶岗实习、奖助学金发放等环节，建立一整套与国际质量体系、职业技能标准、员工素质要求、生产现场评价等相结合的学徒制培养质量评价体系和激励机制。在实践中不断探索、修改、完善加以改进，形成质量改进螺旋，使育人质量不断提升，校企合作持续稳定健康地发展，见图 20。

图 20　确定制度将企业管理渗透到学徒制教学考核中

10. 合作设立奖助学金

学徒制班学生除享受学院的奖、助、贷、免等政策外，亿滋企业按每年每班 3 万元设立 "iTech 亿滋班助学金"，每年每班 2.4 万元设立 "iTech 亿滋班奖学金"，见图 21。

图 21　企业设立奖助学金

11. 实施三证书制度，并跟踪学徒职业发展

学徒学习期满，经考核合格，获得陕西工院毕业证、亿滋学徒制班毕业证和 iTech 毕业证书 3 个证书，见图 22。

图22　特色证书

　　亿滋学徒毕业后，在企业还需要完成一年半的在岗技术提升、现场品质管理、体系管理的培养。学院选派专职教师协助企业设置阶段培养目标、制定培训方案和考核标准，指导学生按时顺利通过"TCP-1 技术员发展路径"的一级考核，成为亿滋中国的正式员工，见图23。

图23　毕业生回访及学徒制培养满意度调查表

四、辐射和带动作用

　　在真实的工作环境、任务规则下言传身教，通过师徒情感交流和行为感染培养学生的耐心、专注、坚持等品质气质，这就是"现代学徒制"的价值所在。校企深度融合的"双主体、四递进、十合作"的"陕西工院-亿滋"现代学徒制人才培养模式已得到任课并辐射至我院数控、数维等其他专业，带动中达电子、京东方、法士特集团、宝鸡吉列等更多企业参与到现代学徒制中，见图 24、图 25。

图 24　京东方学徒制班开班

图 24　中达电子台达学徒制班训练营

(撰稿：陕西工业职业技术学院　段文洁、刘清)

陕西交通职业技术学院典型案例

校企合作谋发展　产教融合育英才

陕西交通职业技术学院紧抓轨道交通行业的快速发展机遇，以城市轨道交通机电技术为现代学徒制试点专业，深化与行业企业产教融合，与陕西筑华机电安装工程有限公司签订现代学徒制合作协议，对接地铁运营与维护的机电与供配电检修维护工作岗位，联合培养，校企共同制定学徒培养与管理的相关制度，分担学徒的学习和实习，指导学徒岗位成才。

一、完善机制，强化学徒合作培养基础

建立了现代学徒制人才培养领导小组、二级学院+企业分部、教研室+企业班组、专业教师+技术能手的四级工作机构和"人才共育、过程共管、资源共享、权责共担"四共机制，见图1。

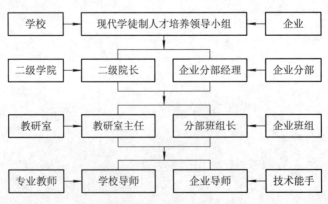

图1　现代学徒制育人四级工作机构

先后制定了《现代学徒制联合招生管理办法》《现代学徒制校企合作制度》《现代学徒

制教学管理办法》《现代学徒制双导师选拔制度》等十几项配合现代学徒制试点的制度与规定，为实现双主体育人、双导师教学、双环境培养打下了体制与机制基础，激励学校、企业、学生积极参与现代学徒制合作育人，见图2、图3。

图2 现代学徒制相关制度　　　　　　图3 现代学徒制试点班面试

二、工学结合，深化人才培养模式改革

1. 推进"双元育人、学工一体、双证贯通、岗位成才"的人才培养模式改革

校企根据行业发展与岗位要求，共同制定人才培养方案，确定岗位技能标准，共建实训基地，共同培养师资队伍，共同实施教学过程，共同进行学徒管理与评价。充分发挥校企各自优势，理论学习与岗位能力培养交替进行，校企开展"双元育人、学工一体、双证贯通、岗位成才"的人才培养模式改革，见图4。

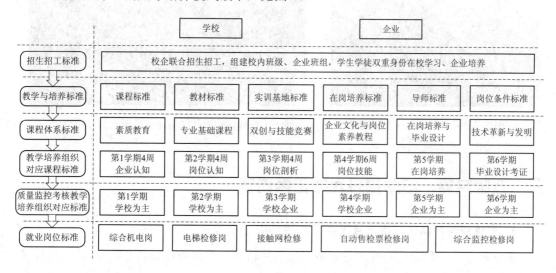

图4 "双元育人、学工一体、双证贯通、岗位成才"的人才培养模式

2. 制定了岗位标准、专业教学标准和"对接岗位、学工一体"的现代学徒制人才培养课程体系

校企联合，依据岗位标准和专业教学标准，遵循学生成才规律，凝练轨道交通机电专业岗位的 16 项工作任务和 53 项职业岗位能力，提炼总结出核心职业能力 25 项，课程体系对接岗位能力要求、课程对接职业标准、教学内容对接典型工作任务，形成了基于职业素养基础、专业基础能力、岗位核心能力和专业拓展能力四大课程模块的课程体系。

3. 建立了符合现代学徒制的"校企共管、综合评价"的质量控制与评价体系

建立校企对接的教学管理制度，共同实施学徒管理。制定《现代学徒制教学管理办法》《学分制管理办法》等校内教学和岗位培养有关管理制度，学徒以双重身份，分别接受学校和企业管理。

完善教学质量考核评价体系，校企综合评价。实行课程考核与岗位资格考核贯通，工作业绩考核、师傅评价与学习成绩互认和衔接。一是将岗位考核替代部分课程考核，折合成课程考核成绩；二是学生的创新创业活动成绩、技能竞赛成绩折算为学生的岗位技能考核成绩；三是建立了以企业评价为主导，应用为目的的学校、企业和第三方评价体系，见图 5、图 6。

图 5 企业师傅一对一指导考核　　　图 6 教师、师傅共同组织学徒毕业设计答辩

三、双师共育，协同提升人才培养质量

1. 完善双导师队伍，优化互聘共用师资结构

建立健全双导师建设制度，发挥不同师资的特点。聘任企业知名专家为客座教授，把握行业发展方向；聘任企业知名技能大师建立技能大师工作室，引领专业技术前沿；聘任企业高级工程师形成专业双带头人，把握专业发展方向等；聘任企业车间主任、工程师等

形成双骨干教师，开发课程资源，开展实践指导；学徒拜企业一线技师为师，指导学徒岗位技能实习；在企业建立教师流动工作站，教师轮流参加企业的生产与研究，见图7、图8。

图7　聘任客座教授

图8　技能大师工作室成立

2. 推进校企双向挂职锻炼，提升双导师能力

制定实践锻炼与挂职锻炼制度，培养学校导师的"职业实践能力"和企业导师的"教学能力"。学校导师参与专业对应产业项目研究、岗位工作实践等，提升岗位工作能力，将企业实践锻炼作为年度考核优秀和专业技术职务晋升的重要依据；企业导师参加学校的课堂教学基本能力、教学资源建设能力、新教学理念能力培训。同时，学校建立灵活的企业一线人才引进制度，加强校内教师团队力量。

3. 加强技术协同研发，增强师资队伍科研能力

校企联合开展技术攻关与科学研究，增强师资队伍的技术与科研能力。2016年以来，合作完成1项厅级课题建设，1项省级专业教学资源库建设，1项企业横向课题建设，2项院级课题建设，申请专利8项，1项院级教学资源库建设，3门在线开放课程建设。2018—2020年，联合组织开发20本基于不同岗位工作任务的"互联网+创新性"教

材及配套教学资源。

四、基地共建，满足岗位成才实践条件

校企合作在学校建设轨道交通实训中心，模拟企业真实环境，提高人才培养的针对性和实效性，见图 9。同时，全面开放学校的教学条件，充分利用校内条件满足企业员工技术与职教能力提升。在企业建设生产实习基地与教师流动站，开展学徒和教师技能培养，师傅指导学徒的岗位实习，内化知识体系，完备的软硬件条件为学徒制的试点提供了有力的保障，见图 10、图 11。

图 9　校企共建实训基地

图 10　服务轨道交通行业技能鉴定　　　图 11　发展中国家铁道通信信号技术培训班

(撰稿：陕西交通职业技术学院　史望聪、何鹏、卫小伟)

二、第二批现代学徒制试点院校典型案例

杨凌职业技术学院典型案例

"三阶四岗五保障"协同育人聚焦
生产一线高素质技术技能人才培养

中药制药技术专业实施现代学徒制教学的主要目标是为制药企业培养德、智、体、美、劳全面发展，具备中药制药基础理论、基本知识、基本技能以及与其相关的中医药学等方面的知识和能力，在中药材前处理、中成药生产、药品质量管理以及营销服务等领域从事中药材加工、中成药生产、药品质量控制、药品经营与管理等方面工作的生产一线高素质技术技能人才。而这一目标的实现，要有突出核心技能训练的课程体系、科学合理的教学体系以及良好的教学条件作保障。为此，我们在实施中药制药技术专业现代学徒制试点工作中，经过多年的实践，探索形成《"三阶四岗五保障"协同育人，聚焦生产一线高素质技术技能人才培养》的基本经验，既尊重教育教学规律，三个阶段教学递进，又兼顾企业的需要，重视四个岗位核心技能的培养，同时根据制药行业、企业的特点，做好五个方面的基本保障，确保校企共同培养出生产一线需要的高素质技术技能人才，为同类院校制药类专业的现代学徒制教学提供借鉴，见图1。

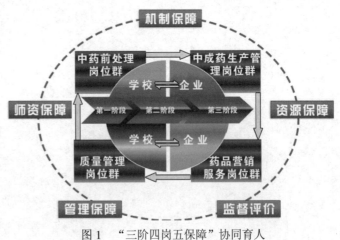

图1　"三阶四岗五保障"协同育人

一、三阶递进，扎实推进教学

在教学中，按照知识、技能递进规律，把教学内容的四个模块(基础素质能力、专业基本技能、职业核心技能、岗位专项技能)分为三个阶段，每个阶段分别在学校与企业实施工学交替的教学。不同阶段的专业性、综合性及学习难度逐渐增加，层层递进，使学徒逐步适应教学要求，见表1。

表1 "三阶递进、四模块"校企工学交替教学安排表

阶段划分	分布学期	学徒制教学模块	组织实施						培样效果
			学校			企业			
			学徒制课程	时间分配	实施主体	学徒制课程	时间分配	实施主要	
第一阶段	第1学期	基础素质能力模块	英语、思想政治理论、体育、计算机应用等	23周	校内导师为主企业兼职导师为辅				初级学徒
	第2学期		中医药学基础、药用植物学等	19周	校内导师为主企业兼职导师为辅				
	第3学期		中药鉴定技术、中药化学等	17周	校内导师为主企业兼职导师为辅	认岗实践(职业素养、制药企业SOP)	4周	企业理论导师：企业理论课程教学 企业岗位导师：岗位实践指导 校内实训导师：参与理论课程学习 校内理论导师：跟岗协助指导	
第二阶段	第4学期	专业基本技能模块	药事管理与法规、中药调剂技术等	18周	校内导师为主企业兼职导师为辅	跟岗轮训(中药前处理、中成药生产)	4周	企业理论导师：企业理论课程教学 企业岗位导师：岗位实践指导 校内实训导师：参与理论课程学习 校内理论导师：跟岗协助指导	中级学徒
	第5学期	职业核心技能模块	中药制剂技术、中药制剂检测技术等	13周	校内导师为主企业兼职导师为辅	跟岗轮训(药品质量控制)	6周	企业理论导师：企业理论课程教学 企业岗位导师：岗位实践指导 校内实训导师：参与理论课程学习 校内理论导师：跟岗协助指导	
第三阶段	第6学期	岗位专项技能模块		1.5周		顶岗操作(药品营销、药品管理)	18周	企业岗位导师：岗位实践指导 校内理论导师：跟岗协助指导	高级学徒

二、四岗轮训，培养核心技能

学徒在企业的认岗、跟岗阶段，在中药前处理、中成药生产管理、质量管理、药品营销服务四个关键岗位群，以"四岗轮岗、师傅带徒、岗位培养"的方式，见图 2，通过岗位师傅面对面指导，强化专业核心技能训练及综合素质培养，提高学徒的技术技能水平及职业素质。认岗、跟岗结束后，经过综合考核评定，确定适合每个学徒的顶岗实习岗位。

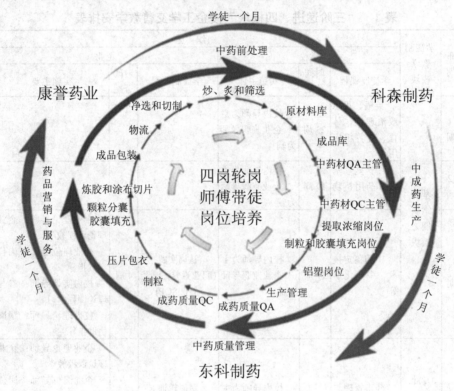

图 2　现代学徒制"轮岗带徒培养"模式图

三、五方保障，确保培养质量

1. 机制保障

(1) 成立组织机构，搭建工作平台。校企联合成立了以学院院长、企业主要负责人为组长的领导小组。同时成立了以学院教学副院长、企业人力资源部门负责人为主的工作小组，明确了职责，搭建了高效的工作平台。

(2) 出台保障制度，明确实施细则。从学院、二级分院、工作小组等不同层面制定了一系列的规章制度，校企联合印发了 20 余项文件，规范了现代学徒制教学的实施路径、方法和标准、招生招工流程、人才培养方案、"双导师"队伍建设、教学管理、教学效果评价等，试点前有方案，过程有保障，养结果有标准。

(3) 建立校企培养成本分担机制。以协议、文件及制度等方式明确了人才培养成本分担内容、方式、数量等。项目实施两年中，学校共投入资金 153.4 万，企业投入资金 127.1 万元，真正实现了校企共同育人。

2. 师资保障

(1) 健全"双导师"队伍。学院出台"双导师"队伍建设与管理办法，按照规定及程序，选拔了 3 名专业带头人，13 名校内理论导师，5 名实训指导教师；6 名企业理论导师，19 名岗位师傅。

(2) "双导师"组织教学。根据制药行业及企业的特点，"双导师"为学校导师及企业导师，而企业导师又分为理论导师、岗位师傅。理论导师主要负责学徒学习制药行业 SOP 文件、制药环境卫生知识或者在学校兼职任课；而岗位师傅主要负责岗位技能的培养及学徒综合素质的养成。学校导师也分为理论导师和实训指导教师，承担不同的教学任务，当学徒在企业学习理论课程内容时，学校实训指导教师会下企业跟课堂随班学习，以进一步提高自身理论水平；企业岗位师傅指导学徒完成岗位实践任务时，学校理论导师则下企业跟岗指导，解决学徒在岗位实践中遇到的理论困惑，弥补岗位师傅理论水平不足的问题。

(3) 利用各种途径提高"双导师"的教学能力。形成制度化的导师培训、下企业实践锻炼，参与实验实训建设、承担科研任务等工作，加强考核，并重视考核结果的运用，极大地调动了教师工作的积极性。

3. 资源保障

(1) 企业实践岗位保障。三家合作企业提供了中药制药技术专业核心技能要求的 4 个岗位群，19 个岗位，学徒能实现"四岗轮岗、师傅带徒、岗位培养"，满足了认岗→跟岗→顶岗的教学要求。

(2) 丰富课程资源。充分发挥校企优势，共建了混合在线课程 12 门，精品在线课程 5 门，资源库课程 10 门，均已全部上线运行使用。

(3) 校企联合编写教材。按照岗位标准，共同编写了一套(包含 4 个岗位群)学徒制岗位特色教材，规范了学徒岗位操作，提高了培养质量。

(4) 共建共享实训条件。校企联合共建了中药材标本室、药物分析室、精密仪器室、企业文化室四个实训室，解决了学徒、员工及校内教师识别饮片、辨认中药标本、分析设备、企业文化不足的问题。

4. 管理保障

为了提高学徒制实施效果，中药制药技术专业学徒制试点实施校企"二元制"的管理机制，包括招生招工管理、教师管理、学徒管理、教学管理和评价管理五个方面。实施"二元制"管理机制，见图3，保证企业与学校管理无缝衔接。

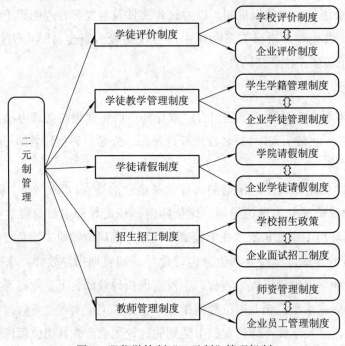

图3　现代学徒制"二元制"管理机制

5. 监督评价

　　以企业用人要求与岗位职业资格标准为原则，以学生(学徒)技能培养为核心，建立了包括学校、企业、药业协会、药监局等多方参与学徒培养过程、培养结果的监督评价机制。充分利用学校的二级督导、企业的人力资源，监督培养过程，在课程结课、岗位单项任务结束时考核，不及格者，延长实习时间，重新考核合格后，方可进入下一阶段学习。培养结果评价则是在顶岗实习结束后，由学校、企业、协会等单位取得国家职业技能鉴定考评员资格的人员担任考评员，组成至少5人的考评小组，对学徒岗位技能进行全面的达标考核，以保证培养质量。

（撰稿：杨凌职业技术学院　刘玉凤、龙凤来、周博）

西安航空职业技术学院典型案例

标准引领 岗位成才

推进高技术技能人才从"高原"迈向"高峰"

西安航空职业技术学院是国家百所示范性高等职业院校之一,是教育部第二批现代学徒制试点单位。学院位于西安阎良国家航空高等技术产业基地核心区。近年来,充分发挥航空区位优势,坚持产教融合发展主线不动摇,坚持紧跟航空产业发展不动摇,坚持服务地方经济升级转型不动摇,学院在服务产业发展中纵深推进工学结合人才培养模式改革;在实践性强、技术性强专业不断推进现代学徒制,全力打造育人链与创新链、产业链融合发展。

航空摄影测量与遥感技术专业从诞生之日起就充满浓厚的校企合作基因。2014 年,学院与陕西省测绘地理信息局、陕西国一四维航测遥感有限公司联合,作为全国第二家航空摄影测量与遥感技术专业申报单位并获批。学院不断加大校企资源共享、实验实训室共建、技术人员互聘共用等方面的合作力度,特别是审批通过教育部第二批现代学徒制试点单位后,学院纵深推进政校企合作的深度和广度,全力打造具有航空特色的现代学徒制"西航模式",推进高技术技能人才培养从"高原"迈向"高峰"。

一、引企入校,打造产学研一体化生产性实训基地

学院采用筑巢引凤形式,与陕西省测绘地理信息局、陕西国一四维航测遥感有限公司(以下简称"国一四维公司")合作,引入行业、企业设备、技术、人员、资金等资源,共建集产学研一体化的生产性实训基地。

(1) 校企合作办专业。校企共建共用共享航空遥感测量实训基地,结合企业产品生产

和研发，共同制订实训方案，实现教学过程与生产过程同步，实现实验实训设备"零投入"条件下学生实训设备与市场一流设备同步。

(2) 紧跟行业优化设备。学院紧跟企业行业技术前沿，按照教学、生产、研发一体化的功能要求，及时对接技术更新，及时更新设备，提升标准，确保教学内容与技术革新同步。

(3) 岗位培养共育人才。通过引企入校方式，国一四维公司带入企业真实项目，学生学徒在企业导师的指导下，"真刀实枪"开展项目操作，在深化理论知识的同时指导实践操作。

二、校企合作，推进招生招工一体化工作

学院在航空摄影测量与遥感技术专业大力推进政校企行共同参与的招生招工一体化模式，为学徒学生双重身份打下坚实基础。

(1) 制订招生招工一体化方案。由中煤航测遥感局根据行业人才预测和企业实际岗位需求，提出用工岗位、岗位职责及要求，发布招工需求，由企业进行笔试和面试综合录取学徒，2016 级摄影测量与遥感技术专业招收 15 名学徒，组成"中煤航测遥感局航测工程现代学徒制"学徒班，并且由学校、企业、学生签订《摄影测量与遥感技术现代学徒制三方协议书》，快速提升毕业生的就业竞争力。

(2) 行业、企业人员全程参与招生过程。利用陕西省单独招生考试，中煤航测遥感局、国一四维公司全程参与到航空遥感测量招生过程，按照企业用人标准，遵从行业基本用人规范，合理选拔适合企业发展、满足岗位需要的学徒。

三、标准引领，实施岗位成才人才培养制度和标准建设

校企合作共同构建以"职业素质基础课程+专业基础课程+岗位技术技能课程(专业核心课程)+专业拓展课程"的课程设置模式，见图1。

图1　企业师傅讲解专业基础知识

（1）引入企业标准。按照航空遥感测量的岗位群设置人才培养方案，设定专业拓展课程和岗位技术技能课程。专业拓展课程以教学项目为载体，教学项目由企业师傅和专业教师共同开发，适合学生进行专业操作实训，制订以育人为目标的现代学徒制人才培养方案。

（2）对标企业规范。引入企业岗位培养教材作为专业教材，选聘技术水平较高、德技双修的企业技术人员作为学生导师，突出岗位素质要求，培养基于岗位能力要求的高素质技术技能人才。

（3）对标企业质量标准，进行实践教学授课。以产品检测质量结果，作为课程学习考核结果，强化学生质量意识和生产意识，见图 2、图 3。学校和企业按照国家测绘职业标准，联合开发了基于实际工作过程的《数字测图》《测绘学基础》等项目化教材。

图 2　企业师傅指导实践操作

图 3　企业师傅指导数据处理

四、岗位成才，助力青藏高速精准野外测绘

学院坚持岗位成才，在实际岗位中成长成才。

（1）坚持真实项目引领，真实岗位锻炼。国一四维现代学徒制班级 14 级、15 级 20 名学生于 2016 年 7 月参与了国家青藏高速公路 G6 格尔木至那曲段的勘察测量项目，按照企业规范，圆满完成了航飞外业相片控制点勘察任务，采集的数据精度满足企业设计标准，得到企业的高度认可，学生在项目执行期间，每人获得 10000 元的岗位津贴，见图4、图5、图6。经企业考核全部合格，也完成了身份从准员工到正式员工的转变。

图4　摄影测量与遥感技术专业学生 陈方圆、李犇、马楠勘察测量现场

图5　国一四维董事长高原与现代学徒制试点班学徒合影

图6　参与学徒制培养的学生领取岗位津贴及荣誉证书

(2) 坚持工匠精神融入到岗位成才中。在青藏高速的 GPS 静态数据测量、野外数据调绘中，企业为学徒选配经验丰富的高级技术人员，按照企业规范和行业标准开展指导、培训；学徒克服雪域高原山大沟深、高寒缺氧、环境恶劣的困难，在平均海拔 3500 米以上，充分发挥精益求精、追求卓越的工匠精神，历时两个月圆满完成企业摄影测量施工项目，所提交的成果完全符合国家要求，受到企业专家的一致好评。

西航职院纵深推进产教融合、校企合作，将以航空特色专业建设为抓手，以现代学徒制人才培养模式改革为突破口，不断深化产教融合、校企合作，共同构建校企协同育人长效机制，全力推进航空类杰出技术技能人才培养从"高原"迈向"高峰"。

(撰稿：西安航空职业技术学院　李强、李万军)

陕西铁路工程职业技术学院典型案例

师傅带徒传承专业技能　校企共育现代铁路工匠

根据学院现代学徒制试点工作安排，铁道工程系(以下简称"铁工系")携手中铁一局集团第四工程有限公司(以下简称"中铁一局四公司")共遴选 51 名学生组建了"中铁一局集团第四工程有限公司现代学徒制试点班"。

1. 探索实践校企招生招工一体化

根据企业的用人标准及学院的招生标准，成立了由企业人力资源部和铁工系、就业处、教务处等相关人员共同组成的招生(招工)小组，校企双方制定了招生招工方案。文化课考试要达到单独招生考试或者国家高考录取分数线，并且要通过职业适应性测试。职业适应性测试包括摆放三脚架、看图摆砖等项目，查看学生动手操作能力，考查学生立体思维及从事铁路工程施工技术管理工作的潜质，见图 1。

图 1　职业适应性测试

通过文化课考试及职业适应性测试择优选拔，对遴选的 51 名学生及其家长告知了培养方案、保险购买及劳动报酬等情况。学校与企业签订了联合办学协议，学生、学校与企业签订了三方协议。

2. 校企共同制定工学结合人才培养方案

与中铁一局四公司共同成立了专业建设指导委员会，由学校专业教师与企业工程师等技术人员共组专业团队，定期研究专业建设，见图 2。融合职业资格标准，确定了学徒岗位能力、培养目标、培养规格和课程体系等，遵循职业成长规律和工作过程系统化原则，开发了铁道工程技术专业现代学徒制人才培养方案。

图 2 专业建设研讨会现场

根据中铁一局四公司设定的岗位标准，构建了基于工作过程系统化的课程体系。设置的企业课程见表 1。

表 1 专业课程校企授课情况说明

序号	课程名称	总学时	学分	学校教师授课学时	企业师傅授课学时
1	工程识图与CAD	90	5.0	70	20
2	工程力学应用	90	5.0	70	20
3	土木工程材料试验与检测	60	3.5	42	18
4	地基基础施工与试验检测	48	2.5	36	12
5	混凝土(钢)结构检算	48	2.5	36	12
6	工程测量基础	60	3.5	40	20
7	铁路桥梁施工	118	6.5	70	48

续表

序号	课程名称	总学时	学分	授课情况说明	
				学校教师授课学时	企业师傅授课学时
8	铁路轨道施工	118	6.5	70	48
9	铁路隧道施工	104	6.0	56	48
10	铁路施工组织与预算	104	6.0	56	48
11	线桥隧施工测量	60	3.5	20	40
12	盾构构造与操作维修	72	4.0	60	12
13	盾构施工技术	80	4.5	56	24
14	企业文化管理	32	1.5	10	22
15	工程项目管理	36	2.0	24	12
16	液压技术应用	48	2.5	32	16
17	盾构操作	96	4.0	协助	96
18	学徒识岗	24	1.0	协助	24
19	学徒跟岗	48	2.0	协助	48
20	工程测量综合实训	48	2.0	协助	48
21	工程识图与 CAD 综合实训	24	1.0	协助	24
22	土木工程材料试验与检测综合实训	24	1.0	协助	24
23	学徒顶岗	408	17	协助	408
	合计学时	1840	93	748	1092

3. 创新实施"学期分段、先学后训"的教学组织模式

适应铁路工程建设特点，优化传统的"紧随铁路，柔性学期"教学组织模式，创新实施"学期分段，先学后训"的教学组织模式。学期分段即从第二学年起实行每学期设 2 学段，各学段根据课程特点串并结合排课，专业核心课程实施"周 10 学时×7W＋2W"教学组织模式，即 7 周的理实一体化教学＋2 周的企业技能训练；专业拓展课程学习结束后，在企业开展相应的综合实训训练；第 6 学期实施企业毕业设计、顶岗实习，学校毕业教育。邹超、王刘勋等 13 名企业师傅授参与施工技术、企业管理方面的课程 23 门、课时1092 学时，见图 3、图 4。

图 3　企业师傅邹超在学校为学生授课

图 4　学生在企业承建的银西铁路项目学习

4. 校企协作评价人才培养质量

与中铁一局四公司联合建立了突出过程性考核全程评价考核机制，优化期末终结性考试形式，校企人员共同实施考核，见图 5、图 6。专业理论课程过程性考核包括综合素质和专业技能评价，侧重评价学生完成任务的熟练程度、工作思路、表达能力及成果可操作性等；终结性考核主要评价学生的综合分析能力、专业知识与专业技能运用能力。专业实践课程实施过程性项目实践操作考核，从课程考核项目设置、操作过程规范程度、递交成果精确程度、使用时间合理程度等方面量化考核指标，学生每个项目成绩计入课程成绩。

图 5　"工程力学应用"课程过程性考核

图 6　"铁路轨道施工与维护"课程过程性考核

5. 互聘共用师资队伍建设

通过双导师遴选与聘任、双导师管理、双导师培养、考核与评价，打造了一支专兼结合的"双导师"队伍。专业现有校内外专业带头人各 1 名、骨干教师 3 名、双师素质教师 16 名，双师素质教师比例达 93% 以上，3 名教师具有双语教学能力。聘请 13 名企业技术专家和能工巧匠作为师傅。企业师资队伍情况见表 2。

表 2　现代学徒制试点班企业师资队伍情况

序号	姓名	性别	出生年月	职称	擅长专业
1	邹　超	男	1977.06	教授级高工	桥梁与隧道工程
2	骆铁林	男	1969.03	高级工程师	工程力学
3	黄成武	男	1979.02	高级工程师	土木工程
4	阴宏武	男	1973.06	工程师	道路与铁道工程
5	韩党军	男	1975.06	高级工程师	工程测量技术
6	赵迎春	男	1980.01	工程师	机械制造与自动化
7	唐培彤	男	1974.07	高级工程师	道路与铁道工程
8	刘　庆	男	1982.06	工程师	桥梁与隧道工程
9	左永亭	男	1983.12	高级工程师	工程管理
10	杜　亮	男	1983.09	工程师	工程机械运用与维护
11	杨茂龙	男	1985.02	高级工程师	道路与铁道工程
12	李建文	男	1973.09	工程师	道路与铁道工程
13	王刘勋	男	1976.09	高级工程师	道路与铁道工程

现代学徒制班班主任实行校内、校外双班主任制度。铁道工程系教授庞旭卿博士担任学校班主任，中铁一局四公司邹超总工担任企业班主任，共同负责班级日常教育教学管理工作，见图 7、图 8。

图 7 聘请铁道工程系教授庞旭卿博士担任学校班主任

图 8 聘请省级劳模、教授级高工邹超总工担任企业班主任

6. "双导师"教学团队携手开发教学资源

教师、师傅携手联动制定课程教学标准，建成了专业省级教学资源库，建设资源 8867 条，试题 2380 道；资源库 13 门课程中，9 门为院级精品在线开放课程，见图 9。校企人员协作编写教材 3 部。

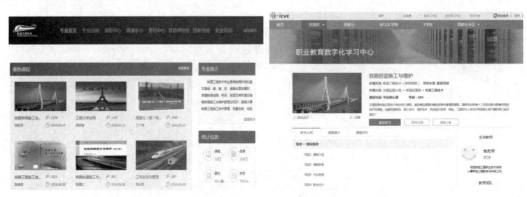

图 9 铁道工程技术专业省级教学资源库智慧职教平台

校企新建高铁轨道精调实训室，依托中铁一局四公司承建的项目建立了郑渝高速铁路等校外实训基地 7 个，优化开发实训项目 137 项，见图 10、图 11。

图 10　学生开展精调精测生产性实训

图 11　肯尼亚铁路培训学院董事长参观高铁实训工区

(撰稿：陕西铁路工程职业技术学院　张团结)

陕西国防工业职业技术学院典型案例

"四方三阶现代学徒制"工学交替人才培养模式的

探索与实践

一、人才培养

依托梅赛德斯-奔驰西安利之星汽车销售服务有限公司，并对区域行业(诸如汽车制造、汽车维修、汽车电子技术、汽车销售)的深入调研分析，充分了解人才需求情况，根据企业对学生的综合素质要求，改革创新人才培养模式，最终形成"四方三阶现代学徒制"工学交替人才培养模式。既注重学生素质、技能、能力的全面提升，又满足岗位的职业资格证书要求，见图1。

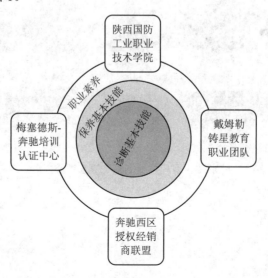

图1　"四方三阶现代学徒制"人才培养模式

"四方"即陕西国防工业职业技术学院、奔驰西区授权经销商联盟、戴姆勒铸星教育职业团队和梅赛德斯-奔驰培训认证中心四方代表规划、实施、监督教育项目运行情况。

"三阶"即根据学生认知规律，将分为三个阶段即职业素养阶段、保养基本技能阶段和诊断基本技能阶段，由浅至深、由单项到综合科学地排列进行培养。学校和奔驰经销商将是主要的两个育人主体，三位项目教师(师傅)带学生(徒弟)进行专业技能培训学习。

二、招生招工

学院联合梅赛德斯-奔驰西区办公室，依据西北五省的 20 多个梅塞德斯-奔驰经销商实际用工情况与人员需求，制定校企联合招工招生方案，确定学员招募的籍贯和数量，并签订《现代学徒制三方培养协议》。

由戴姆勒铸星教育团队、学校和经销商三方负责学员招募工作。大一第二学期，戴姆勒铸星教育团队负责梅赛德斯-奔驰宣传。学生经家长同意、辅导员推荐后，提交《汽车检测与维修技术现代学徒制学生报名表》进行报名。遴选将经历初级面试、笔试、实操考试和最终面试四个环节，见图 2。被录取的学生们组成现代学徒制班级，并且由学校、企业和学生签订《现代学徒制三方协议书》，即学生获得双身份认证，既是学校的在籍学生又是梅塞德斯-奔驰的准员工，由学校和戴姆勒铸星教育团队共同进行管理和培养，享受戴姆勒大中华区投资有限公司"梅赛德斯-奔驰心愿奖学金"。

图 2　现代学徒制学生遴选评委

三、师资队伍建设

1. 校内专职教师

戴姆勒大中华区投资有限公司来校对校内专职导师分别从四个方面：理论考试、面试、教学能力、实际操作进行选拔。最终选出三名符合奔驰班教学要求的项目教师。接下来，这三位项目教师必须获得梅赛德斯-奔驰全球培训认证。

他们首先要在成都奔驰培训中心完成奔驰保养技师培训。然后要到西安利之星奔驰经销商企业锻炼 1 个月，完成戴姆勒大中华区投资有限公司安排的实习任务。最终要赴德国奔驰总部——斯图加特，进行教学方法、教学技能的深造，学习德国双元制教学模式。

2. 企业兼职导师

企业导师是从西安利之星奔驰汽车销售有限公司、西安新丰泰奔驰汽车销售有限公司等聘请多名奔驰系统技师及以上认证的骨干力量。明确师傅的责任和待遇，师傅承担的教学任务已纳入考核，并可享受相应的带徒津贴。

目前已确定订单班 2 门通识课程、2 门专业在校课程由企业教师上课。实习期间，实施企业班组化管理模式 1 名师傅可带 3～5 名徒弟，组成学习小组，确保学生熟练掌握每个轮训岗位所需的技能，见图 3。双导师团队为学生举办讲座，共同参与团队教研活动，共同参与修订人才培养方案和课程标准制定，适应企业发展对本专业人才培养的需求。

图 3　企业兼职导师上课

四、实训实习基地建设

戴姆勒铸星教育基地由学校和企业共建，总资金 1200 多万。学校投资 800 万，包括基地设计、装修、进口教学设备和工具购置。企业投资 400 万，包括奔驰发动机、变速器、奔驰车、奔驰专业诊断仪、奔驰在线车间维修平台和最新的维修技术培训等。戴姆勒铸星教育基地可以划分为三大部分，分别是：前台接待区、理论授课区、实操保养区，见图 4。

图4　戴姆勒铸星教育基地建设

巴斯夫喷漆实训基地配备专业的车身喷涂设备与专用工具。专业工具和设备与经销商标准保持了高度一致，喷涂工艺流程为最先进最切合市场需求，安全环保要求达到全球标准，从而保证学员在学校培训和在工厂、经销商工作时实现无缝对接。专用工具与设备中，包含了专业喷涂前处理工位区、调漆室、烤漆房及油漆处理回收室几大实训区域。

五、管理创新

创新人才培养的考核评价机制，坚持技能为本、能力为重，以实习计划及实习大纲为统领，以奔驰经销商用人需求与岗位资格标准为导向，以学生(学徒)技能培养为核心，深化教育模式改革，推进教育机制创新，建立第三方(奔驰认证中心)评价机制，增强高职教育对我市经济社会发展的人才支撑力，提升高职教育的核心竞争力。以下是戴姆勒铸星教育现代学徒制考核评价与过程监控机制的实施方案。

1. 考核评价目的

(1) 汽车检测与维修技术现代学徒制试点进展和执行情况；

(2) 持续提升汽车检测与维修技术现代学徒制试点管理水平；

(3) 汽车检测与维修技术现代学徒制试点系统化；

(4) 全方位提升汽车检测与维修技术现代学徒制试点教学质量。

2. 考核内容

考核内容分为4个部分，即教师、学生、设备和管理。

教师考核指标分为：专业能力、教学能力和动手能力。

学生考核指标为：专业能力和工作能力。

设备考核指标为：基础设施和设备维护。

管理考核指标为：教学执行、档案管理、学生培养和经销商合作。

考核指标打分标准和打分权重见图5。

A 教师	• 专业能力：实习手册的内容应完成80%；德国培训报告需要每个项目老师提供 • 教学能力：现场评估两课时的理实一体课。 • 动手能力：现场评估教师的实操专业能力。	
B 学生	• 专业能力：MT考试由培训部门统一出题，学校可以提前集中辅导，通过率以参加顶岗实习的学生数量为基数计算（若遇特殊情况，单独考虑） • 工作能力：实习表现评估反馈表实习6个月内提交。	
C 设备	• 基础设施：学校应按照项目要求建设和完善教学设备 • 设备维护：学校应使用项目所推荐的表格管理项目相关设备，项目组会随机检查相关文件	
D 管理	• 教学执行：学校需要提供相关教学文档、教学计划 • 档案管理：教师、学生档案齐全，及时更新。 • 学生培养：学生表现评价，就业率，安全意识教育 • 经销商合作：检查相关文件	

	教师	学生	设施	管理	
评分项	专业能力 教学能力 动手能力	专业能力 工作能力	基础设施 设备与维护	项目执行 经销商合作 学生综合能力	
	25分 +	20分 +	20分 +	35分	= 100分
加分项				特殊贡献	
				10分	
评分说明	• 每个评分项见评分表，共计100分+10分加分项 • 评分结果将公布，并进行年度排名 • 总分（不含加分项）低于60分视为不及格。虽总分超过60分若单向得分低于该单项总分50%的，也视为不及格 • 连续两年评估结果不及格，学校停止招生一年整改，等待第三次评估				

图5 考核指标打分标准和打分权重

(撰稿：陕西国防工业职业技术学院 王明哲、张鑫、权春锋、冯帆)

陕西能源职业技术学院典型案例

串并双轨 · 工学交替 · 技岗同升

——计算机网络技术专业现代学徒制教学运行组织的创新与实践

一、项目概述

按照《教育部办公厅关于公布第二批现代学徒制试点和第一批试点年检结果的通知》(教职成厅函〔2017〕35 号)，陕西能源职业技术学院被教育部、财政部确定为"第二批现代学徒制试点单位"，机电与信息工程学院计算机网络技术专业作为试点专业，2017 年 9 月正式启动建设工作。经过为期两年的试点，形成了"1+1+N"的校企合作模式、"双主体育人、多主体用人"的人才培养模式、"岗位驱动技能、职责传递匠心"的教学模式。随着现代学徒制试点项目的推进，该专业进入了发展快车道，专业的美誉度、知名度得到学生、家长、同行和企业的广泛认可。

二、构建"互联网+"模块化课程体系

学院以"能力核心、系统培养"为指导思想，按专业标准研制标准化流程，通过供需调研、职业能力分析、课程体系构建、标准编制等环节，校企共同制定和完善人才培养方案。在职业能力分析的基础上，以学生的可持续发展为出发点，遵循技能人才成长规律，将职业能力有机地转化到课程中去，确定课程门类和课程结构，构建出专业课程体系，见图 1。本专业以企业人才需求为导向，融"职业素质、职业技能、项目经验"为一体，以企业真实项目为驱动，带动教学，强化职业技能训练，促进学生应用技术创新能力的培养。

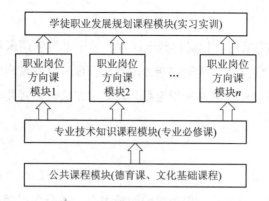

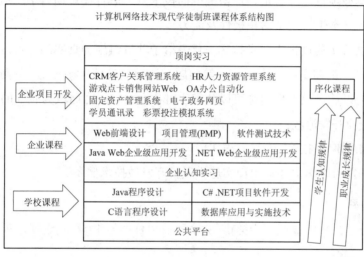

图1　学徒制班课程体系结构图

三、开发了"卓越项目管理体系"教学模式

为了能落地课程体系优势与特色，校企共同开发了卓越项目管理体系。该体系以项目管理为基础，结合软件企业员工培养模式和软件专业教学模式的一套以项目为载体、以学生为主体、以老师为主导、情景式工程化的人才培养体系，见图2。

图2　以项目为载体的人才培养体系

1. 教学组织

传统教学组织(课表)采用并行安排若干课程，学生直到学期末基本能具备项目开发能力。现代学徒制强调工学交替，学徒的能力培养是在项目开发过程中得到的。项目组经过研讨，改并为串，每门专业技能课采用连续几周集中完成，后接几周的卓越项目，使学生从开始就处于学徒状态。

2. 项目导向

根据培养计划和需求，引入真实的实战项目，遵守客户的保密法律要求，从企业项目及业务中挑选典型项目进行改造，保留关键的技术点，适合在短期内学生通过团队合作来完成，激发和提升学生自主学习积极性及能力。

同时，在项目实战过程中，模拟客户代表给予项目组施加真实的项目压力，如需求变更、新技术风险、工期变更、人员变动等问题，让学徒(学生)来应对，从而培养学徒承受压力的能力，为以后走上工作岗位可以从容应对各方面的压力而成为企业的栋梁。

(1) 导入企业开发流程；

(2) 项目需求确定在先，课程实施在后；

(3) 项目开发为教学主体，课程实施为项目开发做技术储备。

3. 分层教学

(1) 项目分层：每门课程至少提供 8 个商业项目供学生(学徒)选择，项目难度分 A、B、C、D 四个层次；

(2) 学生(学徒)分层分组：每门课前动态调整，通过技术测评分出 A、B、C、D 四个层次的学生(学徒)，同一层次学生组多个小组；

(3) 对应层级选项目并实施：分层不同层次的学生(学徒)选择不同难度的项目并实施，见图 3。

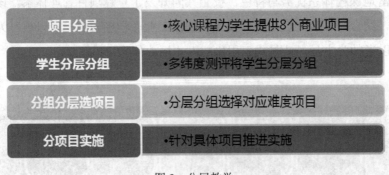

图 3　分层教学

4. 因材施教

(1) 项目经理关注重点为 C 类学生，质量保证工程师关注重点为 D 类；

(2) 不同性格的学生选择各自感兴趣的项目、模块、分工；

(3) 根据学生情况确定学习时间、进度、模式、方法、评测手段；

(4) 以学生(学徒)为主体，以老师(师傅)为领导；

(5) 学生(学徒)全程主持、组织、演讲，老师(师傅)作为领导嘉宾进行点评，见图4。

图4　学生(学徒)全程主持、组织、演讲

四、主要成效

1. 蜕变

现代学徒制专班开启"蜕变"旅程，以爱的教育贯穿始终。学徒制专班开设了职业素养、企业文化等课程，让学生(学徒)感受企业的文化；通过个人誓约、课前6分钟演讲、社会公益服务等触及学生灵魂深处的体验式活动，在学生内心种下一颗种子；通过感恩专题活动、生命之舟、心愿成长树等体验式活动培养同学敢于挑战自我、战胜自我的勇气，提升班级整体的凝聚力。

2. 成长

学生(学徒)职业素养和专业技能大幅提升。学生(学徒)工学交替，教学与实习结合，校园文化与企业文化交融，校企双场景双环境教学，工作场景前置，激发内在学习动力，明确学习目标。职业规划先行，提前感知和体验企业的工作环境、文化氛围，职业方向明确，减少对未来工作的盲目性和不适应性，职业素养明显提升。不仅如此，通过项目实战、生产实训、校企导师双重指导，在技术应用、专业技能、社会能力等方面显著提升。学生找回自信，坚信"我能行"，积极乐观，见图5、图6。

图 5   学生(学徒)职业素养和专业技能大幅提升

图 6   学生(学徒)学习目标明确、学习动力提升

3. 喜悦

学生(学徒)参加技能大赛屡获大奖。先后在 2018 年中国软件杯大学生软件设计大赛国赛中荣获三等奖，2019 年全国职业技能大赛高职组"移动互联网应用软件开发"赛项中荣获国赛三等奖，2019 年陕西省高等职业院校技能大赛"移动互联网应用软件开发"赛项中荣获省赛二等奖，2019 年陕西省高等职业院校技能大赛"Web 应用软件开发"赛项中荣获省赛三等奖，蓝桥杯大赛省赛中荣获一等奖 1 项。

(撰稿：陕西能源职业技术学院   包乌云毕力格)

渭南职业技术学院典型案例

搭建校院共赢平台 深入推进现代学徒制

一、背景介绍

渭南职业技术学院是 2005 年 9 月经陕西省人民政府批准成立的一所综合性全日制高等职业院校。学校秉承 "遵循规律、文化引领、改革创新、开放融合"的办学思想；坚持"面向职业办学、贴近产业办学、瞄准就业办学、政校行企研联动办学"的办学思路；以协同创新为引领，坚持内涵发展、特色办学。2017 年，学校启动现代学徒制试点工作，与渭南市中医医院探索校院合作育人新模式，开展学生、学徒"医教融合"培养，并申报教育部第二批现代学徒制试点项目。同年，学校获批教育部第二批现代学徒制试点单位，中医学专业被确立为现代学徒制试点专业。学校以试点项目为契机，探索形成了与现代学徒制相适应的教学管理与运行机制，搭建了学校、医疗机构"双主体"育人平台，完善了校内外"双导师"制度体系，落实学生、学徒"双身份"，强化了学校、医院实训实习"双基地"建设，创新了人才培养模式，加强了学生职业素养和专业技术积累，提高了人才培养质量，提升了服务区域经济社会发展的能力和水平。

二、工作过程

(一) 构建校院协同育人机制

(1) 成立"现代学徒制项目建设指导委员会"，充分发挥学校和医院各自优势，明确双方培养职责，统筹利用双方教学资源，建立成本分担机制，规范现代学徒制人才培养全过程。

(2) 建立"政府、医疗机构、学校"三元合一的学生实习管理体系，打通"学生→学徒→准员工→员工"四位一体的实践能力提升全过程，见图1。

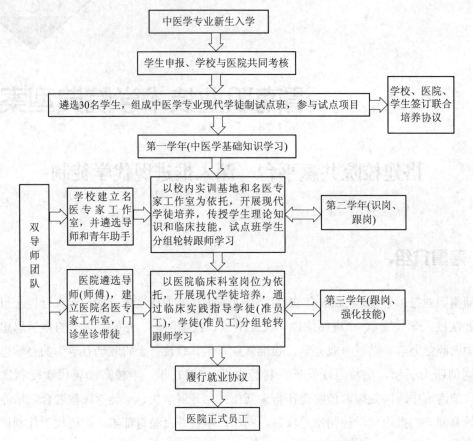

图1 中医学专业现代学徒制试点项目培养路线图

(二) 实施招生招徒一体化

学校与医院通过共同制订招生招徒工作方案、签订联合培养协议和三方协议，确定培养岗位和学徒权益，有效保障了学徒学员的双重身份。

(三) 建立人才培养制度和标准

人才培养方案和标准建设是实施现代学徒制育人的关键，学校按照"专业设置与行业需求对接、专业课程与职业标准对接、教学过程与实践过程对接"的"三对接"要求，体现"工学结合、岗位成才"培养理念，建立了融入国家职业资格标准的中医学现代学徒制专业教学标准，见图2。

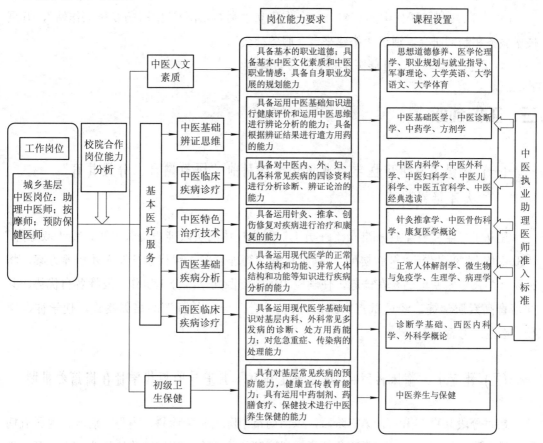

图 2 中医学专业现代学徒制课程体系构建示意图

(四) 建设校院互聘共用的师资队伍

校院合作，积极完善双导师制度，建立健全双导师的选拔、培养、考核、激励制度，明确双导师的职责和待遇，开展校院双向锻炼，联合开展技术研发和服务。

(五) 建立基于临床诊疗过程的实践教学运行管理制度

学校根据现代学徒制培养特点，探索满足现代学徒培养要求的教学运行与管理制度。

(六) 提升社会服务能力

(1) 与渭南市高新区白杨医院合作组建了"渭南职业技术学院中医专家工作室"，扶贫济困，对口支援。

(2) 师傅带领试点班学徒学以致用，服务基层。

(3) 与陕西利君现代中药有限公司合作建立"利君-渭职院中医药专家工作站"，开展技术服务和制剂研究，通过"搭建平台，服务社会"。

(4) 承担社会培训，开展医学科普宣传教育。

三、工作成效

(一) 构建了基于中医学专业现代学徒制的"医教融合，分段共育"人才培养模式

建立了"学生→学徒→准员工→员工"四位一体的实践能力提升过程，将"双导师""双主体""双身份""医教协同""岗位培养"等理念融入现代学徒制人才培养方案，将医院和学校更紧密地结合在一起，使学校和医院资源共享，分工协作，发挥各自优势，共同培育高素质学徒。经过试点实践，"医教融合，分段共育"的培养模式，使学徒、学校、医院三方都受益。

(二) 建立了"临床科室+名医专家工作室"为主导的现代学徒在岗培养机制

在"分段共育"第二、第三阶段，以渭南市中医医院急诊科、内科二病区、内科五病区、针灸科、科等 5 个临床科室为依托，以医院 6 个"名医专家工作室"为重点，开展学徒跟师学习，实现门诊、住院部岗位交替轮换，相互衔接培养，为学徒培养营造了良好的实习实践环境，助力学徒在岗学习、在岗成才。

(三) 实现了人才培养和岗位需求的无缝对接

学校充分利用医院的优质资源，把学校的课堂延伸到医院，创新"校院合一，医教融合"的中医学专业现代学徒制教学模式，基于基层医疗机构中医人力资源的需求，面向临床岗位(群)，分析基层中医岗位工作任务及职业能力要求，共同打造双师团队、教学资源、实训基地等优质资源，共建共享共用，凸显集群优势。校院紧贴行业需求、岗位要求，实行工学结合，使学徒在医院临床情境中完成专业课程的学习实践、熟练掌握职业技能的同时，临床思维能力得到全面训练，救死扶伤、人文关怀等职业素养显著提高。

(四) 传承和弘扬了中医文化

学校和医院以传承和弘扬中医文化为己任,遵循"以文化人、知行合一"的教育理念,通过在医院开展每两周一次的"健康大讲堂"与人文素质教育活动,突出中医文化教育,培养中医大学生的审美修养、职业道德与人文精神,弘扬中医文化。逐步形成了"校园文化+医院文化"相互融合的学徒管理机制。

四、问题与思考

(一) 教学标准和管理制度还需进一步完善

科学合理的教学标准和教学管理制度是现代学徒制试点工作的重要前提和保障。学校将继续坚持标准引领,严格以中医执业助理医师准入标准,不断完善教学标准。同时,在实行弹性学制、学分制方面进一步探索,建立健全与现代学徒制相适应的管理和运行机制,双促进、双提高。

(二) 医疗行业任职门槛高,学徒学历还需进一步提升

随着社会的不断发展进步,医疗行业任职门槛越来越高。建议允许已取得现代学徒制出师证书的学徒,优先参加"3+2"助理医师规范化培训,或免试升本学习,提升学徒学历低的短板。

(撰稿: 渭南职业技术学院 赵新平、孟陆亮)

西安铁路职业技术学院典型案例

"学岗一体，业徒双标；一线一包，双师共育"
着力构建轨道交通特色现代学徒制课程体系

西安铁路职业技术学院创建于 1956 年，是一所轨道交通特色鲜明的高职院校，长期秉承"办学不脱轨、育人不离道"的办学理念，立足六十年的轨道交通行业办学历史积淀，紧抓铁路和城市轨道交通大发展的良好机遇，加快追赶超越步伐，教学教育改革纵深推进，办学水平不断提升。2017 年，学院正式成为国家第二批现代学徒制试点单位。

学院立足轨道交通办学特色，与西安地铁运营分公司签订城市轨道交通运营管理专业现代学徒制人才培养协议，先后成立了现代学徒制试点班 3个，培养现代学徒制学生(学徒)101 人，在工作实践中初步形成了"学岗一体，业徒双标；一线一包，双师共育"的现代学徒制培养模式，试点工作初显成效，见图1。

图 1　城市轨道交通运营管理专业现代
学徒制试点班成立

一、校企共同探索开展现代学徒制的缘由

现代学徒制最鲜明的特征是校企双元育人、学生学徒双身份，这不仅仅是职业教育人才培养模式的改革，也是实现企业由育人配角转为育人主体的制度性途径设计。西安铁路职业技术学院城市轨道交通运营管理专业开办于 2004 年，专业开办和建设过程始终与西

安地铁共同成长，校企合作基础良好，毕业生得到企业的高度认可。近年来，该专业在订单班开办过程中发现，虽然重视理实一体教学，但是教学内容与企业实际工作情境仍有较大差异，导致在深层次内涵建设上，专业仍然难以精准对接企业岗位，企业仍需要进行大量的人力物力进行上岗培训。

同时，作为国有大型企业的西安地铁来说，企业建设和发展迅速，新技术新型号层出不穷，员工流动频繁等因素导致培训成本日益增长，运营部门除承担繁重的运营工作还要承担人员培训任务，每条新线投入运营首先遇到的就是专业技术技能人才匮乏问题。因此，在双方迫切的利益诉求驱动下，校企合作探索现代学徒制办学成为了解决上述问题的必经之路。

二、校企共建课程体系推动现代学徒制落地

课程体系是育人活动的顶层设计，是实现人才培养目标的具体化和依托，它规定了培养目标实施的规划方案。现代学徒制作为新型校企合作育人机制，其培养模式必须通过课程体系这一载体予以实施。

在学院现代学徒制试点专业课程体系构建上，为实现"专业技术知识、岗位职业技能、职业素养"三个核心方面的人才培养目标，学院联合企业将企业劳动制度中职业培训体系和学校学历教育制度中教育体系紧密结合，使得专业教学和岗位技术两方面内容相互印证，优势互补，通过工学结合"双向"对接，学生学徒"双标"评价，构建了"学岗一体，业徒双标"的模块化课程体系。该课程体系将试点专业的课程体系分为 4 个模块：职业素质养成课程、专业技术技能基础课程、岗位技术技能课程和学徒个人职业发展课程，见图 2。

城轨运营专业现代学徒制课程双体系		
职业素质养成课程		学徒个人职业发展课程
设备类课程	专业技术技能基础课程(工学结合)	岗位技术技能课程(课岗一体)
行车类课程		站务员课程
客运及服务类课程		行车值班员课程
安全及应急类课程		客运值班员课程
		值班站长课程
专业课程题库		岗位培训题库
城轨运营专业教学资源库/混合式智慧教室		
在线课程、在线直播、远程指导、校企评价		
结对师徒	在线师徒	学生师徒

图 2　现代学徒制工学结合的课程体系建设探索

鉴于地铁企业的特殊性，每条运营线路的设备型号、作业标准和规范都不尽相同。为确保现代学徒制的"质量核心"要求，精准对接，精准育人。针对试点班去向线路的设备选型、技术规章、作业标准，校企共同开发了对应的"岗位课程教学包"。教学包包含了

针对目标线路条件的岗位课程标准、岗位教材、岗位课程资源和"车站岗位一日作业"虚拟仿真实训系统等教学资源。

为保证试点班教学质量，西安地铁还抽调试点班对应目标线路的技术人员担任试点班企业导师为学徒讲授指导，与学校导师构成双导师团队，形成"一线一包，双师共育"的特色现代学徒制教学模式。

教学实施采用"工学交替、双元育人"的形式组织，见图 3。第一、二、三学期为学徒适应期：第一学期 20 周学校教学；第二学期 14 周学校教学，6 周企业认识实习；安排企业专家及技术人员讲座 16 学时。第三学期 10 周学校教学，10 周企业专项训练，期间采用一师多徒形式教学。第四、五学期为学徒成长期：采用不定周期工学交替教学形式（按企业工作计划和学校教学计划安排），企业课程采用集中培训或一师多徒形式教学。第六学期为学徒成熟期：完成企业实习，采用一师一徒形式指导。

图 3　校企双元育人培养时间和顺序安排示意图

现代学徒制工学交替课程体系为教学管理带来挑战，为加强现代学徒制教学过程的精细化管理水平，学院在试点过程中不断归纳总结试点经验，购入和完善了现代学徒制管理软件。软件的使用有效支撑了学校教学和企业实践相结合的工学交替模式，并对现代学徒制全过程进行监督和追踪，具备学生学徒双标准评价的功能。

三、现代学徒制试点课程体系构建思考与展望

现代学徒制课程体系是现代学徒制人才培养工作的关键环节，贯穿人才培养过程的始终。要保证现代学徒制课程体系乃至现代学徒制试点的顺利落地，必须在实施过程中将学校人才培养和企业人才需求作为一个整体来考虑，并给予宽松的政策和社会环境，更需要企业、家长及社会的理解和大力支持。

(撰稿：西安铁路职业技术学院　滕勇、邹星)

陕西邮电职业技术学院典型案例

工学交替共育共管现代学徒制人才培养模式实践与探索

陕西邮电职业技术学院物流管理专业与项目合作企业京东物流西北区域分公司(以下简称"京东物流")按照现代学徒制"工学交替、共育共管"的人才培养要求,充分发挥学校、企业双主体作用,校企共同设计培养方案并全程参与人才培养过程。双方共同开发课程、编写教材,共同制订教学计划、共建实训基地、共同培养师资、共同参与学徒评价,形成特色鲜明的现代学徒制教学组织模式。

一、选定优质企业,共同制订育人方案

根据学院现代学徒制管理办法和系部校企合作企业遴选标准,物流管理专业选择具有良好合作基础、行业领先的京东物流达成学徒制联合培养协议,双方协作开展人才培养。校企双方签订《现代学徒制合作协议》。成立以学院院长和企业西北区人力资源总监牵头的学徒制项目管理小组,共同制订现代学徒制实施方案,完成顶层设计。系部专业教师和企业业务部门共同制订实习计划,确定课程模块、岗位(工种)数量、岗位人数、带教师傅、考评制度等。

二、对接岗位标准,构建校企一体化课程体系

校企双方根据京东物流仓储体系七大核心岗位(拣货岗、复核岗、打包岗、上架岗、理货岗、退货岗、一体化岗)的岗位标准,明确学徒一线管理岗培养目标。重构学徒班通识管理类和业务技能类课程体系,设计开发校内学校课程、校企课程、企业课程。确定适

合学徒制培养的工学交替的教学计划、教学标准、师傅标准、学生标准、质量监测标准，形成了系统的人才培养模式，见表1。

表1　校企一体的课程体系

拣货岗、复核岗、打包岗、上架岗、理货岗、退货岗、一体化岗					
一体化课程体系					
学校课程	校企课程		企业课程		
基础课程	理实一体	实践课程	通识类	管理类	技能类
经济学基础	仓储操作与管理	企业认知实习	我们的京东	高效执行/请给我结果	京东快运业务介绍
统计学基础	配送与配送中心管理	仓储信息化实战	我们的文化	时间管理	走进仓储
企业管理	物流信息管理	物流前置实训	影响型沟通	问题分析与解决	京东配送业务介绍
计算机基础	物流电子商务	企业实习	职业生涯规划	结构化思维	京东大件业务介绍
经济数学	邮政快递服务管理	顶岗实习	商务礼仪	6项思考帽	京东客户服务部业务介绍
思政类课程	货物学	创新创业教育	情绪与压力管理	PDCA	5S&标准化
…			高效沟通	如何组建高效团队	员工指导

三、校企共同参与教学，实现分段教育

学徒制培养过程京东物流全程参与。第一阶段学徒在校内完成理论教学、入企业完成认知实习；第二阶段校企共同培养，校内导师完成专业课程理论教学、校内实训教学，企业导师完成通识类教学、岗前技能培训、企业跟岗实践指导；第三阶段顶岗实习在企业完成轮岗实习任务及仓储体系认证，见图1。

图1　企业导师课堂

四、校企共同开发一体化课程资源

职业教育课程是技术技能知识和职业素养在师生间传递的核心载体。为有效提升学徒的岗位技能，校企双方合作开发《物流管理专业实训教程》指导校内实训教学。学徒在入企前利用京东大学京英学习平台在线微课完成七大岗位基本认知、作业流程要点学习，并完成在线考核。考核合格方可进行师徒现场实践教学。

五、校企共创"三方参与"的教学评价模式，探索书证融通的评价标准

根据物流管理专业国家标准设计专业核心能力模块测试方案，学生在完成课业考核的同时，核心能力考核模块也必须达标方可毕业，并且学徒班学员需在顶岗实习阶段完成企业岗位 KPI 考核，获得企业认证，见图 2。这种多元的教学评价模式注重过程考核、职业能力和职业素养的考核，有效地调动企业教师参与教学评价过程，激发了学生钻研技能本领的热情，提升了教学实效。

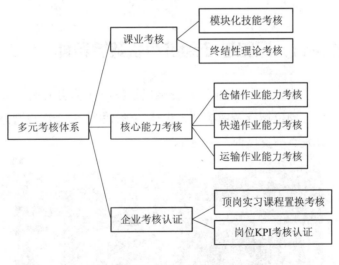

图 2 多元考核体系

六、共创校园学生社团-京东俱乐部，搭建创新创业实践平台

在咸阳地区率先成立京东俱乐部首个校园合作点。京东俱乐部项目成功立项学院创新创业孵化项目，成功运营京东派；俱乐部成员参与京东商业挑战赛获西北赛区三等奖；《项目 Hi，Follow me》入围全国互联网+快递创新创业大赛决赛；京东代属、京粉业务线上线下推广实践，见图 3。京东俱乐部有效提升了学生对企业文化认知和认同，同时学生

的创新创业能力也大幅提升。

图 3　京东俱乐部活动

七、多元经费投入，保障学徒制试点班教学条件

根据现代学徒制合作协议，企业投入资金建设校内前置实训室、京东校园派运营实体，学徒津贴和工资，岗位标准及考核体系设计；学校投入资金建设智慧快递实训室、人才培养方案、课程开发、师资培训，见图 4。

图 4　校企共建实训室

八、共同开展课题研究，推广现代学徒制理念

校企双方导师在实践基础上共同开展学徒制课题研究。基于与京东物流的校企合作和现代学徒制培养，物流管理专业成功申报全国邮政快递示范专业。立项院级课题《现代学徒制下"四元融合"人才培养模式探究》,《现代学徒制在高职物流快递人才培养中的理论与实践》立项为全国邮政行业指导委员会 2018 年课题(立项编码：KT2018Y013)。通过理论指导实践探索，以实践提升理论高度，该课题已于 2019 年 10 月份结题。

九、学校与行业协会联动，职教联盟示范带动效应日益显现

依托院校行业背景，在全国邮政行指委的指导下，学校组织学生参加全国互联网+快递创新创业大赛、全国职业院校快递技能大赛；教师参加智慧快递骨干师资培训，提升专业素养；专业带头人参加全国邮政快递示范专业院校专业建设交流；完成邮政快递示范专业建设典型案例；调研快递行业领军企业探索智慧快递人才培养模式、拓展邮政快递行业企业培训项目。通过这些活动的有序开展，邮政职教联盟院校专业建设和人才培养水平快速提升。

十、建立完善现代学徒制保障机制

为保障现代学徒制的顺利实施，我们在实践中不断完善协议类、制度类、职责类、考核类、方案类等 5 类文件，确保工作有序有效。如《陕西邮电职业技术学院现代学徒制管理办法》《现代学徒制试点班校企联合培养协议书》《现代学徒制试点班级学生赴企业跟岗实习管理办法》《现代学徒制试点班级企业跟岗实习任务书》《学徒制试点班管理制度》《学徒实习考核办法》等。

通过现代学徒制项目的建设，形成了基于企业业务需求的课程体系和评价标准，建立了较完善的教学质量保障体系。学生就业率和专业对口率明显提升，学生素质和各类大赛成绩斐然，教师的科研能力显著提高，专业社会影响力和美誉度明显提升。

(撰稿：陕西邮电职业技术学院　杨有福、屈波、孟芙蓉、刘恒祥)

西安职业技术学院典型案例

以岗位能力为导向的"一融双育三维四进阶"
现代学徒制人才培养模式创新与实践

依据《教育部办公厅关于做好 2017 年度现代学徒制试点工作的通知》(教职成厅函〔2017〕17 号),西安职业技术学院动漫制作技术专业被立项为第二批现代学徒制试点项目,2017 年 9 月起学校全面组织开展现代学徒制人才培养试点工作。两年试点期间,我校积极实施现代学徒制试点工作,不断深化产教融合,完善校企合作育人机制,形成了以岗位能力为导向的"一融双育三维四进阶"现代学徒制人才培养模式。

一、形成了"一融双育三维四进阶"现代学徒制人才培养模式

"一融"指我校与新昆公司真正融合为一个校企共同体,学校提供场地,企业提供设施及技术,双方互聘师资,引企驻校,学生学费校企八二分成。"双育"指校企双主体共同培育双重身份的学生(学徒)。"三维"指对学生(学徒)重点从知识、能力、素质三个维度进行培养。"四进阶"指学生(学徒)、师资、专业、企业综合实力等四个方面得到进阶提升,一进阶是学生(学徒)的专业技能水平明显提升;二进阶是建设了一支协作良好、互补性强的"双导师"教学团队;三进阶是动漫制作技术专业在两年建设期中,先后取得了陕西省一流专业建设项目、陕西省专业综合改革试点项目(优秀结题)、西安市重点扶持专业、教育部高等职业教育创新发展行动计划(2015—2018 年)骨干专业等称号;四进阶是新昆公司企业规模和效益稳步提升,承担了国家文物局 2017 及 2018 年度"互联网+中华文

明"示范项目，获陕西省宣传思想文化工作创新二等奖，见图1。

中华人民共和国教育部

教职成函〔2019〕10号

教育部关于公布《高等职业教育创新发展行动计划（2015—2018 年）》项目认定结果的通知

各省、自治区、直辖市教育厅（教委），新疆生产建设兵团教育局：
　　根据《教育部办公厅关于开展〈高等职业教育创新发展行动计划（2015—2018 年）〉项目认定的通知》（教职成厅函〔2019〕8号），经各地和有关行业职业教育教学指导委员会推荐及公示，现将认定的骨干专业、生产性实训基地、优质专科高等职业院校、"双师型"教师培养培训基地、虚拟仿真实训中心、协同创新中心、技能大师工作室等项目名单予以公布。

　　附件：《高等职业教育创新发展行动计划（2015—2018 年）》项目认定名单（排序不分先后）

2019 年 7 月 1 日

2736	渭南职业技术学院	护理
2737	西安电力高等专科学校	发电厂及电力系统
2738	西安航空职业技术学院	电气自动化技术
2739	西安航空职业技术学院	软件技术
2740	西安航空职业技术学院	飞机机电设备维修
2741	西安航空职业技术学院	飞行器制造技术
2742	西安航空职业技术学院	机械设计与制造
2743	西安航空职业技术学院	空中乘务
2744	西安航空职业技术学院	机电一体化技术
2745	西安铁路职业技术学院	铁道供电技术
2746	西安铁路职业技术学院	铁道交通运营管理
2747	西安铁路职业技术学院	铁道机车
2748	西安医学高等专科学校	药学
2749	西安工业技术学院	动漫制作技术
2750	咸阳职业技术学院	护理
2751	咸阳职业技术学院	学前教育
2752	咸阳职业技术学院	计算机应用技术
2753	延安职业技术学院	石油化工技术
2754	延安职业技术学院	航海技术
2755	杨凌职业技术学院	园艺技术
2756	杨凌职业技术学院	水利工程
2757	杨凌职业技术学院	农业生物技术
2758	杨凌职业技术学院	建筑工程技术
2759	杨凌职业技术学院	药品经营与管理
2760	杨凌职业技术学院	水利水电建筑工程
2761	杨凌职业技术学院	畜牧兽医
2762	杨凌职业技术学院	园林工程技术
2763	杨凌职业技术学院	电子商务

66

图 1　教育部高等职业教育创新发展行动计划(2015—2018 年)认定骨干专业

二、校企共建了以岗位能力为导向的教学体系

　　首先，校企共同确定了以岗位能力为导向的课程体系。按照岗位需求情况，通过分析工作岗位的能力需求，设置了平面设计、UI 设计、动漫制作、后期栏包四类岗位课程模块。学生(学徒)入岗的第一学期以平面设计师岗为主；第二学期增设 UI 设计师岗、动画设计师岗；第三学期增设后期栏包岗；第四、五学期实行定岗制，配备课程就业能力专项训练；第六学期实行准员工就业，进行岗位考核。

　　其次，校企共同确定了以岗位能力为导向的教学运行模式。第一学年，学生(学徒)在校学习文化基础模块和学科基础模块，依托校内教师工作室、实训基地训练职业技能模块，由学校和企业工程师采取"4+1"模式授课，即 4 天学习专业技能，1 天和师傅跟岗实习。第二学年，学生(学徒)在校学习技能模块，由学校和企业工程师采取"2+3""1+4"模式授课，即 2 天或 1 天学习专业技能，3 天或 4 天和师傅跟岗实习。第三学年，学生(学徒)以准员工身份顶岗实习。企业根据岗位轮训情况和技能特长安排实习岗位，学生(学徒)进入企业项目部，在师傅指导下进行项目创作，见图2。

图 2　现代学徒制班拜师仪式

最后，校企共同确定了以岗位能力为导向的教学质量监控体系。并委托陕西省动漫游戏行业协会作为第三方参与考核评价，制定学生(学徒)质量评估的实施方案，并出具学生(学徒)质量评估报告，见图 3。

西安职业技术学院
动漫制作技术专业现代学徒制班
学生（学徒）质量评估报告

受西安职业技术学院委托，现对动漫制作技术专业 2017 级现代学徒制试点班 20 名学生（学徒）开展质量评估。评估遵循客观性、导向性、专业性、适用性与可操作性原则。

本次评估由协会命题小组针对平面设计岗位、UI 设计岗位、动画设计岗位与后期栏包岗位四个岗位制定测评内容，测评主要考察学生的岗位技能、岗位素养以及创新创意能力。

20 名学生（学徒）全部参加测评，各岗位测评结果 60 分以上人数为 20 人，表明 100%学生（学徒）都达到各个岗位的基本要求。同时此次测评根据学生（学徒）结果针对学生各岗位能力掌握情况提出指导意见。

具体测评数据如下：

陕西省动漫游戏行业协会
2019 年 7 月 3 日

图 3　陕西省动漫游戏行业协会出具的第三方质量评估报告

三、推进"课程思政"，把思政元素融入到学生(学徒)培育环节

由新昆公司承办的全国首个"互联网+文物教育"平台于 2018 年 5 月启动，学生(学徒)在项目启动前、项目运行中全程参与，平台利用 VR/AR 技术虚拟历史场景，提供文物全息欣赏、虚拟触摸和历史事件沉浸式体验，激发学生对文物历史的兴趣爱好，坚定了学生(学徒)文化自信。

2019 年 5 月，新昆公司承办全国首个 5G "互联网+革命文物" 平台上线，学生(学徒)在平台建设过程中，以大量的 "AR+红色教育" "VR+红色教育" "互联网+革命文物" 等红色题材的项目为学习案例，在学习过程中接受了红色教育、传承红色基因、弘扬革命精神，见图 4。

图 4　学生作品红色动画《延安那些事》

经过两年现代学徒制的试点建设，我校坚持落实立德树人根本任务，深化产教融合、校企合作，以健全德技并修、工学结合的育人模式为方向指引，取得了较为丰硕的理论成果和实践成果。

(撰稿：西安职业技术学院　卢璟)

咸阳职业技术学院典型案例

践行岗位培养　实现在岗成才
——现代学徒制"嘉海电梯"学徒成才记

2017 年 3 月，咸阳职业技术学院与陕西嘉海电梯技术服务有限公司、陕西省电梯协会签订了现代学徒制培养协议，在机电一体化技术专业开设电梯维护与管理方向，校企共同组建现代学徒制"嘉海电梯"班。2017 年 8 月，咸阳职业技术学院被立项为第二批现代学徒制试点单位，我院在试点实践中形成了企业与学校分工协作、联合培养的协同育人机制，明确企业员工和学校学生的双重身份，确定电梯维保等核心培养岗位，扎实践行"工学交替、岗位成才"电梯行业技术技能人才培养，取得显著成效。

一、校企双主体岗位育人

1. 确定岗位，制定标准

校企共同确定电梯安装、调试、维保、操作管理和销售等培养岗位，共同构建课程体系，共同制定授课计划，共同组织考核评价。参照行业标准，校企共同制定机电一体化技术专业(电梯维护与管理方向)教学标准，制定了 7 门核心课程标准，确定了学徒在企业的目标、任务、流程、时间和具体成果；梳理典型工作任务，制定岗位标准；完善学徒考核标准，健全质量监控；校企共同指导学生完成毕业设计，根据岗位工作实践完成技术设计方案、技术改造方案、技术创新方案等，规范学徒培养。

2. 身份递进，渐进培养

按照"学生→学徒→准员工→员工"四种身份递进转换的人才培养思路，"嘉海电梯班"实施"1+1+1"三段渐进式实岗育人模式，推进学校教育和岗位培养相结合。第一个"1"是指第一学年，学生以学生身份在校完成文化基础和专业基础模块的学习，掌握岗位所需的基本知识和基本技能，同时在听行业发展和企业文化讲座的过程中接受企业文化的熏陶；第二个"1"是指第二学年，学生以学徒身份在校内实训基地进行岗位技能训练和专业理论学习；第三个"1"是指第三学年，学生以准员工身份轮岗和定岗实习，从而培养学生岗位核心能力和技能专长。

3. 师徒结对，倾囊传授

按照"双师结构"教学团队建设标准，遴选师德高、技能优的企业师傅与学校教师，组建德技双馨的教学团队。嘉海电梯每学期派 2 名企业管理人员和 5 名技术人员担任师傅到学院进行专业课程教学和实训指导，校企举行拜师仪式，增强师生仪式感和责任感，见图 1、2。线上与线下教学相结合，师徒间通过信息化平台进行学习交流，同时通过每周师徒例会，开展学徒自我学习总结，师傅对学徒进行点评，师徒结对实现手把手传授技艺。

图 1　学徒向师傅敬茶

图 2　2016 级拜师仪式

4. 分片分区，互换交流

学徒在企业实习过程中根据不同片区与班组，实行分片班组化管理，前期由企业师傅担任工区长及班组长管理指导，1 名师傅指导 3～5 名学徒，后期由各工区小组中优秀学徒担任工区长及班组长起到模范带头作用。开展"互换交流"和"走出去学习"等校企活动。在"互换交流"活动中，每名学徒在半年的企业学习中平均跟随 2~3 名企业师傅，进行轮岗实习；在"走出去学习"活动中，嘉海公司将学生分别送到其合作公司，如西安标准电梯有限公司、陕西申龙电梯有限公司等电梯公司，丰富学生的职业体验，促进学徒快速成长成才。

5. 知行合一、理实一体

教学团队从职业岗位、工作任务、工作过程、岗位能力及职业素养出发，实施"双导师"岗位育人。学校教师负责理论知识传授和基本技能培养，企业师傅负责岗位技能培育，知行合一、理实一体。实践探索形成"教-比(赛)-评"教学模式，"教"，即常规教学；"比(赛)"，即在每个教学项目结束后进行一次小组比拼，半年举行一次技能比赛；"评"，即每次赛后学生都要对自己的比赛进行反思总结，并由师傅评定等级，同时辅以物质奖励。在课堂教学中，采用项目引领、任务驱动和情景教学等方式，实施理实一体化教学。

6. 技术服务、实战练兵

组建电梯技术服务团队，团队由 2 名企业常驻师傅、1 名校内导师和 10 名学生组成，对校内教学楼、办公楼、实训楼、学生食堂等电梯进行定期保养，故障维修。学校为技术服务团队给予一定的经费，在试点班形成了劳动光荣、技能宝贵、创造伟大、重德尚能的浓厚氛围。

二、岗位成才，多方满意

1. 专业成绩明显提高

通过对"嘉海电梯班"教学模式的改革，以及校企协同育人模式的创新，"嘉海电梯班"学生成绩相比同级机电一体化技术专业学生有明显提高。2016 级机电一体化技术专业共 6 个教学班级，"嘉海电梯班"学分加权平均分 77.4，排全级第二，见图 3。

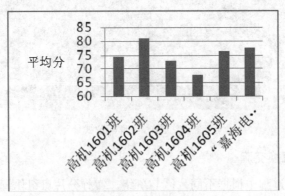

图 3   2016 级机电一体化技术专业各班级学分加权平均分统计

2. 技能考证通过率稳步提升

形成考前辅导→考中组织→考后总结一条链考证体系，建立技能鉴定模拟考试题库，狠抓学生技能证书过关率。2017 级学生双证通过率达到 89.2%，单证通过率达到 91.9%，见图 4。

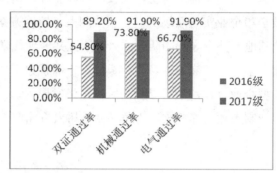

图 4　2016 级与 2017 级"嘉海电梯"班学生特种作业证首次考证通过率对比

3. 员工工资待遇明显提高

2016 级"嘉海电梯班"学生是我院校企联合培养的第一届现代学徒制班学生，企业对试点班学生岗位能力和职业素养评价很高。从 2018 年 6 月至 2019 年 6 月，学生的月平均工资由最初的 2000 元增长到如今的 3631 元，工资涨幅超过 80%；其中有 11 名学生月平均工资高于 4000 元，涨幅超过 100%。有 3 名学生率先晋升为二星维保员，见图 5。

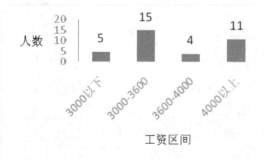

图 5　2016 级"嘉海电梯"班学生顶岗实习期月平均工资统计

三、实施成效

1. 形成校企深度合作"嘉海模式"

嘉海电梯公司主动减让权益，主动承担主体责任，致力于教育扶贫和电梯技术技能人才培养，主动开展实质性校企合作，推动构建校企命运共同体。在试点实践中，创新形成"专业共建、人才共育、过程共管、成果共享、责任共担"的校企深度合作模式——"嘉海模式"。实现了"学校有活力、企业有效益、学生有能力、家庭有动力、行业有合力"，

"校、企、生、家、行"五益五赢的良好局面。

2. 形成"五双五共"现代学徒制人才培养模式

试点班实行单独编班、单独管理、单独教学、单独实训、单独培养。在实践中凝练形成"企业和学校双主体、学生和学徒双身份、学校教师和企业师傅双导师、毕业证和职业资格证双证书、校内教学和企业实习双场所，校企共制人才培养方案、共定管理制度、共同招生招工、共建实训基地、共育导师团队"的"五双五共"现代学徒制人才培养模式。

通过两年时间探索，学院"在岗培养，岗位成才"方面积累了成功经验。下一步我们将不断深化与省内大中型企业合作，积极寻找与区域经济发展的切入点，进一步深化校企合作，不断推广现代学徒制人才培养模式，力争在立德树人方面取得新突破。

（撰稿：咸阳职业技术学院　李锁牢）

三、第三批现代学徒制试点

院校典型案例

陕西职业技术学院典型案例

"三段递进、校企双元"物流管理专业现代学徒制

人才培养模式实践探索

一、项目基本概况

陕西职业技术学院物流管理专业被确定为教育部第三批全国现代学徒制试点专业，学院与"京东物流西北分公司"签订现代学徒制校企合作协议，组建了现代学徒制试点班。通过校企共同出资，校企双方建立五个校企合作人才培养基地，面向"智慧物流"及"初级管理岗位"，共同培养具有自动化智能化技术能力的物流管理人才。

二、开展学徒制培养主要工作

（一）建立校企协同育人机制

物流管理专业与京东物流深度合作，以实现"学生高质量就业"和"企业获得可靠初级管理人员"为目标，构建"三段递进"的"校企双元"人才培养模式，建立了校企协同育人的长效机制。

与京东物流西北分公司共同制定"现代学徒制校企例会制度"，分别选拔专门负责现代学徒制试点对接的人员，定期进行沟通交流，推进完善双主体育人机制。签订现代学徒制试点工作校企合作协议，成立"京东物流现代学徒制陕西职业技术学院人才培养基地", 建立陕西职业技术学院教师培养基地及学生培养基地; 制定《现代学徒制学生培养意向书》《企业学徒培养意向书》《企业导师选拔办法》《企业导师工作职责及管理办法》《现代学徒制多元主体评价体系》等共计 11 份合作协议及管理办法, 对"双主体"育人的各个环节进行规范和细化; 制定现代学徒制试点班的企业授课内容, 共建校内"京东全流程"操作技能培养实训室, 引入京东物流生产中使用的仓配管理系统, 2020 年京东拟投资价值 60 万元的硬设备件及课程资源, 见图 1。

图 1　现代学徒制校企共建人才培养基地授牌

(二) 实施招生招工一体化

物流管理专业京东物流现代学徒制试点班采取先招生后招工的形式已招生两届, 共81 名试点班学员, 见图 2。入学第二学期, 由京东物流选派企业讲师进行 3 项企业认知课程教学。企业根据用人标准选拔 40 名左右在校生, 签订三方协议, 落实学生"双重身份", 见图 3。订单班单独授课, 统一企业着装, 进行 6 门企业职业理论课教学, 赴企业进行京东全流程岗位技能培训, 见图 4。

图 2　两届试点班学员

图 3　京东校内面试

图 4　拜师仪式

同时，校企双方已草拟针对企业人员的先招工后招生的培养计划。由京东物流云仓先招工，后赴我院人才培养基地进行培训。

（三）围绕岗位应用能力制定人才培养方案和课程标准

物流管理专业与京东物流深度合作，以实现"学生高质量就业"和"企业获得可靠初级管理人员"为目标，构建"三段递进"的"校企双元"人才培养模式。

第一阶段为认知阶段，包括自我认知、企业认知、行业认知三个部分。采取企业讲座、参观、测试等手段，让学生充分了解京东物流，认可企业理念，接受企业文化，见图5。

图 5　企业介绍现代学徒制试点班相关课程

　　第二阶段为技能培训阶段。学生在校接受京东企业讲师授课，在企业进行轮岗训练，充分了解和熟悉京东物流仓储配送体系各个工作岗位技能与工作流程。京东选拔 2 年以上的资深一线人员以 1 比 2 的比例给试点班学院配备技术"师傅"，举行拜师仪式。通过轮岗培训，让学生熟悉京东物流体系的各个岗位，为成为初级管理人员打下基础。京东对符合岗位职业能力的学生颁发技能等级证书，见图 6。

图 6　学生在京东物流接受岗位培训

　　第三阶段为管理能力培养阶段。第五学期试点班学院顶岗实习，并转为京东正式在编员工，享受京东在编员工待遇，每周接受一次京东班组长培训，同时不断进行岗位轮换。我院 2016 级物流管理现代学徒制试点班学生，转正 33 人，晋升班组长等级 1 人。仓储系统岗位实习首月平均工资 5500 元，班组长工资 6300 元。目前，该批试点班学员已有 1 人达到主管级别，2 人达到班组长级别，见图 7。

图 7　企业技能等级认证证书

我院与京东物流合作，共同开发在线开放课程"现代物流仓储配送方案设计与实施"，共 500 分钟，包含仓储配送各个环节典型设备操作实训指导，已于 2019 年 6 月完成验收，在"智慧树"网络学习平台上线，见图 8。

图 8　校企共建在线开放课程

同时，我院与京东物流计划建设"京东全流程模拟实训室"，以京东"亚洲一号"无人仓后台操作人员为培养目标，着重培训学生对智能物流设备的运营维护管理能力，进一步提升学生就业质量。

（四）促进校内教师和企业导师兼职互聘

物流管理专业现代学徒制试点班建立了"企业高管、一线管理人员、资深技术人员"三级企业方导师团队。学院选派教师赴企业分阶段进行 6 个月的培训，熟悉企业流程与岗位技能，6 个月结束后，企业为学院教师颁发资质认定凭证。目前京东物流已派遣企业主管岗位以上管理人员 6 人赴我院授课，见图 9；为试点班学员以 1：2 的比例选派企业技能师傅 45 人，见图 10。

图 9　京东物流张元胜副总及各部门经理为现代学徒制试点班学员上课

图 10　企业教师赴校内培训

（五）校企共同分摊人才培养成本

我院与京东物流在现代学徒制试点工作合作中，制定了明确的人才培养成本分担机制。京东物流计划在教材建设、京东全流程模拟实训室、企业横向课题等项目共投入 60余万元的相关设备，同时提供 10 万元的京东派、实训室企业文化建设等资助。京东物流为试点班学员提供企业服装，购买保险，安排宿舍，设立企业奖学金。

(六) 校企合作共建生产性实训基地

京东物流计划于 2020 年内，与我院共同建立两个校内生产性实训基地，开展覆盖全商科专业的生产性实训。

(1) "京东全流程模拟实训室"。京东第一期计划投入"无人配送车"及仓储业务全套硬件设备及企业讲师、企业课程、教材等，满足学生开展校内京东包裹智能化配送业务需要。同时承担京东云仓第三方合作企业员工岗前技能培训、试点班学员仓储业务培训等实践训练。

(2) "京东西北商服中心"。京东通过设立项目评审会，在全省 13 所院校中选择我院作为京东西北商服中心合作院校。由京东物流投入 787500 元(第一期)软硬件设备，建立满足不少于 30 名学生实习的校内商服实训基地，为京东合作商家提供商务服务。商服中心由京东提供企业讲师授课，为学生高质量就业提供多重选择。

(撰稿：陕西职业技术学院　郭伟)

陕西航空职业技术学院典型案例

无人机应用技术试点专业
——从"定制"到"现代学徒制"

　　2018 年 9 月，陕西航空职业技术学院被批准为教育部第三批现代学徒制试点院校，无人机应用技术专业成为我院试点建设专业之一。学院按照相关文件精神要求，遴选中航贵州飞机制造有限责任公司(以下简称"贵飞公司")作为学院无人机应用技术专业的合作企业。贵飞公司是国内无人机的重要科研、生产基地，拥有雄厚的技术、资金实力。长期以来，我院与贵飞公司建立了良好的合作基础。双方校企合作始于 2005 年，经历了就业输送、校企共建、定制培养等几个阶段。2014 年，双方签订战略协议，举办"无人机装试"班，见图 1。经过多年的共同努力，该企业已成为我院稳定的校外实习实训基地和就业基地。十余年来，学院已累计为企业输送优秀毕业生 400 余名。

图1　学院与贵飞公司签约仪式

试点建设一年来，校企双方紧紧围绕试点任务，密切协作，试点建设各项工作稳步开展。

(1) 2018 年 4 月双方签订了《陕西航空职业技术学院&中航贵州飞机制造有限责任公司现代学徒制项目校企合作协议》和《校企联合实训基地建设协议书》。无人机实训室项目正在紧密筹划之中。

(2) 学院与企业开展了"招生即招工、入校即入厂、校企联合培养"的实践探索，2018 级无人机应用技术专业实施先招生再招工，实现招生招工一体化。校企共同制订了《招生招工一体化工作方案》和《现代学徒制三方协议》。

2018 年，企业深度参与了学院的分类招生宣传和高考前的入校宣讲工作，协同学院招办制订了《2018 级现代学徒制招生简章》。我院 2018 级应用技术专业共实现招生 65 人，经校企联合考试，共选拔 35 人进入学徒班。

(3) 机电工程学院会同企业，共同制定了 2018 级该专业岗位标准、课程标准，构建并完善了基于工作内容的专业课程和基于典型工作过程的专业课程体系，初步建成了现代学徒制质量监控体系，见图 2。

图 2   院领导与现代学徒制合作企业座谈会

(4) 校企实现互聘共用，无人机应用技术专业设立了兼职教师岗位，企业设立了学徒指导岗位。贵飞公司共聘任我院 5 名教师为学校指导老师，我院共聘任企业 6 名师傅为企业导师。在先期授课中，"三维数字化设计""飞机构造基础""人为因素和航空法规""无人机维修实训""无人机组装调试实训"等专业课核心课程聘请中航贵州飞机制造有限公司企业导师担任主讲教师。

(5) 校企双方共同参与制订了一系列现代学徒制管理制度，完善了现代学徒制管理制度，确保长效机制。此外，校企形成了定期会商机制，通过电话、视频会议等方式建立了良好的沟通渠道，定期开展了学徒质量管理研讨会、学徒工作交流会等形式定期座谈讨论。

试点专业建设一年来，学院与企业步调一致、节奏同步；企业师傅与学校教师之间彼此融入、互通共享。校企双方不仅建立了良好的工作关系，更建立了兄弟般的深情厚谊。目前，无人机应用技术专业试点各项工作均处于有序推进之中。

(撰稿：陕西航空职业技术学院　冉文、汪红海、陈元龙、王晓磊、王周让、李志民)

西安医学高等专科学校典型案例

药学专业现代学徒制人才培养创新与实践

西安医学高等专科学校药学专业作为教育部第三批学徒制试点专业积极开展学徒试点工作。按照《教育部关于开展现代学徒制试点工作的意见》的要求，积极探索符合学徒制特色的人才培养模式。通过一年的创新实践形成"双元协同、三标融合、四步递进"的人才培养模式，见图1。我们将人才培养模式构建与实施工作进行总结凝练汇报如下：

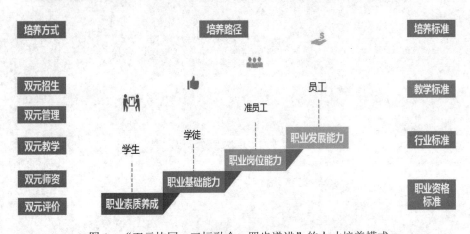

图1　"双元协同、三标融合、四步递进"的人才培养模式

一、确定人才培养目标、构建四步递进的培养路径

在试点工作中首先认真学习《教育部关于开展现代学徒制试点工作的意见》的要求，成立由学校专业教师和西安怡康医药连锁有限公司企业师傅组成的学徒制管理工作小组。

开展试点企业人才需求调研,确定人才培养目标。依据药学专业学徒制人才培养目标及就业岗位的岗位能力要求,依照"四步递进"的模式,即职业素质养成、职业基础能力、职业岗位能力和职业发展能力四步递进的学徒能力培养,构建从学生到学徒、再到准员工、最后胜任岗位成为正式员工的人才发展路径。

二、融合专业教学标准、企业标准、职业资格标准

2019年1月国务院印发《国家职业教育改革实施方案》,其中第五条提出启动1+X证书制度试点工作。我们以此为契机在试点中将三种标准融合,从而保障学生毕业后多证书的取得。工作中首先比较职业教育培养目标与执业资格考试目标的区别,研究现行的药品行业职业资格准入要求,深入企业调研药品行业产业链分布、人才需求、工作流程、岗位能力要求,编制《学徒培养标准》。

三、依据标准、构建基于工作过程的课程体系

依据上述"四步递进"的学徒能力培养路径,组织职业素质养成模块、职业基础能力模块、职业岗位能力模块和职业发展能力模块四个课程模块,同时搭建企业和学校课程平台。确定"双元交替、分段培养"的教学组织模式。形成"双平台互通、能力阶梯"的药学专业现代学徒制课程体系,见图2。

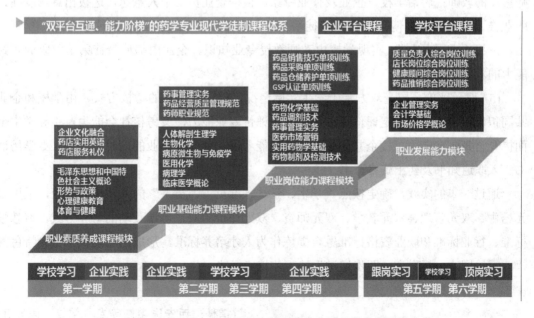

图2　"双平台互通、能力阶梯"的药学专业现代学徒制课程体系

四、形成"双元协同"长效运行机制

"双元协同"即双元招生，双元管理，双元教学，双元师资，双元评价。

(1) 双元招生：学校与西安怡康医药公司共同招生，实现企业和学校的"招生即招工"。在新生入学初，学生根据自己今后就业意愿，由学校与合作单位共同选拔筛选，最终确立学徒制班级，明确学生(学徒)双重身份，签订学生(学徒)与企业、企业与学校双协议。

(2) 双元管理：设置药学专业现代学徒制管理工作小组，制定学徒管理办法，保障学徒权益。根据教学需要，科学安排学徒岗位、分配工作任务、保证学徒的合理报酬。一是建立班主任责任制，对学生实施班组化管理模式，并对班主任的管理工作进行考核。二是建立学生档案管理制度，规范学生学习、评优档案管理。三是建立信息定期通报管理制度，加强监督检查，保障学生正常学习、生活以及人身安全。加强学生的日常管理，建立相应的管理机制。

(3) 双元教学：校企双方共同制定西安怡康医药公司学徒制教学方案，对接医药公司岗位，设计教学模块，共同建设基于工作内容的专业课程和基于工作过程的专业课程体系，形成药学专业"双平台互通、能力阶梯"的现代学徒制课程体系。开发基于岗位工作内容、融入国家职业资格标准的专业教学内容和教材。优化工学交替，强化实践教学。

(4) 双元师资：师资队伍由专业教师和合作企业师傅组成。专业教师优先选拔具备双师素质的教师；聘请学校、企业及行业专家，根据企业员工个人意愿，选拔出意愿度高、职业技术能力强的师傅，进行师带徒培养。专业教师与企业师傅双向挂职锻炼，互聘互用，形成"双导师制"。实现学校由教师教授专业知识、企业由师傅带徒弟培养职业实践能力的双导师制培养。

(5) 双元评价：校企双方基于学生实际情况，构建双元化的考核方式，由学校和企业共同担任评价主体，制定评价标准，既考核评价专业能力，又考核社会能力，引导学生全面提升自身职业能力。校企共同参与职业技能考试，使学生毕业的同时，获得大专学历证书、入职通知书及药士资格证书。

通过一年的实践，确定按照"学生、学徒、准员工、员工"的人才培养路径，采用双元招生、双元管理、双元教学、双元师资、双元评价的双方协调互动的培养方式，将教学标准、行业标准和职业资格标准融合提炼作为人才培养标准，形成具有现代学徒制特色的"双元协同、三标融合、四步递进"的人才培养模式。

(撰稿：西安医学高等专科学校　闫晋晋)